新时期大学生就业创业教育研究

黄俊鹏　李　康◎著

中国原子能出版社

图书在版编目（CIP）数据

新时期大学生就业创业教育研究 / 黄俊鹏，李康著.
--北京：中国原子能出版社，2023.5

ISBN 978-7-5221-2723-1

Ⅰ．①新…　Ⅱ．①黄…②李…　Ⅲ．①大学生–职业选择–研究　Ⅳ．①G647.38

中国国家版本馆 CIP 数据核字（2023）第 093552 号

新时期大学生就业创业教育研究

出版发行	中国原子能出版社（北京市海淀区阜成路 43 号　100048）
责任编辑	白皎玮
责任印制	赵　明
印　　刷	北京天恒嘉业印刷有限公司
经　　销	全国新华书店
开　　本	787 mm×1092 mm　1/16
印　　张	14.5
字　　数	247 千字
版　　次	2023 年 5 月第 1 版　2023 年 5 月第 1 次印刷
书　　号	ISBN 978-7-5221-2723-1　　定　价　**76.00** 元

前　言

　　大学生就业难，并不是大学生毕业后社会没有提供岗位，而是很难遇到合适的岗位，刚毕业的学生不知道该如何选择合适的岗位，不能对自己职业生涯进行合理的规划。本书着重指导大学生明确自己的人生目标、毕业去向，树立正确的就业观，提高就业创业能力。

　　本书以大学生就业创业教育为重点，结合当前最新的就业政策与环境，探讨了当前大学生就业创业工作的难点、热点。本书对新时期大学生就业情况做了概述，系统地介绍了大学生就业结构、就业准备、就业市场信息，并对劳动法规和自身的合法权益等做了阐述，并且分析了创业的基本概念，提出了培养大学生的创业能力及构建创业教育的内部支持体系的建议，最后介绍了创新创业的实践活动。本书内容充实，理论联系实际，具有较强的可读性、适应性和现实指导意义。

　　本书在写作过程中参考借鉴了一些专家学者研究成果和资料，在此特向他们表示感谢。由于写作时间仓促，写作水平有限，书中难免存在不足之处，恳请专家和广大读者提出宝贵意见，予以批评指正，以便改进。

目　录

第一章
大学生就业概述

2020 年，我国普通高校毕业生人数达 874 万，受疫情影响，毕业生群体面临更加复杂、严峻的就业形势，加上经济下行压力、研究生扩招等带来的滞后效应，这样的形势在未来几年还将持续。在 2020 年政府工作报告中，"就业"一词共出现 39 次，从"六稳"到"六保"，党中央均把就业任务摆在首位。

大学生就业形势与政策，直接关系到每一位大学生的求职择业历程，是每一个大学生都会关注的问题。了解大学生就业形势，掌握大学生就业政策，从而更好地了解所面临的机遇和挑战，将有助于大学生在校期间提升自身综合职业素养，以期顺利就业。

第一节　就业与就业指导

一、就业与就业指导的概念

就业是指劳动者同生产资料相结合，从事一定的社会劳动并取得经济收入的活动。由此定义可见，就业应该具备三个基本条件：一要从事社会劳动，要把个人的工作融入整个社会之中；二要得到社会认可，必须合理合法；三要有一定报酬或经济收入。社会中具备劳动能力的人通过就业维持生活，实现自己的价值，为社会做出贡献。

就业指导又被称为职业指导，是指为需要获得职业的人提供如何获得适合自己的职业的各种服务和指导，实现劳动者与职业的结合。

大学生就业有其自身的特点，主要表现在以下方面。

① 大学生就业的主体是受过高等教育的大学生，具有一定的思想素质和文化素养。

② 大学生就业是从学生时代步入社会的转折，一般不具有工作经验。

③ 大学生择业时具有较强的群体性和季节性，数以百万计的应届毕业生几乎在同时间段内需要就业。

大学生就业是连接学业与职业、事业的桥梁。纵观大学生就业的特点，大学生就业指导不单纯是帮助大学生选择职业，谋求一份工作，还要以大学生的学业为基础、以就业为导向、以职业为载体、以事业为目标，统筹兼顾，协调一致，使大学生的专业能力和综合素质得到和谐发展，使大学生个人劳动能力得到最佳配置。具体来讲，从大学生一入学就对其进行职业生涯规划的指导，预测社会的需求状况，让大学生了解就业形势，帮助其树立正确的职业理想和择业观念，使其自觉提升自己的学习能力，注重实践能力和各方面素质的培养和训练，掌握就业政策和求职技巧，给毕业生传递就业信息，帮助其解决就业中出现的问题，为其顺利求职择业、迈向社会提供指导和服务。要实现大学生学业、就业、职业和事业的协调统一，就要求大学生就业指导的全程化。在毕业生数量不断增加的就业形势下，还不能忽略对大学生的个体指导。

二、就业指导的历史由来

就业指导作为一种专门的社会服务工作和研究课题，最早起源于美国。早在 1894 年，美国加州工艺学校就有人开始从事就业指导工作。之后，德国、苏格兰等一些西方国家也相继开展了专门的职业指导活动。就业指导的创始人——美国佛兰克·帕森斯首先使用了就业指导的概念。1909 年他出版了《职业选择》一书。帕森斯创立的职业指导理论被称作"特性—因素理论"，在西方国家职业指导中一直处于主导地位。1911 年，美国哈佛大学在世界上首开先河，在大学中开设了就业指导课，帮助学生及时了解市场人才需求，提高学生的职业兴趣和职业定向意识，指导学生填写履历表和撰写求职信，教给学生参加面试、提高学生人际交往能力和求职技巧，以及进行毕业生初次就业的心理测试。

在我国，清华大学早在 1916 年就着手筹备就业指导这项工作，首次应用心理测试等手段对学生进行职业指导。1923 年正式成立了职业指导委员会，拉开了我国高校就业指导工作的序幕。1925 年还出版了《职业指导实施》一书，记录了我国开展就业指导工作的历史。

之后，国内许多学校都陆续设立了就业指导机构。1919 年黄炎培发表《职业指导号》，从介绍西方国家职业指导的理论与经验入手，结合当时的经济与社会状况，提出了在我国开展职业指导的必要性，他指出"凡物能传之久且远，必有其存在的理由，职业指导外适于社会分工制度之需要，内应天生人类不齐才性之特征……苟社会分工制度一日不废，而人类才兴一日不齐，职业指导虽永远存在可也"。我国的就业指导从无到有并形成一定的规模，为今天的就业指导工作打下良好的基础，提供了有益的经验。但在新中国成立前，经济凋敝，职业指导基本处于停滞状态；新中国成立后，由于实行计划经济和就业的统包统分等多种原因，职业指导也没有得到足够重视。改革开放以来，我国国民经济迅速发展，就业制度发生了根本变化，发展出了多种职业形式，运用市场调节就业结构，形成用人单位和劳动者双向选择、合理流动的就业机制，为职业指导提供了良好的发展机遇。大学毕业生与用人单位之间采取了双向选择的就业模式，毕业生就业引入了竞争机制，各高校在原国家教委的要求下，于 20 世纪 90 年代中期相继成立了毕业生就业指导中心，开展了一些就业指导活动。1993 年，中共中央、国务院颁布了《教育改革和发展纲要》，进一步明确了毕业生就业制度改革的目标和改革后毕业生的就业方法。要保证就业制度的顺利实施，就必须在高校中开展对大学生的就业指导，就业指导工作及就业指导课程在高校应运而生。

三、就业指导的主要内容

当今社会复杂多变，经济发展日新月异，就业指导内容也日益丰富，形式更加多样。从现阶段看，大学生就业指导内容主要包括以下几个方面。

（一）就业思想教育

就业思想教育贯穿就业指导的全过程，也是日常对学生进行思想教育的继续和延伸。就业思想教育是把马克思主义的世界观、人生观和价值观等

观念渗透到就业指导工作中，落实到求学之路、职业生涯设计、择业标准、求职道德、成才道路等方面，帮助学生树立正确的择业观，将自我价值实现与社会需要结合起来，倡导艰苦奋斗和无私奉献。毕业生在求职择业过程中，要正确认识社会、认识自我，调整择业期望；既要面对现实，保持良好心态，又要勇于竞争，诚实守信；克服在择业过程中"等、靠、要"的思想，积极适应社会。

（二）就业政策指导

大学生就业是劳动就业的一个组成部分，当然要受到国家就业方针政策的制约。就业政策是国家为实现一定时期的任务，为适应经济建设和社会发展而制定的有关毕业生就业的行为准则，是大学生求职择业的重要依据。一些毕业生由于对国家的就业政策缺乏了解，在择业时思想上往往带有很大的随意性和盲目性。只有广泛地开展政策宣传和教育，使学生了解国家制定的全国性就业政策和有关部门、各省市制定的行业性、区域性就业政策及学生所在学校制定的具体就业工作实施意见，才能引导毕业生走出择业的误区，才有利于毕业生根据国家需要并结合个人实际，有针对性地选择职业。毕业生也只有了解和掌握就业政策，才能更好地维护自己的责任、权利和利益，顺利地完成求职择业。

（三）就业形势指导

就业形势指导是引导学生了解当年毕业状况及当前社会经济发展对人才的需求状况和人才市场的形势，使学生做到"知己知彼"。所谓"知己"，就是了解当年毕业生的整体情况，了解毕业生择业志愿的变化及趋势，摸清毕业生的思想动态；所谓"知彼"，就是全面地了解社会的用人需求数量、人才市场的需求行情等。及时了解毕业生的整体状况以及当前人才市场的行情，有助于毕业生把握求职择业的主动权。

（四）就业策略指导

就业策略指导也可被称为就业技术或技巧指导，即对大学毕业生求职择业的策略、方法、手段和技巧等具体操作环节进行指导。它是现代社会毕业生顺利求职择业的必备技能，主要包括自我认知能力、信息收集和处理能力、自我推荐方法、面试技巧、心理调适方法、职业适应能力、成才与职业发展的计划实施能力及技巧等内容。求职择业是一门艺术，正确的方法和技巧是成功择业的重要因素之一。在双向选择过程中，绝大多数毕业生是第一次面对用人单位的挑选，了解并掌握相关的求职择业的方法和技巧，如同机器上了润滑油，运转就会灵活自如，就业的成功率会大大提高。

（五）就业心理指导

就业心理指导是针对毕业生的心理发展特点和在择业、就业过程中产生的心理问题进行帮助指导。择业，是大学生人生的一次重要选择，也是对他们的综合素质特别是心理素质的一次全面检验。选择本身就容易使人感到困惑和矛盾，毕业生在走向就业市场面临激烈的竞争，参与双向选择的过程中，由于主观上的不稳定性和不成熟性，客观上的诸多制约因素及就业的压力，很容易在择业时产生相关心理问题。因此要通过就业心理指导，帮助他们提高心理素质，培养健康的心理，使其保持良好的择业心态，正确面对现实和择业过程中遇到的挫折。

（六）职业生涯指导

职业生涯指导主要是在大学生在校学习期间，通过个别辅导、职业兴趣测试及能力倾向测试等多种方式，帮助大学生学会自我认知和自我评价，确立合理的职业目标和方向，从而为取得事业成功奠定基础。职业生涯指导可以激发学生的职业兴趣、增强职业定向意识，引导他们对自己进行评价，通过自我评价确定合适的职业种类。考虑学生个体的职业兴趣和职业潜力，职业生涯指导应贯穿在整个教育过程中，使学生在学习目标和择业目标上保持一致，既保证了学生的知识体系能适应市场需要，同时也提高了学生的就业竞争力，对学生的整个职业生涯的规划也起到了很好的引导作用。

（七）社会适应指导

社会适应指导帮助毕业生尽快适应环境，完成角色转变，树立信心和责任感，遵守职业道德，在实际工作中乐业、敬业、创业、脚踏实地地干一番事业。

大学生从学校走向社会，是人生道路上的一大转折。但是，由于大多数毕业生的生活经历基本是"从家门到校门"，他们接触社会的机会少，阅历浅，对社会缺乏了解和认识，对新的社会环境感到陌生，甚至无所适从。在这个过程中，要完成从学生到职业工作者的角色转变，需要经历社会化和再社会化的过程。社会适应指导就是帮助他们正确地认识社会，建立良好的人际关系，教育他们爱岗敬业，有强烈的责任感和事业心，不断进取，艰苦创业，顺利地实现从学校到社会、从学生角色到职业工作者角色的转变，成为国家的有用之才。

一般而言，影响毕业生自我定位的因素有以下几点。其一是职业定位模糊。由于是初次择业，毕业生大都抱着"边走边瞧，边走边跳，走一步，算一步"的想法，没有认真想一想自己的职业定位问题，也没有一个职业生涯规划。其二是不能正确地评价自己。有的毕业生在择业过程中总是过高地估价自己，自我定位过高——工资看外企、职位看白领、单位看名气、环境看气派，因此总是找不到一个适合自己的就业岗位，到最后反而"嫁不出去"。其三是社会因素的干扰。一些毕业生往往受亲朋好友的影响较大，自己明明已看好某个职位，该职业也较符合自己的综合能力，可周围的亲友一有反对之声，自己就开始动摇了。现实生活中存在的社会职位竞争的不公平、操作的不规范现象，也常常使毕业生感到很迷茫，找不准位置，看不清方向。其四是心理素质不过硬。当前我国正处于深刻的社会变革时期，一些毕业生没有完全适应这种变革，在职业定位时往往被心理因素左右，因此很难准确做出理性的选择，在择业中或盲目从众、或消极逆反，不是过于自尊，就是过于自卑，凡此种种，都会对毕业生顺利就业形成巨大的障碍。

因此，毕业生在选择职业的过程中要注意以下几点：首先，要针对自己的实际情况，做好自己的职业定位，规划自己的职业生涯；其次，要根据自己的专业、技能、综合能力和社会用人单位的要求，确定自己的职业定位；再次，毕业生还要排除各种外界干扰，如果自己和用人单位彼此都很满意，就应该早做决定，尽快签订就业协议；最后，就业过程是一个复杂的过程，往往会遇到这样或那样的困难，这就要求毕业生努力培养良好的心理承受能力，勇敢地迎接未来生活中的种种挑战。

第二节　就业环境与就业制度

一、我国大学生就业环境

就业是在一定环境中进行的，大学生所处的就业环境由以下几方面因素共同确定：社会环境、政策环境、经济环境及当年用人单位需求情况。

（一）社会环境

社会主义初级阶段是我国的基本国情，初级阶段担负着极其繁重的历史任务。中国要从不发达逐步实现现代化、从农业国转变为工业国，就要发展科技和教育，缩小地区间的差距，实现国家的工业化和经济的社会化、市场化和现代化，在社会主义的基础上实现中华民族的伟大复兴。这一特定阶段的发展具有以下基本特征。

1. 市场经济竞争激烈

在市场经济运行中，优胜劣汰，适者生存，竞争激烈。企业建立起新型的劳动就业制度，劳动者在就业过程中可以双向选择、合理流动和自主创业，劳动者素质的高低，要通过其对经济和社会的贡献来衡量。因此，经受市场经济激烈竞争的考验，是每个人都不可回避的。

2. 多元经济共同发展

公有制为主体、多种所有制经济共同发展，是我国社会主义初级阶段的一项基本经济制度，它是由社会主义的性质和基本国情所决定的。第一，我们是社会主义国家，必须坚持公有制为基础；第二，社会主义初级阶段需要在公有制为主体的条件下发展多种所有制经济；第三，一切符合"三个有利于"的所有制形式都可以用来为社会主义服务。

3. 现代化建设任重道远

邓小平高瞻远瞩，及时把握时代的脉搏和社会经济发展的趋势，描绘了我国现代化建设的宏伟蓝图，规划了"三步走"的发展战略，即20世纪"走两步"，解决人民的温饱问题使人民生活达到小康水平，21世纪用30～50年的时间再"走一步"，达到中等发达国家的水平。

4. 知识经济初见端倪

放眼世界可以清楚地看到，科技在世界经济和社会发展中具有第一位的推动作用。中国要迅速发展必须依靠科技进步，此外别无他路。21 世纪的新科技革命具有信息爆炸、进步速度加快、更新周期缩短、多学科领域综合渗透、高科技主导作用越来越明显等新特点。高科技发展所造成的直接后果就是全球化的电脑、电视、网络以及卫星通信、程控交换技术等现代化信息手段的形成，各国纷纷建立信息高速公路，网络把世界各地的人们都联系在一起。20 世纪 70 年代以来，出现了多种有关未来经济的说法。1990 年联合国研究机构提出了"知识经济"的概念，明确了这种新型经济的性质是以知识为基础的经济。知识是创造社会财富诸多要素中最基本的生产要素，其他生产要素都要靠知识来装备和更新。世界上一些发达国家已率先用知识经济来替代工业经济。知识经济的社会细胞已经出现并正在发展壮大，人类已经开始进入知识经济时代。

（二）政策环境

我国高校毕业生就业政策的主要依据是原国家教委1997 年 3 月 24 日颁布的《普通高等学校毕业生就业工作暂行规定》（以下简称《暂行规定》）。这是指导毕业生就业工作的最根本的、原则性的法规，其他的一些部门性、地方性的就业法规都是以它为基础的。

《暂行规定》对大学生就业的各个环节进行了详细的规定。以毕业生就业工作程序、毕业生就业指导与毕业生鉴定、供需见面和双向选择活动为例进行说明。

对于毕业生就业工作程序，《暂行规定》指出，全国高等学校毕业生就业工作程序和时间安排由原国家教委统一部署，各部委和地方应按照统一部署具体指导所属院校毕业生的就业工作。毕业生就业工作程序分为就业指导、收集发布信息、供需见面及双向选择、制订就业计划、计划毕业生资格审查、派遣、调整和接收等阶段。毕业生就业工作一般从毕业生在校的最后一学年开始。用人单位一般应在每年 11 月到 12 月向主管部门及有关高校提出下一年度毕业生需求计划，11 月到次年的 5 月与毕业生签订录用协议。毕业生的就业活动不得影响学校正常的教学秩序和学生的学习。毕业生联系工作时间应安排在 1～5 月。

对于毕业生就业指导与毕业生鉴定，《暂行规定》指出，毕业生就业指导是高校教学工作的一个重要组成部分，是帮助毕业生了解国家的就业方针政策，树立正确的择业观念，保障毕业生顺利就业的有效手段。毕业生就业指导重点进行人生观、价值观、择业观和职业道德的教育，突出毕业生就业政策的宣传。毕业生就业指导要理论联系实际，注重实效，可采用授课、报告、讲座和咨询等多种形式。毕业生就业指导要与毕业教育相结合，教育毕业生以国家利益为重，正确处理国家利益与个人发展的关系，自觉服从国家需要，到基层去，到艰苦的地方去，走与实践相结合的成才之路。高等学校要按照教育部《普通高等学校学生管理规定》《高等学校学生行为准则（试行）》等要求，实事求是地对毕业生作出组织鉴定，毕业鉴定主要包括毕业生在校期间德智体等各方面的基本情况，这些基本情况要按照档案管理的有关规定，认真核对无误后归档。档案材料应在毕业生派遣两周内寄送至毕业生报到单位。对于供需见面和双向选择活动，《暂行规定》指出，供需见面和双向选择活动是落实毕业生就业计划的重要方式，各部委、各地方主管毕业生就业工作部门负责管理和举办本部门、本地区的毕业生就业供需见面和双向选择活动，其他部门不得举办以毕业生就业为主的洽谈会或招聘会，举办省级上述活动要报国家教委备案，跨省区、跨部门的有关活动须报国家教委审批。有条件的高等学校要举办或校际联办毕业生供需见面和双向选择活动。高等学校在毕业生供需见面和双向选择活动中起主导作用。经供需见面和双向选择后，毕业生、用人单位和高等学校应当签订毕业生就业协议书，作为制订就业计划和派遣的依据。未经学校同意，毕业生擅自签订的协议无效。供需见面和双向选择活动要在国家就业方针、政策指导下，有组织、有计划、有步骤地进行，时间应安排在节假日。供需见面和双向选择活动，不得以营利为目的向学生收费，不得影响学校正常的教学秩序和学生的学习。

除了基本的政策规定，每年的大学生就业还有一些特殊政策或者补充政策。例如，1999 年中组部、人事部、中编办、财政部联合下发的《关于选拔高校毕业生到农村基层工作有关问题的通知》对大学生到农村就业的具体操作进行了规定。2003 年国务院发布的《关于实施大学生志愿服务西部计划的通知》对如何引导大学生到西部去、到基层去、到祖国和人民最需要的地方去建功立业，促进西部贫困地区教育、卫生、农技、扶贫等社会事业的发展，拓展大学生就业、创业的渠道，培养造就一大批既有现代科学文化知识，又有基层工作经验和强烈社会责任感的优秀青年人才，弘扬"奉献、友爱、互助、进步"的志愿精神，推动经济社会的全面发展进行了全面阐述。1993 年的《国家公务员暂行条例》和 1994 年的《国家公务员录用暂行规定》对大学生报考国家公务员提供了政策依据。另外，各地政府、教育主管部门会根据当地的情况，制定相应的高校毕业生就业政策。

各高校根据国家、地方政府的政策，也会制定具体的学生就业政策。针对大学生就业，国家和地方政府制定了严密的政策，有些政策明确规定了某些毕业生的就业行为。如果不认真了解这些政策，仓促就业，结果只能是事倍功半。

例如，对来源于边远省区毕业生的就业政策。我国政府规定，毕业生就业工作中的边远省区是指以下十个省区：内蒙古自治区、黑龙江省、广西壮族自治区、贵州省、云南省、西藏自治区、甘肃省、宁夏回族自治区、青海省和新疆维吾尔自治区。由于历史原因，这些省区的经济、科技和教育比较落后，要改变这种落后面貌，一靠投入，二靠政策，三靠科技，但最关键的还是科技人员的数量和质量。国家对边远省区科技队伍的建设非常重视，并制定了很多政策，其中包括这样一条：为满足边远地区经济、科技和教育发展对人才的需求，对来自边远省区的毕业生，若所学专业为本省区（含国务院各部委在这些地区的直属单位）所需要的，原则上要安排回去就业。对有特殊困难需要照顾的支边职工子女，在征得边远省区主管调配部门的同意后，并由单位接收的，可在内地就业工作。这一政策的实施受到了边远地区的欢迎，符合广大人民的心愿。

对参加大学生志愿服务西部计划的志愿者，除享受国家规定的高校毕业生就业优惠政策外，国家还给予以下政策支持：第一，服务期间，享受一定的生活补贴（含交通补贴和人身意外伤害、住院医疗保险）；第二，服务期间计算工龄，党团关系转至服务单位；第三，本人要求户口和档案保留在学校的，按规定保留两年，在此期间，档案管理机构对保管其档案免收服务费用，本人要求将户口转至入学前户籍所在地的，公安机关按照规定为其办理落户手续；第四，人事、教育部门所属人才机构负责办理相关手续，人事部所属人才交流服务机构免费提供人事代理服务，服务期满落实工作单位后，公安机关按有关规定办理户口迁移手续；第五，服务期间，可兼职或专职担任所在乡镇团委副书记、学校及其他服务单位的管理职务；第六，服务期满考核合格的，报考研究生给予加分，在同等条件下优先录取，具体规定在当年的研究生招生政策中予以明确；第七，服务期满考核合格报考党政机关公务员的，可适当加分，同等条件下应优先录用，具体规定由省级公务员考试录用主管机关在当年招考中予以明确；第八，服务期满，对志愿者作出鉴定，存入本人档案；第九，考核合格的，颁发证书，作为志愿者服务经历和就业、创业的证明；第十，服务单位应向志愿者提供住宿等必要的生活条件；第十一，在录用党政机关公务员和新增国有企事业单位专业技术人员、管理人员时优先录用；第十二，服务期为一年，服务期满考核合格的，授予中国青年志愿服务铜奖奖章；第十三，服务期为两年，服务期满考核合格的，授予中国青年志愿服务银奖奖章，表现优秀的授予中国青年志愿服务金奖奖章，表现特别优秀的推荐参加中国青年五四奖章、中国十大杰出青年、中国十大杰出青年志愿者及国际青少年消除贫困奖等评选；第十四，鼓励各高校和社会各方面对高校毕业生的工作、生活、学习、就业和创业提供帮助和支持。

还比如，对结业生的就业，法规也有规定：结业生由学校向用人单位推荐或自荐，找到工作单位的，可以派遣，但必须在《全国普通高等学校毕业生就业派遣报到证》和《全国毕业研究生派遣报到证》（简称《报到证》）上注明"结业生"字样；在规定时间内无接收单位的，由学校将其档案、户口关系转至家庭所在地（家居农村的保留非农业户口），自谋职业。

对于在就业过程中发生特殊问题，如生病等，该如何处理，就业法规也有明确规定。毕业生报到后，发生疾病不能坚持正常工作的，应按在职人员病假期间的有关规定办理。如果是在已办理派遣手续，但还未报到期间发生疾病，就要由培养单位和毕业生本人协商解决。对于派遣前生病的毕业生，学校应在派遣前认真负责地对毕业生进行健康检查，不能坚持正常工作的，让其回家休养。一年内治愈的（经学校指定县级以上医院证明能坚持正常工作的）可以随下一届毕业生就业；一年后仍未治愈或无用人单位接收的，户口关系和档案关系材料转至家庭所在地，按社会待业人员办理。

（三）经济环境

经济发展形势直接关系到大学生的就业情况。国家总体的经济形势影响当年人才的总体需求，而区域的经济形势不但影响当地的人才需求、人才环境，而且也引起人才的流向不平衡。我国的地区经济发展很不平衡，城乡之间还存在较大的差距，这就导致了地区的人才需求不平衡以及大学毕业生流向的不平衡。东部沿海地区和中心城市如北京、上海、深圳、广东、江苏及浙江等省市对人才的需求旺盛，成为人才流向集中的地方；在广泛宣传、发动及政策支持下，流向中西部地区的人才逐年增多，但西部要构成对人才的强烈吸引力，还有待于西部开发的深入进行。经济发展了，处处呈现勃勃生机，对高层次人才的需求就会自然增多，当然，经济发展的过程，也是人才不断参与的过程。

对大学毕业生来说，需要分析掌握国家总体的经济形势和各区域经济发展形势，这可以帮助自己正确定位就业目标。经济发达的地区和城市，对高层次人才的需求较为旺盛，总体的人才环境较好，机遇较多，但与此同时，人才竞争十分激烈；经济欠发达或者不发达的地区，对高层次人才的需求不多，工作环境、条件较为艰苦，但是给大学生施展才华、创造事业、实现人生价值提供了广阔的空间。

（四）当年用人单位需求情况

用人单位的需求信息就如同商品的订单，预示着就业环境的冷暖。

每到毕业生就业时，需要招聘应届毕业生的用人单位，通过到政府教育主管部门就业指导中心、高校就业指导中心登记的形式及时发布需求信息，并参加有关的毕业生双向见面活动，还有的用人单位会到学校召开企业说明会。学校就业指导中心会通过网络、报纸、张贴栏等方式将就业信息及时传递给学生。

用人单位对人才的需求是动态变化的，这与以下四方面因素有关。一是用人单位自身发展（取决于国民经济发展整体形势、行业发展形势、企业自身经营状况及发展规划）对人才的需求。二是人才供给情况。如果大学生供给多、质量高、提出的要求低，有的用人单位会提前对人才进行储备。三是用人单位人力资源观念的转变。对人力资源的重视、开发和利用，将很大程度影响用人单位的人才需求数量和结构。四是相关政策的制约或促进，国家为推动大学生就业，制定了一系列政策，有的政策是面向大学生的，还有的政策则面向用人单位，鼓励用人单位创造条件多接纳、使用大学生。

大学生要掌握整体的用人单位需求信息并不容易，原因主要有两个：一是用人单位的信息不是同时间发布的，不同用人单位的需求信息也许要间隔半年甚至更长时间；二是用人单位的需求信息，有相当部分不具备明确的学校或专业针对性，可能是在上海地区招收本科学历毕业生多少名，也可以是在某高校招收具有本科学历的学生多少名。从这种没有学校或专业限制的信息中，很难得到关于专业就业形势的准确判断。

目前，高校学生就业指导工作部门所做的一项工作就是跟踪收集用人单位的需求信息，及时分析后向学生发布。这是大学生了解自己的"市场行情"的重要渠道。大学生了解用人单位的需求情况的另一种渠道是分析行业的经济发展形势，一般而言，这类信息可从报刊和网站上获取。

二、我国大学生就业制度

就业制度是指国家关于人们合法获取就业机会、维护社会就业行为的根本规定。随着经济体制改革的全面展开和政治体制改革的深入发展，我国劳动人事制度的改革也进入了一个深入发展的新阶段。具体而言政府机构要转变职能、精简机构、提高效率，推行国家公务员制度；国有企业要实行灵活的用工制度，推广劳动合同用工制度，逐步打破不同所有制企业职工的固定身份界限，促进劳动力资源合理配置；事业单位要在国家有关法律规范下，逐步实现单位自主用人，个人自主择业。新的就业机制将逐步形成。我国现行的就业制度有以下几种。

（一）国家公务员制度

现代公务员制度是建立在民主政治、法治社会和科学管理基础之上的制度。中国国家公务员制度是关于政府机关从事公务人员管理的法律化、正规化和标准化的诸种规范和规定的总和，是一套完整的国家行政机关工作人员录用、考核、职务任免和升降、培训、工资保险福利、申诉控告、退休，以及公务员管理和监督等管理行为的规范和准则体系。

（二）劳动合同制度

我国在 20 世纪 50 年代中后期开始实行计划经济，在劳动用工制度方面统包统配，这种统包统配的劳动用工模式，从根本上否定了企业自主用人，劳动者自主择业的行为，使就业决策集于宏观单一层次，导致劳动者职业的固定化，并造成了劳酬脱节，挫伤了劳动者与用人单位的积极性，阻碍了生产力的发展。1983 年 2 月，原劳动人事部发布《关于积极试行劳动合同制的通知》，提出今后无论全国所有制单位还是区、县以上集体所有制单位，在招收普通工种或技术工种工人的时候，都必须与被招用人员签订劳动合同。1995 年《中华人民共和国劳动法》正式实施，建立起与社会主义市场经济体制相适应的新型劳动用工制度，从根本上改变了以往计划经济条件下企业劳动用工依靠行政手段分配与管理的体制，使企业和劳动者可以在真正平等的基础上实现双向选择，从而使劳动关系双方真正成为平等的主体，保证了劳动者和用人单位的平等主体地位。为培育和发展劳动力市场，建立统一开放、竞争有序的劳动力市场运行机制创造了条件，为劳动力资源的合理配置，为国民经济持续、快速、健康发展，为社会主义市场经济体制的建立和发展创造了条件。同时，人们的就业观、就业意识也在发生着变化："铁饭碗"打破了；"工作无贵贱、劳动最光荣""不靠国家靠自立，自主创业闯天地"成为时尚。

（三）市场就业制度

随着改革开放的深入，人才开始流动。所谓人才流动，是指以专业技术人员和管理人员为主体的各类人才根据个人的择业愿望，通过在人才流动服务机构登记、交流，从一个单位（地区）调整到另一个单位（地区）工作。人才流动中的流动人员主要是指：辞职或被辞退的机关工作人员；企事业单位专业技术人员和管理人员；与用人单位解除劳动合同或聘用合同的专业技术人员和管理人员；待业的大中专毕业生；自费出国留学人员；外国企业常驻代表机构的中方雇员；外商投资企业、乡镇企业、区街企业、民营科技企业和私营企业等非国有企业聘用的专业技术人员和管理人员等。

人才流动具有社会性、多样性、灵活性等特点，主要形式有辞职、辞退、聘用和兼职等。人才流动，可以改变人事行政隶属关系，如辞职、辞退；也可以不改变人事行政隶属关系，如兼职。无论人才以何种形式流动，都要在有利于国家经济社会发展的前提下，合理有序地进行。搞活人才流动，对于促进经济社会发展，促进人事制度改革具有重要意义。搞活人才流动，对于实现人才的自主择业权和单位的自主用人权，也都具有重要意义。

从 1995 年开始，我国实行市场就业制度。市场就业制度是国家出让劳动者就业的承揽权，劳动力纳入市场，使劳动市场成为劳动力供需双方沟通的渠道；劳动力供需双方直接见面、互相选择，并以合同方式维系双方关系；劳动者在国家法律许可的范围内，自己开创事业，国家给劳动者提供优惠政策，并创造宽松的经营环境。毕业生就业制度的改革是面向 21 世纪教育改革的重要组成部分，对高等学校来说，就是要把人才培养和合理使用结合起来，增强学校面向社会自主办学的动力和活力，对学生来说，有利于形成激励和竞争机制，提高学习的积极性和竞争性，对用人单位来说，有助于促进其尊重知识、尊重人才，从而使教育适应经济建设和社会发展对人才的需要。

三、我国大学生就业趋势

我国高校自 1999 年扩招后大学毕业生逐年大幅度递增，自 2022 年毕业生超过 1 000 万人，如此众多的各类毕业生冲击大学生就业市场，给就业者提出了新的挑战。

（一）大学生就业现状分析

1. 需求不平衡

需求不平衡具体表现在学科专业之间、学历之间、地区之间、院校之间、用人单位之间的不平衡。高新技术专业、高学历、东部经济发达地区、名牌学校的毕业生就业占优势；作为传统毕业生就业主渠道的国有大中型企业，引进毕业生的比例在逐年下降；政府机关及事业单位，用人指标有限，难以接收大量毕业生，而三资企业、民营企业及高新技术产业企业（尤其是信息产业）的需求数量连年增加。

2. 社会对毕业生的素质要求提高

目前毕业生就业形成了"买方市场"，人才竞争越来越激烈，用人单位对毕业生的素质要求标准越来越高，选择毕业生也更加理性，不再单纯追求人才的数量，而是更加注重毕业生的综合素质。那些具有较高的政治思想素质和高尚的品德、扎实的基础知识和宽广的知识面、强烈的事业心和责任感，且吃苦耐劳、动手能力与团队精神强、身心健康的毕业生分外走俏。

3. 就业竞争日益激烈

在当今大学生就业市场上，就业竞争日益激烈。一方面大学生择业受毕业时间相对集中、选择职业时间较短的影响；另一方面，随着高等教育大众化的实施，毕业生的数量不断增多，而社会的有效需求增幅有限，因而就业岗位有限，就业压力增大。尤其是当前大学生趋之若鹜的热门职业、热门岗位，求职毕业生多，就业竞争更为激烈。

4. 以学校为主的大学生就业市场已经形成

尽管社会上已形成了各类人才市场，但市场规模过大，缺乏严格的市场规则，或针对性不强，使得就业签约率不高。相比之下，以学校为主体的就业市场，学校与用人单位常年保持较密切的联系，供需双方专业较对口，学校的中介作用可以得到充分发挥等，这样就使得学校的就业市场签约率较高，市场的效益发挥较好，因其高效、可靠、真实、规范而受到了毕业生和用人单位普遍欢迎。如长沙师范学院约78%的毕业生通过学校就业市场成功择业。

5. 就业管理工作进一步规范、完善

以学校为基础的毕业生就业市场和就业指导服务体系已经建立，并为毕业生和用人单位提供了多方面的帮助、指导和服务，市场机制在毕业生就业工作中的作用越来越明显。公平竞争、优胜劣汰得以充分体现，公开、公正、公平竞争的择业氛围正在逐步形成；毕业生就业市场正从传统的管理向以信息技术为基础的现代化管理模式转变，就业指导的手段正在向信息化、网络化迈进。各高校积极创造条件，依托全国毕业生就业信息网站为毕业生提供网上信息交流和服务；就业关系合同化，即无论企业、事业单位，还是国家机关、社会团体，只要录用毕业生，都必须签订就业协议，这从客观上反映了毕业生就业工作已进入规范化、法治化的轨道。

（二）大学生就业市场的发展趋势

随着我国改革开放的深入和社会主义市场经济的不断完善，以及大学生就业市场化的进一步发展，今后几年大学生就业市场呈现以下发展趋势。

1. 供求形势将发生变化

随着大学生的扩招，毕业生人数在短期内会迅猛增加，然而社会的有效需求在短期内却增速有限。同时，随着我国加入世贸组织后，人才国际化步伐加快，用人单位对毕业生的要求越来越高。许多企业下岗分流、机关事业单位的减员增效以及高等教育的飞速发展，使得就业竞争更加激烈，用人单位对毕业生越来越挑剔。这样一来，势必造成毕业生供过于求，形成了求职难的状态，部分毕业生也会因此暂时待业。同时，农村、基层单位及边远地区将成为一些毕业生的自愿选择。

2. 无形市场加快发展

由于计算机网络技术的广泛应用，择业自由度增大，毕业生除利用有形市场直接洽谈外，更多地将通过无形市场，即在不见面的远程情况下进行洽谈。网络、传真和电话等会越来越显示出在择业方面的巨大活力。毕业生可以通过网络查询用人信息，并进行自我推销，也可以在远程情况下与用人单位进行交谈。学校将建立自己的就业信息网络，为毕业生与用人单位双向选择提供更加方便的条件。

3. 就业市场更加规范

近年来，在大学生就业市场运行过程中存在不少问题，如就业市场的行为不规范、市场制度不健全等。再如，非法职业介绍机构随意插手毕业生就业市场，招聘、应聘中的弄虚作假，供需双方的轻率违约，各种乱收费现象以及某些招聘活动中的非公开、非公正行为的存在等，严重干扰了大学生就业市场的正常运行。今后，随着我国社会主义市场经济的不断发展和完善，大学生就业市场也将进一步完善，并不断向规范化、法治化迈进，公开、公正、公平竞争的良好择业氛围将会逐步形成。同时，高校就业市场将常年开放，并与其他人才市场形成互补。

4. 就业市场的功能更完善

大学生就业市场虽已建立，但市场的功能还有待于进一步扩展、完善。今后几年，随着大学生就业市场的发展，未来大学生就业市场不仅具有有效配置毕业生资源、交流供需信息的功能，而且具有就业指导和服务功能，即包括就业指导、服务、咨询、推荐就业、就业培训以及就业测试等功能。

5. 宏观调控将进一步加强

通过市场机制实现毕业生的最佳配置是大势所趋，但要实现人才的合理流向控制，还离不开宏观调控手段，尤其是在向关系国计民生的国有骨干企业、重点教学科研单位、国防、军工及边远艰苦地区输送优秀人才方面，今后国家将会加强以市场为导向的宏观调控的力度，积极地引导、吸引毕业生到这些地区和单位就业。

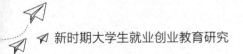

四、我国的就业政策

我国的就业政策可概括为：五大支柱、六个领域、十项措施。这些就业政策将对我国就业产生深远影响。具体内容简介如下。

（一）五大支柱

1. 经济拉动

提高经济增长对就业的拉动能力，保持较高经济增长速度，调整产业结构、所有制结构和企业结构等，扩大就业总量。

2. 政策扶持

运用优惠政策杠杆，将所创造的岗位优先用于吸纳下岗失业人员再就业。

3. 市场服务

实现劳动力供求合理匹配。通过强化就业服务和职业培训，帮助劳动者了解需求信息，提升就业能力。

4. 政策调控

尽量减少失业，通过严格规范企业减员、建立预警制度等措施，减轻社会失业压力。

5. 社会保障

既能有效地保障下岗失业人员的基本生活，又能积极促进再就业，通过完善社会保障体系，消除下岗失业人员的后顾之忧。

（二）六个领域

1. 中小企业

调整企业结构，发展有市场需求的中小企业，继续发展劳动服务企业。

2. 第三产业

调整产业结构，大力发展第三产业。尤其是积极开发社区服务业和旅游业的就业岗位，积极发展商贸、餐饮等传统服务。

3. 多种经济

调整所有制结构，鼓励发展就业容量大的集体、个体、私营、外商投资和股份合作等多种所有制经济。

4．劳动密集

充分发挥劳动力资源优势，积极发展具有比较优势和市场需求的劳动密集型产业和企业。

5．灵活就业

适应企业用工需求和就业方式的变化，鼓励下岗失业人员从事非全日制、临时性、季节性和弹性等灵活多样的工作。

6．劳务输出

面向国内、国外两个市场，对内鼓励跨地区劳务协作，对外实施"走出去"战略。

（三）十个措施

1．税费减免

鼓励下岗失业人员自谋职业；鼓励服务型企业吸纳下岗失业人员；鼓励国有大中型企业通过主辅分离分流安置企业富余人员。

2．小额贷款

帮助自谋职业和自主创业的下岗失业人员解决创业起步的资金问题。

3．社保补贴

鼓励服务型企业招用下岗失业人员；扶持社区开发的公益性岗位，安排大龄就业对象就业。

4．就业援助

对有劳动能力和就业愿望的男50岁以上、女40岁以上就业困难的下岗失业人员给予帮助；实行岗位援助、社保补贴和岗位补贴。

5．主辅分离

鼓励国有大中型企业将辅业分离出来，分流安置富余人员，同时减轻社会失业压力。

6．就业服务

建立健全公共就业服务体系；实行免费的就业服务；推广"一站式"就业服务；推行"政府购买培训成果"。

7．财政投入

各级财政增加投入促进就业；中央财政加大对中西部地区和老工业基地的支持。

8. 社会保障

保障下岗失业人员的基本生活；再就业后的社保关系接续；实行适应灵活就业的劳动关系形式、工资支付方式和社会保险办法。

9. 企业裁员

关闭破产企业必须落实职工安置方案；国有大型企业一次性裁员超过一定比例的要事先向当地政府报告。

10. 社会平台

在 10 万个社区建立劳动保障管理服务工作平台。

五、国外大学生就业

世界范围内大学生就业形势日益严峻。一些国家的高等院校着眼于培养社会紧缺和具有实际工作能力的人才，提供高水平的就业指导，积极拓宽就业渠道，以最大限度地促进毕业生顺利就业。国外大学生的就业观念也发生了很大的变化，对工作性质、待遇等方面的要求比以前降低了。

巴西大学生已渐渐接受了"先就业后择业"的思想。他们普遍认为，毕业后先就业后择业，不管对工作是否满意，都要先干起来，逐步积累工作经验，一边工作，一边寻找自己所喜爱的工作。里约热内卢市政当局曾经招聘 500 多名街道清洁工，应征者中有不少即将毕业的大学生和尚未找到工作的大学毕业生。

加拿大大学生择业比较实际，只要能找到还过得去的工作就行了。许多学生大学毕业后不能马上找到工作，但可以到企业或政府机关去实习。实习期间，用人单位给大学生发放相当于正式雇员工资 50%～75% 的报酬。通过实习，部分大学生在实习单位找到了工作。即使不能留在实习单位工作，有了实习经历后，大学生就更容易在其他单位找到合适的工作。这种途径有利于缓解大学生的就业压力。

俄罗斯许多大学生在实习过程中往往并不刻意追求专业与实践的结合。一项调查显示，俄罗斯大学生大多是很理性地看待毕业后改行这一现象。他们认为，大学教育除了让学生接受专业培训，还给学生提供了培养个人能力的机会和场所。大学毕业生步入社会后的工作能力普遍比没有接受高等教育的同龄人强，接受新事物、掌握新技术的速度总体上也快。他们毕业后根据自己的实际工作进行相关专业的再学习是不可避免的，甚至可以说，大学毕业改行是必然的。

瑞典大学生找工作的态度经历了一个由被动变为主动的过程，一些著名院校，如瑞典皇家工学院，斯德哥尔摩大学商学院等，以前是企业上门求才，大学生待价而沽，现在形势变了，用人单位要反复挑选。特别是一些大众化专业，如市场营销等，往往一个招聘岗位有二三百人前来应聘，竞争异常激烈。为此，大学毕业生不得不变被动等待为主动出击，观看招聘广告，搜集有关公司的人力资源信息等。同时，瑞典大学生对待遇的要求也相应降低。据瑞典宇宙传播咨询公司的调查显示，和几年前相比，大学生不再对薪水提出过高要求。IT专业的大学生刚进公司对月薪要求已降低了2.17万瑞典克朗（1美元约合8瑞典克朗）。毕业生对工作时间的要求也在降低，他们期望每周工作40小时，但46小时也能接受。对带薪培训、额外假期等的期望也降低不少。瑞典大学生对工作单位的性质和地点的看法也发生了变化。

以前，大学生心目中理想的工作单位是工作刺激、赚钱多、机会多，而现在他们只能降低标准，到以往认为很烦闷的地方工作，如政府机关、税务部门等。因为比起那些经常裁员的大公司，在政府部门工作无疑安稳得多。一项调查显示，大学生对去国外工作的兴趣增大，这也反映了大学生面对压力，选择更加多元化。

西班牙大学生如果实在没有合适的机会，为了自食其力，也会放下架子做"蓝领"。据统计，西班牙约有35%的大学毕业生做"蓝领"，如电脑输入员、电话接线员等。

印度发达的高等教育体系与相对迟缓的社会经济发展之间的脱节正在逐年拉大，整个社会正面临历史上从未有过的大学生就业压力。对于更多的印度大学生而言，自谋出路可能是他们面临的唯一选择。家庭有产业的可以子承父业，部分女生还可以选择嫁人去做全职主妇。

第三节　就业形势与就业政策

一、就业形势

新冠病毒疫情发生以来，国民经济运行受到巨大冲击，就业更是首当其冲。2020年全国普通高校毕业生人数达874万人，同比增加40万人，创历史最高。

在经济下行压力加大与新冠病毒疫情的叠加影响下，2020 届高校毕业生就业形势严峻。

受疫情影响，经济增速变缓，复杂多变的国际形势，求职人数的不断增加，国家就业制度的转变，要求大学毕业生必须认清当前就业形势，落实国家政策。

（一）全国就业形势及失业率

在疫情冲击下，2020 年就业形势不容乐观。从国家统计局最新公布的数据来看，2020 年 3 月全国城镇失业率达 5.9%，低于 2 月 0.3 个百分点。受疫情影响，2020 年就业形势不容乐观。

（二）高校毕业生的就业情况

从教育程度上看，2019 年高等教育毕业生（含高等教育中普通高校、网络本专科、成人高校，减去研究生招生数）占比最大，达到 834 万人，中等职业教育毕业生 490 万人，高等教育研究生毕业生 64 万人。

受经济下行压力和疫情叠加影响，2020 届毕业生的就业面临较大的压力和挑战。数据显示，春节后第三周，面向 2020 年应届生的岗位需求环比增长 16%，但同比仍然下降 44%，百人以下小微企业的应届生需求相比 2019 年收缩了 52%。

（三）市场需求下降，新增岗位大幅减少

在 2020 年 3 月 31 日举行的国务院联防联控机制新闻发布会上，针对高校毕业生的就业工作，教育部高校学生司司长表示，综合考虑经济下行压力和疫情叠加的影响，预计 2020 年上半年高校毕业生就业面临的形势更加复杂严峻。

传统春招中有"金三银四"的说法，而疫情期间明显受到冲击。按照以往企业招聘惯例，每年的 3 月和 4 月是集中面向应届高校毕业生招聘的黄金时期，高校就业指导部门也往往会在此前的寒假中实地走访企业，为即将开展的春季双选会做准备。而在疫情期间，"金三银四"招聘黄金季受到了波及。

疫情期间，不少企业面临一定的生产经营压力，取消或减少招聘计划，企业新增岗位大幅减少。特别是往年春节红火的旅游业、餐饮业、娱乐业，2020年春节假期的收入大幅缩水，出于战略调整，很多企业削减了人力成本。自2020年2月10日起，各地企业陆续复工。往年春节之后，很多企业将集中发布招聘需求，但受疫情影响，节后人才流动速度趋缓，求职市场需求下降，尤其是创造大量就业岗位的中小微企业面向应届生的新增岗位大幅缩水。与此同时，像互联网、金融和房地产等应届高校毕业生关注度比较高的行业，新增岗位数量也有所下降。比如，受疫情影响的集成电路行业（IC 行业）通过精简岗位、外包项目等方式控制成本，求职者跳槽意愿降低，2020 年一季度市场需求同比下降二成。此外，IC 类院校在毕业生就业、教学以及招生等方面遭遇阻力。

根据多地房地产协会、住建局的公告显示，建筑业、房地产行业等人员密集行业在 2020 年初处于暂时停工状态。数据显示，2003 年的非典疫情，有近30% 的高校毕业生工作受到影响，但当时大学毕业生只有 212 万人，2020 年的高校毕业生人数达 874 万人，受影响的毕业生人数更多。

二、就业政策

就业关乎民生和稳定，保障就业稳定的大局，是我国宏观政策调控的重要"底线"。2018 年以来，中共中央政治局会议首次提出"六稳"时，"稳就业"被列为"六稳"之首；2019 年 3 月，政府工作报告更是明确"就业优先"政策导向。2020 年 2 月中旬以来，伴随国内疫情逐步平复，政策重心从疫情防控逐步向就业和经济问题等切换。

除了官方出手，各地政府也纷纷发力，打出揽才新政"组合拳"。各城市更是延续了 2019 年人才抢夺战的"火药味"，或直接放宽人才落户和购房限制，或扩大人才政策奖励范围，或通过购房及租房补贴加码来吸引人才流入。

2020 年促进高校毕业生就业举措有以下几项。

（一）扩大研究所及专转本招生规模

扩大硕士研究生招生规模同比 2019 年增加 18.9 万人，同时扩大普通高校专升本的规模，同比增加 32.2 万人。其中硕士研究生扩招部分，主要向国家

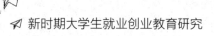
战略和民生领域急需的临床医学、公共卫生与预防医学、集成电路、软件、新材料、先进制造和人工智能等相关学科和专业学位类别倾斜，向中西部和东北地区倾斜。

（二）适当延长毕业生择业时间

对离校时未落实工作单位的高校毕业生，可按规定将户口、档案在学校保留两年，并为落实单位的毕业生按应届毕业生省份及时办理就业手续。

（三）扩大见习规模

组织百万毕业生见习，丰富他们的实践经验，提升他们的就业能力，增强他们的市场竞争能力。对企业开放见习岗位的，给予 3～12 个月的政策补贴。要加大政策支持力度，及时收集发布国际组织招聘信息，组织开展专家讲座、训练营及国际交流等活动，进一步拓宽实习任职渠道。

（四）积极引导大学毕业生参军入伍

配合兵役机关落实好国务院、中央军委关于 2020 年征兵工作部署，针对毕业群体开展精准宣传动员和重点征集。每年参军数量在 40 万～50 万人。

促进毕业生多渠道就业，组织好"特岗计划""大学生村官""三支一扶"和"西部计划"等基层项目，以及事业单位、国有企业招聘，加大高校毕业生补充教师队伍力度。每年四大基层项目和事业单位招聘大概可以解决 120 万人的就业问题。

（五）积极利用网络资源，教育部开展"24365"网络招聘活动

教育部 2020 年 4 月 8 日印发通知，启动实施全国高校与湖北高校毕业生就业创业工作"一帮一"行动。首批确定 48 对高校开展帮扶行动，支援高校包括 34 所中央部委直属高校、4 所省属普通高校、10 所全国示范性高职院校；湖北受援高校包括 8 所中央部委直属高校、30 所省属本科院校、10 所高职院校。帮扶行动时间定为 2020 年 4 月至 9 月，并将根据疫情防控安排适时调整，帮助湖北学生就业。

第四节　就业观念的转变

一、向市场经济下的就业观念转变

改革开放政策的实施，特别是社会主义市场经济体制的建立，使我国社会经济发生了巨大的变化，市场经济的多元性、竞争性、开放性和流动性特征都对大学生的就业环境与就业认知产生了深远的影响。

（一）多元性

市场经济与计划经济的一个重大区别在于市场主体的多元性，计划经济形成的是单一的"国家—单位"模式，大学生的就业是在国家规划、计划、调配下进行的，大学生不需要担心找不到工作，大学生就业基本流向国有单位（包括政府单位、企事业单位等）。但是市场经济存在着平等的多元竞争主体，正是通过这些多元主体间的互相竞争，优胜劣汰，来优化资源配置结构，平衡供需情况。特别是中国加入世贸组织后，市场经济更加复杂，国家与国家的关系、国家与市场的关系、国家与企业（单位）的关系都发生了转变，市场也不仅是国有企业的天下，民营经济、外资企业的加入让市场风起云涌。这种转变对大学生就业的影响直接表现为：

① 大学生的就业不可能再享有传统的国家式的"包分配"，而只能到市场中"双向选择"；

② 大学生的就业去向也不可能只集中于传统的国有单位，而是更多的要流向民营企业、外资企业、自主创业等多种方式。

（二）竞争性

在原来计划经济体制下，市场由国家牵头，单一调配，所以基本不存在市场竞争性。但是改革开放后，多元市场经济条件下，资源的配置不断优化与更新，例如国家与国家、国企与民营等，它们主体间的竞争，促进了今天中国的飞速发展。现如今大学生能否转换为人才，是要通过竞争来证明的。所以，市场经济环境下的大学生就业竞争日趋激烈。

（三）开放性

改革开放以来，我国有了翻天覆地的变化。在传统的计划经济体制下，对人才的衡量标准是通过身份认同来进行的。例如，学历，人们往往认为大学生能力必然比非大学生能力高，本科生必然比专科生能力高，名牌大学生必然比普通大学毕业生能力高的观念。但是如今这种通过身份来选择人才的观念已经不能适应社会的发展。改革开放以来，市场经济选择人才的方式也在发生改变，已经不是唯文凭走天下的时代，是要综合考量大学生的综合能力。在市场经济条件下，大学毕业生有了机遇和挑战，机遇是人才的衡量标准从单纯的身份认同转向能力认同，挑战是对大学生的综合能力有了更高的要求。

（四）流动性

如果说"铁饭碗"是计划经济条件下人们就业状况的形象写照，那么流动性则是市场经济条件下人们就业行为的生动写真。计划经济体制总体上是一个相对封闭的体系，每个人都被安排在某个单位、某个岗位上，它不仅是工作，也是人们安身立命的生活之所。然而，在市场经济条件下，企业与人才不再是终身制，而是双向选择的契约式关系。所以，市场经济条件下的人才是流动的。

综上所述，从计划经济到市场经济的转变，对大学生职业认知、就业模式、就业去向都产生了深远的影响。当代的大学生就业去向有了更多选择，不再是盲目前往国有单位，而是自主择业基础上的多元化选择；获得社会的认可不再是基于大学毕业生的身份，而是依赖于自己的综合能力的体现。同时受社会经济体制的变化的影响，大学生在就业与择业过程中，必须直面激烈的市场竞争，这就要求大学生必须明确自我定位，必须在不断流动与终身学习中寻求更高的职业发展。

二、向自主择业型转变

我国大学生就业制度经历了从政府主导下的"包分配"到"双向选择""自主择业"的过程。

（一）政府主导、统包统分阶段

《教育部关于 1977 年高等学校招生工作的意见》指出，"普通高等学校招生和毕业生分配按照国家计划执行。"1981 年国务院在《普通高等学校毕业生分配工作的报告》中，确定在国家统一计划下，对毕业生分配实行"抽成调剂，分级安排"的办法。同年 10 月，教育部、国家计委、国家人事局印发了《高等学校毕业生调配派遣办法》，规定学校要根据毕业生调配计划，参照用人单位的要求和毕业生的具体情况，合理确定分配名单。

这一系列的文件确定了我国改革开放之初大学毕业生就业的基本制度，即采取自上而下、编制计划、统包分配的方式。所以，在这一阶段，这种特殊的就业制度，以及改革开放之初对人才的大规模需求，使得大学毕业生不存在就业困难的问题。然而，不存在就业问题并不表明这种就业制度就是完美的，事实上这存在着一系列的缺陷，例如学生没有自主择业的机会、用人单位没有用人自主权、人才难以尽其所用等问题。

（二）从政府主导到双向选择、自主择业的过渡阶段

1997 年教育部文件《高等学校毕业生就业工作暂行规定》明确提出供需见面和双向选择活动，这让大学生就业方式有了突破，例如部分改革学校的毕业生，可以在国家规定的服务范围内自主择业。

这一阶段大学毕业生就业制度逐步由政府主导的"统包统分"向"自主择业"过渡（除师范类和其他艰苦行业、边远地区的就业外），大部分毕业生实行的是在国家方针、政策的指导下，通过人才劳务市场"自主择业"。虽然在这一阶段，就业制度发生了巨大的转变，但改革初期，大学生总量少，企业需求量大，使得当时大学生的就业问题并不突出。同时由于用人单位和毕业生都有了"双向选择"的机会，这项政策赢得了部分用人单位和毕业生的认可与欢迎。

（三）大学扩招政策以来自主择业制度的实施阶段

2002 年，国务院办公厅转发《关于进一步深化普通高等学校毕业生就业制度改革有关问题的意见》，明确提出了以市场为导向的就业方针，指出引导

高校毕业生要到基层、到中小企业就业是解决高校毕业生就业问题的主要途径。2005 年，中共中央办公厅、国务院办公厅《关于引导和鼓励高校毕业生面向基层就业的意见》中，就做好引导和鼓励高校毕业生到基层自主创业与灵活就业、建立高校毕业生就业见习制度、选调生制度等方面做了具体部署。2009 年，国务院办公厅《关于加强普通高等学校毕业生就业工作通知》中，要求把高校毕业生就业摆在当前就业工作的首位，采取切实有效措施，拓宽就业门路，鼓励高校毕业生到城乡基层、中西部地区和中小企业就业，鼓励自主创业，鼓励骨干企业和科研项目单位吸纳和稳定高校毕业生就业。

可见，这一阶段是我国经济社会制度的深化改革，市场经济的发展和传统隐性的就业问题开始显性的阶段，是我国大学教育从"精英教育"转向"大众教育"的阶段，是大学专业设置与教学改革后服务于经济社会发展的阶段，高校毕业生面临日益增大的就业压力。为了适应我国经济的高速发展，促使高校毕业生"双向选择、自主择业"的就业制度正式确立。

综上所述，国家就业制度的变迁，既是为了适应社会所需，又是为了便于大学生寻找新的就业方向。

三、树立市场经济下理性化的就业观念

随着国家就业制度的变迁，社会主义经济的发展，大学生的职业观念必须转变。基于自主择业对象的转变，大学生既要直面市场竞争，又要选择多渠道的就业方式。这就需要大学生重视能力素养，调整职业认知，优化各种知识结构。

大学生就业观念正在发生转变，从事行业、单位所在城市，都成为学生就业的重要选择依据，例如，目前国企、公务员还是大多数毕业生的首选。所在城市在大学生职业选择中同样有着较大的影响，虽然近年来随就业压力的加大，大学生不再把"北上广"等一线城市作为第一选择，但发达的东部城市、中西部的省会城市依然是毕业生的首选，这造成了地级市的人才流出，特别是西部城市和基层。一方面基层迫切需要人才，另一方面大学生就业困难，如何引导大学生面向基层就业、扎根基层需要全社会的关注。职业选择日趋理性化，在大学生职业选择中，高收入、工作体面、工作环境好、所在城市好和好的人文关怀都成为他们就业的风向标。这些都是在市场经济下形成

的，理性人的必然选择。

近年来，一个好的趋势是，国家大力组织"西部服务计划""大学生村官计划""选调生计划"，这些好的政策让大学生愿意到基层就业。愿意到西部就业的人越来越多，有的甚至竞争也很激烈。

经济社会的变迁、就业制度的改变都深刻地影响着大学生的职业出路与就业认知。因此，对大学生就业认知的引导，一方面要求大学生基于本身实际情况做出合理选择，另一方面也需要政府、社会、高校来共同关注大学生的就业，宣传国家政策，合理引导大学生树立科学的、理性的就业观念。

1. 指导学生树立正确择业观念

由于社会因素的影响及社会职业的片面认识，部分大学生缺乏正确的择业指导思想，在择业过程中对某些问题的认识出现严重偏差，必须加以纠正。

关于文凭和能力的问题。部分大学生，甚至包括一些用人单位，把文凭和学生能力简单地等同起来，认为文凭就是能力的标志，能力的表征就是文凭。因此，在双向选择过程中，一部分用人单位片面地强调文凭而忽略对潜在能力的考查，少数大学生把择业过程中受到的挫折归因于自己没有名牌大学的文凭，或归因于自己学历低，二者都是对文凭和能力的错误认识。

关于专业和专长的问题。专业知识是一个人知识结构的主干，是知识体系的主体；而专长则是知识结构的支干，是知识体系的外延。知识结构主干决定了就业的适应范围，虽然不提倡绝对的专业对口，但应考察所掌握主体知识的适应面及所具有专长的扩展面。因此，大学生择业首先考虑所学的专业，根据专业特点谋求职业，以做到专业特点与职业要求相匹配，发挥专业优势；其次要考虑自身专长，以做到专业和专长相结合，对自我进行客观、正确的分析评价，准确定位。部分大学生不顾自身的专长和专业特点，盲目追求环境舒适、收入丰厚的所谓热门职业，这是受世俗观念尤其是拜金主义、享乐主义等消极思想影响，导致了择业观扭曲。

2. 发挥政府主导作用

政府出台多项政策，做好宣传，紧抓落实，拓宽大学生就业渠道，加大创业扶持力度。完善企业法规，出台政策鼓励各行各业吸纳大学生就业，同时也要关注就业困难群体，通过各种法规资助就业困难生就业。但是目前，针对中、小、民营企业的调控力度还需要加强。

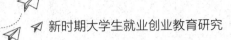

3. 加强理论与实践结合

高校应该紧密联系社会需求，完善就业、实习制度，加强校企联动，提升大学生就业能力和社会适应能力。我国教学长期以来受传统办学理念和教学模式的影响，重理论、轻实践、满堂灌，培养的学生轻能力、重理论，与企业需求脱节，教学内容与工作岗位相脱节，直接导致大学生的就业认知与社会相脱离。所以很多毕业生毕业之时感到迷茫，最大的原因在于离开学校后，发现自己在校学习的技能与现实所需严重脱节。所以，学校必须建立有效的机制，将学校、企业、毕业生三者有机结合起来，做到产教融合。特别是高职院校，一定要把学生平时的教育与经济社会发展紧密结合起来，把人才培养与就业紧密结合起来，把教学融入企业生产之中，做好一体化改革，这样培养的学生才能更好地融入企业和服务社会。

第二章
就业结构的构成

经济结构由劳动者素质技能结构、投资结构、就业结构、产业结构、产品结构、流通结构和消费结构等构成，它的各构成要素之间相互促进、相互制约。经济结构系统内各要素地位和作用不同，其中劳动者素质技能结构处于核心地位。也就是说，经济结构是作为主体的人在其相互的经济关系中按一定的法权构成相应的组织形式，运用人类自身的劳动力使用物质（自然的和人为的）条件，生产产品和提供服务，并按法权关系流通于社会，分配于不同的人群乃至个人进行消费的过程中，所形成的有相应法律和政治保证的经济关系。经济结构的改变是人有意识的活动，通过改变其中的要素结构，从而改变经济结构系统。

第一节　就业结构构成

劳动者素质技能结构和投资结构共同构成就业结构。劳动者素质技能结构是就业结构矛盾的主要方面，它主导就业结构；投资结构是就业结构矛盾的次要方面。在一定的社会经济制度下，劳动者素质技能的提升，有助于就业结构的优化，可以促进产业结构升级，而产业结构的升级可以促进劳动者素质技能的提升，进而优化就业结构。

一、劳动者素质技能结构

劳动者素质技能是指以劳动者为主体的劳动能力的发挥。劳动者素质技能包括劳动者的一系列身体指标和技能指标，主要有人的身体素质、技能素质和文化精神素质，其中身体素质是基础，由人的各项生理指标构成；技能素质包括人的受教育程度、知识等各方面的技能；文化精神素质包括人的价值观、思想及道德等。从生产劳动论，身体素质和技能素质是主要的，它们体现着人的体力和脑力所综合的劳动力，不论复杂或简单的劳动，都是体力和脑力的结合……由此使用"素质技能"的概念。劳动者素质技能在经济领域表现为生产力，劳动者社会地位表现为生产关系，生产力决定生产关系，生产关系的变革会进一步提高生产力的发展。由生产力和生产关系构成经济发展的基本矛盾。在不同的社会制度之下，劳动者的素质技能和社会地位不同，表现出的生产力和生产关系不同，从而形成不同的经济体制、经济结构。劳动者素质技能结构是一个地区社会生产力的重要表现，不同的劳动者素质技能结构决定了地区间社会生产力的差异。劳动者素质技能结构和投资结构共同决定就业结构和产业结构，产业结构形成不同的产品结构、消费结构等，从而形成不同的经济结构、不同的经济发展水平。

人和物质资料的关系是社会制度差异的本质表现。在资本主义制度之下，一切以资本增值为目的生产将劳动者视为一种"资源"加以分配，使劳动者隶属于资本，将人等同于物质资料，这在本质上颠倒了人和物的关系。马克思指出，在资本雇佣制下，工人同自己的劳动产品的关系就是同一个异己的对象的关系。因为根据这个前提，很明显，工人在劳动中耗费的力量越多，他亲手创造出来反对自身的、异己的对象世界的力量就越强大，他自身、他的内部世界就越贫乏，归他所有的东西就越少。劳动对工人来说是外在的东西，也就是说，不属于他的本质；因此，他在自己的劳动中不是肯定自己，而是否定自己，不是感到幸福，而是感到不幸，不是自由地发挥自己的体力和智力，而是使自己的肉体受折磨、精神遭摧残。异化劳动，由于使自然界、使人本身，他自己的活动机能，他的生命活动同人相异化，也就使类同人相异化。人同自己的劳动产品、自己的生命活动、自己的类本质相异化的直接结果就是人同人相异化。劳动异化所产生的人与人之间关系的异化反映在资本主义经济制度中的表现就是资本雇佣制的生产关系，它实际上是在生产中人与物质资料关系的反映，由物质资料的生产支配着人的生命本身，由资本雇佣制关系所形成的精神文化支配着整个社会的精神文化，支配着物质生产资料的阶级，同时也支配着精神生产资料，因此，那些没有精神生产资料的人的思想，一般的是隶属于这个阶级的。占统治地位的思想不过是占统治地位的物质关系在观念上的表现，不过是以思想的形式表现出来的占统治地位的物质关系。

在社会主义制度下，以人民为中心的发展理念，在经济结构中的表现是以人为主体的经济结构，劳动者素质技能结构主导投资结构，而不是投资结构决定劳动者素质技能结构。发展生产力、提高生产效率的根本途径在于提高劳动者的素质技能。充分考虑了劳动者作为人的基本属性及其主观能动性。由劳动者的素质技能水平主导产业结构和投资结构，这样才能有效地优化经济结构，发展现代高新技术，整体提升经济发展水平。

在社会主义制度之下，劳动者素质技能是经济结构的核心，不断地提高劳动者素质技能，便能不断地提升社会生产力，进而促进就业结构优化和产业转型升级。实践具有历史的累积性，历代劳动者素质技能的积累形成了当前的生产力。发展生产力的根本在于提高劳动者的素质技能，只有提高了素质技能的劳动者才能优化经济结构、发展高新技术，才能促使投资流向新兴产业，从而实现就业结构优化。

二、投资结构

投资结构是指在一定时期的投资总量中各要素的构成及其比例关系，是构成就业结构的重要方面。投资结构分为投资的产业结构、行业结构和主体结构等。投资结构可以清晰地反映出各个产业、行业的发展程度。投资的量及所占的比例体现了经济结构及其运行机制的方向，可以说，投资结构反映了社会生产力发展的基本走向。

投资结构可以从经济、国防等各项社会事业的投资比例进行划分，也可以单从经济投资进行划分，主要有投资的产业结构、投资的行业结构和投资的主体结构等。投资的产业结构是指第一产业、第二产业、第三产业的投资总量及其产值构成比例关系。投资的产业结构可以反映一个国家或地区的工业化发展进度及基本产业结构的比例关系；投资的行业结构主要反映产业内部不同行业的投资构成、行业的发展情况；投资的主体结构主要从所有制结构来分析，结合产业发展、行业发展和技术革新分析投资主体在经济结构优化中的作用。投资结构中还包括教育投资和职业培训投资等，主要是从劳动者的技能素质和精神素质投资构成及其比例关系来看投资对于提高劳动者素质技能的支持力度。在不同的经济体制下投资结构的内涵和外延不同。在我国社会主义经济体制的两个阶段，投资结构的具体内涵也不一样。在计划经济体制之下，投资结构是指社会固定资产在各产业、各地区、各行业、各部门之间的分配。在单一公有制经济体制之下，投资主要是通过国家财政拨款方式实现的。在市场经济体制之下，投资结构的内容更丰富，包括投资产业结构、投资行业结构、投资风险结构、投资资本结构、固定资产投资和流动资产投资等。在市场经济体制之下，投资主体呈现出多元化特征。

投资结构为就业结构的形成提供了物质支持。投资结构是地区生产资料结构的表现，它是就业结构得以形成的外部条件。在西部地区，由于不同的自然地理环境而产生了不同的物质资料获取方式，例如，在平原地区农业较为发达，在草原地区畜牧业较为发达，在自然的生产条件之下产生了不同的经济类型。地区的自然资源、人文环境都会对行业结构产生影响，从而形成不同的投资结构，产生不同的就业结构。投资结构具有方向性，其受经济运行机制制约，不同的经济制度、体制之下的经济结构及其运行机制所导向的投资结构不一样。在资本主义生产关系中，投资结构主要是以物质财富增加为导向，没有站在人的发展的立场上进行投资，即便是研发投入也是为资本增值服务。投资结构只有和劳动者素质技能结构紧密结合才能发挥更大作用，在工业生产方面尤其如此。技术是工业化大生产的核心，技术的发展离不开对教育和科研的投资，技术的普及更需要对职工进行职业培训。就业结构的优化和投资结构的优化、教育结构的优化是协同关系，投资可以促进形成新产业、行业，当教育结构、劳动者素质技能结构与产业结构、行业结构的需求不相匹配时，就会阻碍经济的发展。经济结构调整的技术支持不到位，失业和就业需求的现象就会同时存在。

投资结构的方向制约就业结构。在经济结构中，劳动者素质技能结构和投资结构之间相互促进、相互制约，共同构成经济结构的运行机制。经济结构的运行机制决定经济的发展方向，也是投资结构得以形成的重要动力机制。投资于哪个产业、行业，既受地区的自然禀赋和产业基础影响，也受经济结构的运行机制支配。如果投资于低成本、低技术的产业，就会产生一系列低端产业，在世界经济结构体系之中容易形成劳动密集型产业，这些产业一般处于世界产业链的低端。低端产业对就业人员的技术要求并不是很高，就业结构中的劳动者素质技能水平就会比较低。如果单从解决就业问题方面来看，劳动密集型产业可以吸纳更多的劳动者就业，与此同时也会使社会资金流向劳动密集型产业，但它不利于经济结构升级和调整。如果投资于高新技术产业，大力提高研发投入和人才培养力度，就会产生新的就业结构，其中的劳动者素质技能水平就会比较高。

劳动者素质技能结构和投资结构共同构成就业结构。经济结构系统内各要素之间不是平行的关系，它们之间有内在的联系和作用机制，劳动者素质技能结构和投资结构共同决定就业结构。在经济结构中，不同的运行机制将产生不同的劳动者素质技能结构和投资结构，从而产生不同的就业结构。劳动者素质技能在现代经济中表现为工业技术和人的文化精神素质。在工业化生产中，技术和制度是竞争力的核心。合理的制度安排，能激发更大的创造力；核心技术的掌控，是经济发展的先机。劳动者素质技能的提高是发展高新技术的基础，教育投资是提高劳动者素质技能的重要保障。劳动者素质技能结构是就业结构的主要决定因素，投资结构从属于劳动者素质技能结构，它从提升劳动者素质技能水平、决定产业结构发展等方面主导和决定就业结构。要发展高新技术，建设现代化经济体系，就必须重视对人才的培养，提高劳动者技能素质，将劳动者素质技能的提升转化成现实的生产力，从而达到经济结构转型升级的目的。

三、就业结构及指标体系

有学者将就业结构分为广义和狭义两种，狭义的就业结构是从三次产业就业人口的分布来定义的，而广义的就业结构是从就业的地域结构、所有制结构和劳动者素质等方面来定义的。这是在既定的制度前提下，从就业的产业结构、地域结构等表现形式来定义就业结构。社会主义社会确立了以人为中心的发展理念，发展经济是为了人的全面发展，物质条件是发展人的手段而非统治人的手段，一切以人为本，因此，大力提升劳动者素质技能，可以有效地促进经济结构转型升级。在明确经济制度属性、确立经济结构中各要素之间的关系后，对就业结构进行定量分析，可以从就业的所有制结构、产业结构、行业结构、地区分布，以及在不同产业和行业间劳动者就业的量及其比例关系进行定量分析。

就业结构是劳动者素质技能结构和投资结构的展开，因此，分析就业结构可以从劳动者素质技能结构和投资结构两方面进行。劳动者素质技能主要表现为劳动者的身体素质（平均寿命、各项生理指标等）、技能素质、文化素质。本节主要从劳动者的受教育程度、职业培训、科研成果转化、专利申请、平均寿命等指标来衡量劳动者素质技能结构。投资结构主要以在各产业、行业等投资的量、比例关系及其产值来衡量。不同的地区因经济发展水平、地理区位、自然资源、文化等差异表现出就业的区域结构差异。西部各省（区）经济发展水平、文化发展水平各异，就业的地域特点突出。西部地区一方面要解决当地劳动者的就业问题，另一方面面临着经济结构升级急需高层次人才和人才存量不足的问题，就业的结构性矛盾非常明显。

劳动者素质技能的提升有赖于对教育、科研和职业培训的投入，劳动者只有掌握了高新技术，才会不断产生创新动力，才能适应产业转型升级对人才的需求。地区经济的发展有赖于高技能人才的聚集，只有掌握了先进的技术，才能站在产业链的顶端，在世界经济大循环中处于优势地位。要发展高新技术、优化产业结构，就必须加大对劳动者素质技能的提升，只有不断提升劳动者素质技能，才能促进产业结构优化升级。当前，我国教育结构中职业教育发展较为薄弱，教育结构和产业结构的衔接水平较低，导致了结构性失业长期存在。从城乡结构来看，就业结构的优化在于完成农业生产方式的工业化，实现城乡一体化发展，逐步完善社会保障制度等，建立长效的劳动者技能培训机制，为农村劳动力的转移提供更多的技能培训和社会保障支持。

第二节　产业结构是就业结构形成的现实条件

在人类社会发展的进程中，从原始自然分工的采集渔猎中逐渐分化出农业和牧业，随着社会分工的细化和技术的进步，手工业逐渐从农业生产中分离出来，逐渐形成了农业、工业及服务业等，产业的行业结构越来越细化，人类就业的产业、行业基础得以形成。人类生产方式的演化是一个漫长的过程，不同的生产方式之下所形成的产业结构具有一定的历史演进性和继承性，这种历史的惯性会对现实产业结构的形成产生影响，从而形成不同的就业结构。

一、产业结构的概念及形成

产业结构是各产业之间的构成及其比例关系，它的形成和社会分工密切相关，各个产业之间及产业内部的行业之间有着天然的联系。产业结构各构成要素之间可以进行有效的循环，实现产业之间的互动。随着工业的发展，各部门之间的分工和协作越来越密切，产业链不断延伸，产业的行业结构越来越细化，产业之间的联系也越来越紧密。这种产业和行业之间经济要素的流通和交换极大地提高了生产效率。产业和行业之间经济要素的流通和交换可以在一个国家或者地区之内实现，也可以在国家和地区之间实现，使得经济要素在全球范围内流动，有效地促进生产的发展和产品的交换。

投资结构是产业结构得以形成的重要物质基础，产业结构的形成离不开投资的促进作用，大量的投资甚至可以促使一个新产业的兴起，它是产业结构形成的必要条件。劳动者素质技能结构是产业得以形成和发展的重要支撑，产业的发展离不开劳动者的支持，地区劳动者素质技能的存量水平决定该地区产业结构的发展。劳动者素质技能结构和产业结构之间是相互适应、相互促进的关系，劳动者素质技能的提高可以促进产业结构升级，产业结构升级反过来又可以促进劳动者素质技能的提升，产业结构是劳动者素质技能结构外化的表现形式之一。

产业结构的形成受历史和自然条件因素的影响，不同地区产业结构的发展有其特殊性。西部各省（区）自然资源禀赋各异，产业结构体现出其地域特殊性，例如，内蒙古地区的牧业及相关产业发展较好。此外，产业结构的发展和延伸受经济发展水平的影响。随着经济的发展，产业结构逐渐从"一、二、三"的发展模式转向"三、二、一"的发展模式。在农业生产方式占主导的地区，社会专业化分工不明显，产业内部的分工协作较少，产业结构之间难以形成有效的互动，三次产业结构的演进不明显。尤其是在我国一部分农村地区，商品经济很不发达，产业结构单一，劳动者的协作力没有得到充分的发挥，经济增长的潜力没有得到有效的释放。

在农业生产方式之下，产业结构受制于自然资源和自然条件。比如，内蒙古有煤、草原等自然资源，故形成了农牧业、煤业等产业结构。在经济发展中，如果一国拥有某种丰富且质优价廉的生产要素，比如，技术、生产原料，由于具有资源优势，它将密集使用该生产要素去生产相应的产品，从而在产业结构上倾向于形成相应的产业模式，对本国产业结构的形成和演进产生重要影响。同时，由于这种成本相对较低的专业化生产会使本国在国际贸易中处于有利的地位并获取比较利益，在国际经济交往中具有一定的优势，这会进一步促进国内产业结构的调整。各国、各地区拥有的自然条件及资源的禀赋状况是千差万别的，自然资源状况是影响产业结构形成和发展的基本条件。它首先影响一国产业结构的基本构成，继而影响一国产业结构政策的选择。但是，随着科学技术的进步和发展，自然资源对产业结构的影响逐步减小，如新能源和新材料的发现和发明，使人们对传统的能源和原材料的依赖度越来越低。同时，随着现代交通、通信业的迅速发展，地理空间位置的影响也在逐步减弱。随着工业和现代信息技术的发展，电子产品更加依赖于科技创新和市场营销，对外部资源依赖度会不断降低，产业结构越来越合理，它们之间的互动将更加频繁。

二、产业结构的转型升级促进就业结构的优化

就业结构随着人类社会三次产业结构的演进而演化，同时，随着产业结构的梯度演进，社会生产分工日益细化，就业的行业结构也发生了重大变化。在工业生产中表现为产业逐渐从劳动密集型向技术密集型转变。对于很多发展中国家而言，在工业化起步阶段，对劳动力的需求量大，对劳动者的技能要求不高，会形成大量的劳动密集型产业，随着工业化的深化，现代工业部门会逐渐采用高新技术进行生产，吸纳的劳动力人数有限，对技术型人才的需求将会增加，从而形成技术密集型产业。

产业结构演进的不同阶段，形成的就业结构不同。在工业化发展进程中，世界各国基本沿着劳动密集型、资本密集型、技术密集型的路径发展。劳动密集型产业在工业化进程中是基础，持续时间比较长，其在初期具有解决就业问题的作用。在经济发展的高级阶段，劳动密集型产业过多，会使得劳动者素质技能长期得不到提高，使地区产业处于产业链的低端，创造的附加值低，从而阻碍经济结构的整体优化升级，导致一个国家或者一个地区经济发展缓慢。

产业结构的转型升级不仅可以带来新的就业机会，而且可以促进劳动者素质技能水平的提升，从而促进就业结构的优化。在西部地区，工业化发展处于起步阶段，对于劳动力的需求较多。随着工业化的推进，资本密集型产业会迅

速地发展起来，经济增长对就业的促进作用减缓，而由产业结构转型升级带来的新的就业机会解决了由技术进步而产生的失业问题，就业结构会随着产业结构的升级而呈现高技能的特点，对劳动者素质技能的要求不断提高，形成产业结构和就业结构之间的良性互动。产业结构在长期发展中会促进就业结构的升级，会形成资本的积累和集聚，随着资本量的扩张，社会分工越来越细，产业的行业分工逐渐明确，这样会带动就业的增长。工业化会提高产业间的关联度，特别是能为第三产业的发展提供物质基础，从而吸收更多的劳动力就业，提高经济发展水平。工业化发展必然会经历资本深化和重化工业化的阶段，在工业化中，技术是经济发展的先机，只有掌握了先进的技术才会在日益激烈的市场竞争中保持快速、平衡、健康的发展。技术密集型产业是工业化发展的重要阶段，只有不断地提高劳动者的素质技能，才能为工业化发展提供技术支持。只有不断地提高工业化水平，才会带动关联产业的发展，才会逐步细化社会分工，细化行业之间的分工协作，优化就业结构，提高社会发展水平。

三、政府通过产业政策调整促进就业结构优化

政府通过调整产业政策优化就业结构。如果仅仅依靠经济结构内在机制的自发演变，产业结构和就业结构的优化升级将非常缓慢，尤其在经济全球化的今天，外部市场深刻地影响着一个国家或地区的经济发展。政府的经济发展规划、政策等对产业结构的升级有极大的推动作用。政府可以通过制定产业发展规划、提升劳动者素质技能、调整投资结构比例、调整国民收入分配等策略来加速产业结构的优化升级。在经济全球化大背景下，资源在全球配置，产业分布也呈现出全球化的趋势，如果仅仅依靠市场的力量来优化就业结构和产业结构，在参与世界经济的竞争中将无法完全释放经济发展的活力，也无法形成科学合理的协作分工，因此，必须依靠政府的力量来共建科学有序的经济运行秩序，内外因共同作用推动产业结构的优化升级。例如，1929 年世界经济危机以后，各国政府均加大了对经济的调控力度，经济发展战略是一国对其经济发展所作的带有全局性和方向性的长期规划和行动纲领。其重要内容之一就是确定优先发展的产业，并通过制定相应的产业结构政策保证实现产业发展目标。日本在战后重建过程中，在发挥市场机制调节作用的前提下，主要依靠政府制定正确的发展战略，科学选择和优先发展重点产业，在这些重点产业的带领下，

只用了二三十年时间就使日本产业结构进入了高度化阶段，并使日本经济步入发达国家行列。如果能够正确认识产业结构演进规律，科学选择和确定主导产业，制定相应的产业扶持政策以保障重点发展优先产业，就能够推动产业结构和就业结构向着高度化的方向发展，并大幅缩短这一演进过程的周期。在世界经济一体化的发展进程中，各国内部经济结构的完善是其参与世界经济竞争的重要支撑。在完善的经济结构和较高的技术发展水平之下，才能具备和外部竞争的条件。在开放的经济结构中，外部竞争机制的形成会逐步引导内部经济结构的发展，尤其是在生产力全球布局、世界经济大循环的今天，优化国内产业结构，形成具有竞争优势的特色产业，对西部地区尤为重要，以政府政策促进产业结构调整，对推动就业结构优化具有重要意义。

第三节　就业结构对产业结构的影响

劳动者素质技能结构和投资结构共同构成就业结构，提升劳动者素质技能水平可以促进就业结构的优化，进而促进产业结构升级，由劳动者素质技能结构优化主导产业结构升级。与之相反，劳动者素质技能水平较低，就会制约产业结构升级。

一、就业结构优化促进产业结构升级

优化就业结构，需提升劳动者素质技能水平，提升劳动者素质的同时可带动技术进步，技术进步又可促进产业结构优化。技术进步是劳动者素质技能水平提升的表现。在人类的三次产业构成中，各个产业对于技术的利用和吸收能力不尽相同，产业之间吸收劳动力就业的能力也不相同。技术在推动产业结构优化升级方面的作用日益突出，即技术进步带来新兴产业的诞生和成长，将逐渐导致新兴产业在国民经济中的相对比重逐渐上升，而原有产业相对比重则会不断下降。一旦新兴产业在产业结构中占据主导地位并发挥决定性作用，将导致产业结构的性质发生根本性变化，从而形成一定历史时期特有的产业结构形式。劳动者素质技能水平在经济领域表现为社会生产力发展水平，通过优化就业结构、提升劳动者素质技能水平，进而推动技术进步，可以促进社会生产力水平的提高，从而促进产业的精细化发展，有利于产业结构优化升级。在工业

化生产方式之下，技术已经成为一国或地区经济发展的重要影响因素之一，可以说，谁掌握了先进的技术，谁就掌握了发展的先机，在技术的推动下，就业结构和产业结构不断优化。

二、就业结构现状决定产业结构发展

就业结构反映了劳动者素质技能情况，它决定了产业结构的发展。产业结构升级必然需要更多的技术型人才，如果社会不能提供足够的人才，就会制约产业结构转型升级。在经济转型升级的过程中，如果忽视对就业结构的优化，忽视劳动者素质技能水平的提升，就会使产业结构升级失去技术支持，导致产业结构调整困难。在人类社会发展的进程中，工业化的发展极大地促进了技术的进步，工业技术不仅促进了第一产业的转型升级，而且带动了关联产业的发展，促进了新兴产业的诞生和成长，尤其是第三产业的发展，带来了新的就业机会。与此同时，处于工业化发展初期的发展中国家，由于科技发展能力较弱，由技术进步带来的就业结构优化和产业结构升级的推进作用较小，产业结构转型升级受制于就业结构的存量水平，难以实现跨越式发展。

第三章
就业准备及就业市场信息

　　毕业生从学校步入社会，是人生中的一个重要的转折点。想在激烈的市场竞争中脱颖而出并非易事，知识、能力及体制等综合素质固然重要，择业前的准备也不容忽视。曾经有一位毕业生在应聘某著名的大公司时，主考官问他对公司了解多少，他不置可否，问他是否与公司的人交谈过、了解过更多的情况，回答是没有。问他是否查询过他有多少校友在公司工作，回答仍然是没有。主考官说：那我们凭什么录取你呢？从上述例子可以得知，要选择适合自己的职业，"知己"只是一个方面，另一个重要的方面是"知彼"，即要了解职业信息。毕业生要想取得就业成功，就必须在择业之前做好充分、细致的准备工作。

　　就业准备，是指未就业者为了能从事某种职业或获得某种职位，在一个相当长的时期内所做的准备工作，它是就业的基础和前提，对于大学生来说非常重要。一方面，就业准备是大学生求职择业的基础，大学生只有进行了必要的就业准备，才有可能产生相应的求职择业行为；做好充分的就业准备，还有助于大学生选择一个理想的、合适的职业，实现就业目标。另一方面，就业准备是社会发展的客观需要，随着社会经济的繁荣、科技的进步，用人机构对从业者的身体素质、心理素质、思想素质、科学文化素质等提出了新的要求。这就决定了大学生只有做好充分的就业准备，才能适应社会发展对人才的客观需要，更好地为社会做贡献。

第一节　就业知识与能力准备

　　决定求职与择业成功与否有很多因素，但其中最重要的因素是求职者的知识与能力。近年来，用人单位在挑选人才时，对应聘者的科学文化水平和知识结构要求越来越高，一个人科学文化水平的高低、知识结构是否合理，决定着其在求职择业时的成功率和相应的职位层次。要想在今后的社会上有所作为，大学生应该在入学时就确定今后就业的目标，及早制定职业规划，自觉地把大学学习同今后的就业紧密联系起来，建立合理的知识结构，培养科学的思维方式，提高自己的职业技能，以适应将来的职业岗位的要求。

一、就业知识的准备

（一）重视学习专业知识

大学毕业生是将要从事专业性较强工作的专门人才，专业知识是知识结构的核心部分，也是科技人才知识结构的特色所在，是大学生就业的重要资本之一。大学生的专业学习贯彻整个大学时期，因此大学生要特别重视大学期间专业知识的学习，大学生在大学阶段要认真系统地学习基础知识，扎实地掌握基础理论，特别是有关专业最基础的且已被普遍运用的理论，绝不能为了培养其他方面的能力，而忽视了对基础知识的学习。

对专业知识的学习，大学生要注意做到"精深"和"博大"。所谓精深是指大学生对自己所从事专业的知识和技术，要在一定的范围内具有相当的深度，既有对理论体系、研究方法、学科历史和现状等量的要求，又有对本专业国内外最新信息及邻近领域知识的了解和熟悉，并善于将其与本专业领域紧密联系起来的质的要求。科学的发展经历了"分则深、深则通、通则合"的道路，相应地出现了古代的"通才取胜"，近代的"专才取胜"，以及现代的"博才取胜"。在科学技术高度分化又高度综合的今天，只具备狭窄专业知识的"深井型"人才已逐渐丧失优势，更好的出路是将专与博结合起来，拓宽专业面，赋予高级专门人才以一定的"通识"，使之具备跨专业、跨科学的知识。因此，大学生在精通自己所学专业的前提下，还要不断拓宽自己的知识面，尽可能地了解相关专业知识和自己感兴趣的其他专业知识，为提高实际工作能力打下坚实的基础，拓宽知识面并不是什么都要学，而是科学地、有选择性地学，要根据自己的情况，考虑自己的经历和承受能力，量力而行，才能达到学习的目的。

（二）非专业知识的涉猎与运用

大学生知识面偏窄的问题早已存在，主要表现为非专业知识的贫乏，甚至出现过文科生不知爱因斯坦，理科生不知曹雪芹的笑话，而实际社会中对"博才"的需要却远远大于对"专才"的需要。不仅如此，面对教育、科技与社会生活一体化的发展趋向，要求大大提高大学生参与社会活动的意识和能力，不论何种专业人才，都要懂得社会、懂得人生，善于把专业置于整个社会环境中，进行政治的、经济的、法律的、心理的、伦理的以至于生态环境的综合分析与处置，以期最大限度地实现本职工作的社会价值。因此，用人单位更多地需要"学有专长""文理相通""触类旁通"的人才。最近几年公务员或事业单位招聘考试往往首先需要进行书面考试，考试的内容不仅包括专业知识，也包括诸如时事、社会、礼仪、经济、管理等非专业知识，且占的比重很大，可见社会对大学生非专业知识的重视。

非专业知识既是大学生成为"社会人"的需要，也是大学生可持续发展的需要。现代化的社会，需要大学生具备社会常识和经济、管理及人文知识。应该利用在校学习的时间，在专业学习中，多读一些社会科学方面的书籍，拓展自己的知识面，开阔视野，不断增加对社会和现代管理科学的了解，从而提高自己的能力。与此同时，通过形象思维和抽象思维的交替使用，还可以促进整个大脑思维能力的提高。

二、就业能力的准备

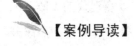

【案例导读】

综合素质，演绎成功

小刘是一位充满朝气的年轻人，他给人的第一印象就是机敏，但又不乏沉稳，他是某重点大学英语专业的毕业生，被外交部录用。小刘的学习成绩在班级实属中等，但了解他的人对小刘的成功都认为是理所当然，认为他是当之无愧的，他具备公务员所要求的全面的素质，尤其突出的是他的政治素质。

小刘从小就对政治感兴趣，关心时事，爱好广泛，在学习本专业之余，对经济、管理、行政、法律等相关领域多有涉猎，外号"万事通"。小刘在大学期间虽然没有担任学生干部，但这也并不妨碍他对自己活动能力的有意识培养，由于他的知识面广博，他多次代表班级、系里参加学院、学校的演讲、辩论赛，并屡建战功，正因为如此，他才被学院推荐到外交部求职。在面试前，小刘做了精心准备，包括服饰、自荐材料，还准备了精彩的演讲词。考官问他为什么想进外交部时，他回答是因为自己对政治比较感兴趣，平时关心时事。考官问了一个当时的热门话题，小刘借此又表现一下，让主考官更好地了解了他的优势和实力。最终被顺利录用。

　　案例解析：一定的知识积累固然是大学生就业成才的基础，但如果只注意知识的积累，不注意在理解、掌握和运用知识过程中培养和锻炼自己的实践能力，也不可能成就事业。正如案例中的小刘，他的专业成绩并不是班级中拔尖的，但小刘却在众多竞争者中脱颖而出，这主要得益于他的综合素质，尤其是较高的政治素质和较强的语言表达及应变能力，因此大学生应该把积累知识和培养、锻炼能力统一起来，这样才能使自己在择业、从业中立于不败之地。

　　大学生就业需要具备以下几种职业能力。

（一）表达能力

　　表达能力是指运用语言、文字或肢体动作阐明自己观点、意见或抒发感情的能力，它包括口头表达能力、数学表达能力、图示表达能力和肢体表达能力等几种形式。大学生进入社会工作，就必须与周围社会进行各种形式的信息交流，而在求职过程中，表达能力的好坏往往显得尤为重要，因为表达是帮助他人了解和认识自己的重要手段，从自荐书的撰写、求职材料的准备到求职面试，每一个环节都离不开表达能力的运用。因此，要学会运用语言、文字及体态等方式进行信息传递，使思想、情感得以准确、鲜明、生动地表达出来，一方面，大学生在校期间要多读书，以增加自己表达思想的深刻性、观点的新颖性、内容的丰富性；另一方面，要多实践，以培养自己思想的敏捷性，表达的条理性、准确性和生动性。

（二）交往能力

交往能力是指以社会认可的方式，妥善处理人与人之间的关系，并与他人和谐共处、共同发展的能力。社会越发达，人与人之间的联系就越广泛，形成的关系种类就越多。生活和工作中需要与许多人交往，作为大学生，只有具备一定的人际交往能力，善于处理各种人际关系，才能在工作中充分施展自己的才能。在人际交往中，要学会真诚和尊重，将心比心，以诚相待，多为他人设身处地地着想，这样才能得到他人的尊重；要学会既能干大事，又能做小事的本领；要学会处理具体问题的方法，既要坚持原则，又要不失灵活；要学会求大同存小异，待人宽厚，谦虚好学；要学会团结协作，在集体活动中实现自身的价值；要学会避免庸俗的人际关系摒弃"个人奋斗"的人生理念。

（三）创新能力

创新能力是人们用已积累的丰富知识，通过不断地探索研究，在头脑中独立地创造出新的形象，提出新的见解和做出新的发明的能力。它是人才素质的核心，包括发现问题、提出问题、探求规律的能力，创造性地分析问题和解决问题的能力，发明新技术和创造新产品的能力等。它是由观察敏锐性、记忆保持性、思维灵活性和创新意识等基本要素构成的。在实际工作中，人们将会遇到很多前人从未遇到的新课题，有的人能把这些问题进行科学的分析，理出头绪、分清主次、抓住本质并提出方案，充分利用自己解决实际问题的能力进行不断深入的探索研究，得出科学的结论，取得创新的成果；也有的人面对无成规可循的问题不知所措，或者乱撞乱碰，到头来一事无成。这些差异正是由创新能力的不同所致，因此，当代大学生必须是富有创新精神和创造能力的人，才能适应未来社会对人才的需求。

（四）适应能力

适应能力是指人随着外界环境和时代的变迁而改变个性心理特征，改变自己的生活方式、交往方式、思维方式、行为方式和管理方式的能力。人与环境的关系是既要适应又要改造，是适应与改造的辩证统一，适应就是改变自身以迎合客观环境的要求，改造就是改变客观环境使之符合自身发展的要求。在人类社会进步与发展过程中，人对环境的改造固然起着主导作用，但改造不能离开适应。社会生活的纷繁多样和生活环境的不断变化，要求每一个人必须拥有适应环境的能力，只有这样才能在社会和工作岗位中立足，也才能谈得上对环境的改造。适者生存，生存正是为了发展。步入社会后，只有自觉地、有意识地适应现实，才能尽快完成从学生到社会人的转变，迎来工作、事业上开拓进取的新阶段。作为即将走上工作岗位的大学毕业生，要培养健康的心理素质，理性地面对时代的要求，增强自己的适应能力，不断更新自我，在不断变化的社会中做出正确的选择，勇敢地迎接新工作的挑战。

（五）实践能力

南宋著名诗人陆游在《冬夜读书示子聿》中写道："纸上得来终觉浅，绝知此事要躬行。"指从书本上学习到的知识，总是不够扎实，也不够用，只有经过自己身体力行地去实践，才能够获得全面的知识。书本知识与实际工作总会有一定的距离，书本知识学好了并不一定就能做好实际工作，经常有一些毕业生满腹经纶、夸夸其谈，到实际工作中却束手无策。我国的高等教育制度也是过分重视知识教育，而对学生实际动手能力的培养和训练则明显缺乏，使得不少毕业生"高分低能"，一些毕业生形成了一种思维的误区，即认为大学毕业生到实际工作中就是要干大事，只需要动脑子，动手的事情交给工人就行了，这种错误的观念使得毕业生在学校忽视了实践能力的培养，到工作单位以后往往好高骛远、眼高手低，不愿下基层，即使下到基层也不认真对待，这样的毕业生显然已经不能满足目前社会的需要了。因此，大学生在学校不仅要积累知识，还要通过参加科研活动，利用生产实习和勤工助学等机会，着力培养和提高实际动手能力，以满足今后工作的需要。

第二节　就业心理准备

大学生就业是人生发展中的一次重大转折，为了适应职业需要，除了应做好就业知识和能力方面的准备，还应有充分的心理准备，调整好求职心态，勇敢地迎接就业挑战。求职不同于学习期间的社会实践，它是要找到一个适合自己的工作岗位，并能在这个岗位上充分发挥自己的作用，实现自我发展、体现自我价值。因社会发展迅猛，经过数年专业学习的大学生在毕业时，人才需求的数量和模式与当年入学时所做的预测已经发生了很大的变化；许多同学经过几年的学习，对专业和行业的认识和情感也发生了很大变化。一些专业由"热"变"冷"，或由"短线"变成了"长线"；一些专业在不断的调整和改造中，却仍然跟不上形势的变化和需要。种种原因可能使同学们在毕业后求职择业时感到灰心、无奈或失落。为了能够有所作为，走出无奈，毕业生只有走出象牙塔，正确地认识自己所处的求职地位，了解社会需求，积极主动地去适应社会需要，调整好自己的心态，才能顺利实现就业。

一、就业前的心理准备

大学毕业生刚刚进入激烈的就业市场，由于缺乏就业经验，许多大学毕业生就业压力很大，备受就业问题困扰。他们在寻找工作的过程中或焦虑不安，或灰心丧气、怨天尤人，或优柔寡断、患得患失，整日心神不宁，以至于影响到了正常的生活和学习，也影响到了正常的求职择业。如何避免或减轻这种心理呢？充分的心理准备是重要的因素之一。毕业生应该从以下几个方面做好心理准备。

（一）做好角色转换的心理准备，并进行合理的角色定位

对于绝大多数学生来说，大学阶段过的是一种相对单纯而有保障的生活，学习、生活、交往等都有稳定性、规律性，在这样的环境里，容易滋生浪漫的情调和美好的理想，但这样的生活与社会现实存在一定的距离。在大学生活即将结束，面临着由一个无忧无虑、令人羡慕的大学生，转变为一个现实的社会求职者，这种身份的转变，也就是所谓的角色转换。角色的转变需要大学毕业生抛开幻想，面对自主择业这一社会现实，及时地进行角色调整。只有这样，才能使大学生有充分的心理准备去应对激烈的就业竞争。大学生应该清醒地认识到大学时期所学的专业知识、技能是为个人适应社会需要，成为一名合格的社会主义建设者而打下的基础，只是一个知识积累、储备过程。这样，大学生就不再认为自己是社会上的特殊群体，而只是就业劳动大军中的普通一员。从而及时地进行角色转换和合理的角色定位，正视自己的身份，自觉投身于择业者行列，去寻找适合自己的位置。

（二）正确的自我认知

世界上没有两片相同的树叶，人的个体差异更是不胜枚举。每个人都有自己特定的气质、性格、兴趣、爱好、能力和特长，这种种的不同，决定了适合自身的职业和职业发展方向。全面了解自己的特点是选择职业的重要前提，作为一名求职者，只有在知己的基础上才能扬长避短，从而做出适合自己的求职决策。科学地认识自己最有效的方式是进行科学的心理测试、测量。当然，通过与老师、家长、同学交流，得到他们对自己的客观评价也是一个有效的渠道。

（三）正确的职业认识和评价

作为一名求职的大学生，需要对职业要求有一定的认识。正像不同的人有适合自己的不同职业一样，职业对适合从事的人群也有要求。职业只有分工的不同，没有高低贵贱之分。俗话说，三百六十行，行行出状元。因此，作为一名大学毕业生，最好不要把自己的职业选择限定在某个范围内，而是要摆脱轻视体力劳动或服务性劳动的传统思想，根据社会需要和自己的特点，选择适合自己的职业，从而拓宽就业渠道。

（四）克服依赖心理，实现真正自立

对于一个人来说，年满 18 周岁便被视为成人。但在我国，青年学生在大学毕业前大多数仍在依赖父母、老师的帮助指导，没有实现真正意义上的自立。因此，有些大学生在求职过程中缺乏自信，把希望寄托在"拉关系""走后门"上。有的毕业生甚至由家长出面与用人单位洽谈就业事宜，殊不知，这样做的结果是用人单位会对毕业生产生缺乏开拓能力、独立生活和工作能力差的印象，最终事与愿违。因此，大学毕业生一定要实现自主择业，靠自身实力叩开职业大门，充分做好不依赖任何人的心理准备，实现真正自立。

二、求职过程中的心理调适

大学生在求职过程中，受激烈竞争的客观环境的影响，心理复杂多变，情绪起伏波动，经常出现心理误区。只有消除心理问题，保持健康心理，才能赢

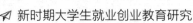

得最后胜利。求职期间心理调适的方法如下。

（一）自我激励法

毕业生在择业面试中常常出现胆怯、信心不足等现象，可以通过积极的自我暗示、自我激励进行调节，增强自信心。例如，运用内部语言或书面语言来调节情绪，在心里默念"我会发挥得很好""我一定能成功"等语句。这些对走出自卑、消除怯懦有一定作用。

（二）注意转移法

注意转移法即把注意力从消极情绪转移到积极情绪上。当不良情绪出现时，可以采取缓冲的办法，把自己的经历和注意力转移到其他活动中去，激活新的兴奋中心以抵消或冲淡原来的兴奋点。例如，学习一些新知识或技能，或是参加一些自己有兴趣的活动，去唱歌、打球等，把不愉快的情绪抛在脑后，使自己没有时间和可能沉浸在不良情绪中，以求得心理的平衡。

（三）适度宣泄法

适度宣泄法指当遇到各种矛盾冲突，引起不良情绪时，应尽早进行调整或适度宣泄，使压抑的心境得到缓解和改善。宣泄的较好方法是向你的挚友、师长倾诉你的忧愁、苦闷，使不良情绪得到疏导。在倾诉烦恼的过程中，可以获得更多的情感支持和理解，获得认识和解决问题的新思路，增强克服困难的信心。也可通过打球、爬山等运动量较大的活动，消除压抑心理，恢复平衡心理。但是，宣泄要有度，注意场合、身份，不能酗酒、故意惹事。

（四）自我慰藉法

自我慰藉法关键在于自我忍耐。毕业生在择业中常常会遇到挫折，当经过主观努力仍然无法改变时，可适当地进行自我安慰，以缓解矛盾冲突，解除焦虑、抑郁、烦恼和失望情绪，这样有助于保持心理稳定。在因受挫折而致情绪困扰时，可用"亡羊补牢，犹未为晚""塞翁失马，焉知非福"等话语来自我安慰，消除烦恼。

（五）理性情绪疗法

理性情绪疗法认为，人的情绪困扰是由于不正确的认识即非理性信念所造成的，因此，通过认知纠正，以合理的思维方式代替不合理的思维方式，就可以最大限度地减少不合理的信念给情绪带来的不良影响。

三、就业后的心理调适

在职场中生存是大学生认识和适应社会的一个过程，在职场中遇到困难，甚至经过几次挫折最后成功是正常的，遇到问题并不可怕，最重要的是调节自己的心态，使自己从容冷静地面对就业这一人生重大课题，并做出正确、理智的选择，建议大学生从以下几方面进行调整。

（一）调整就业期望

就业期望是指大学生对职业在多大程度上能满足个人愿望的评估。适中的期望值是大学生正确就业的一个关键因素。因此，大学生积累一段时间的就业经验后，选择恰当的定位点，突出重点，扬长避短，最终确定适合发挥自己才能和施展抱负的职业。不能一味追求物质待遇和地域条件，应根据自己的兴趣、爱好和志向把握就业机会，主动出击，力争在就业竞争中处于主动地位。

（二）提高抗挫折心理

当前"双向选择、自主择业"的就业制度为毕业生提供了难得的契机，同时也给毕业生带来了前所未有的挑战。大学生在竞争中寻找自己的位置，在竞争中实现自己的抱负。但是竞争遵循的是优胜劣汰的原则，毕业生应当对工作中的挫折有充分的思想准备，敢于面对现实，把挫折看成是磨练意志、增强能力、提高心理素质的机会，绝不能一遇到挫折就灰心丧气，怨天尤人，一蹶不振。

第三节　就业市场

随着市场经济体制的不断完善，就业市场在资源配置中发挥的作用也越来越大，大学毕业生作为人力资源的重要组成部分，与资金、技术等生产要素一

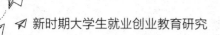

样，主要依靠市场自身来优化、选择和配置。这样，就形成了一个庞大的大学生就业市场。大学生就业市场是随着我国经济体制的转变逐渐形成和发展起来的，在目前大学生的就业中发挥着重要的作用，现已基本形成了完善的就业市场。

作为一种市场，它具有交换的性质，但是作为就业市场，主要是指劳动力的配置。将其看作买方和卖方市场则具有象征性意义。这一市场一般是由买方（用人单位）、卖方（毕业生）、市场中介和就业信息组成的"智力产品交换的场所"，是遵循市场规律、按照市场机制进行人力资源配置的专门人才市场。

一、就业市场的任务与类型

（一）就业市场的任务

大学生就业市场是有计划、有组织、有目的地培育和建立起来的在国家宏观政策指导下以高校为基础对毕业生资源进行合理配置的人才市场。其任务是解决毕业生的就业问题，即通过市场调节，在特定的时间内使毕业生这一特殊劳动力资源在社会上达到合理配置。

（二）就业市场的类型

大学生就业市场按其外在表现形式可分为有形就业市场和无形就业市场。

1. 有形就业市场

有形就业市场是指市场组织者确定某一时间将用人单位和毕业生组织在某一固定的场所、有具体的时间和特定的参加对象的招聘就业活动，如毕业生招聘会等。有形就业市场又有两种形式：一种是人才服务机构对外开展业务的固定招聘场地，另一种是市场举办单位主办的集市式的供需洽谈活动。有形就业市场可以按不同的分类标准进行分类。

（1）按举办的单位分类

1）学校主办的就业市场

学校自行组织的招聘会、洽谈会。它是针对本校毕业生的专业特点和就业方向，邀请与其密切相关的用人单位参加，主要为本校毕业生提供就业服务的市场。

2）校际联合举办的就业市场

两个及两个以上高校联合举办的毕业生就业市场，主要为满足不同专业和不同用人单位的不同需求，增强就业市场效能而实行的强弱联合或强强联合。

3）企业自办的就业市场

由大型企业和企业集团举办的，以宣传企业形象并招聘本企业所需要的毕业生的就业市场。如企业的招聘说明会、推介会和专业人才需求讲座等。

4）政府主办的就业市场

由政府主管部门或者人才中介机构主办的毕业生就业市场。一种为省（市、区）主管毕业生就业部门组织各高校所设立的大学生就业市场；另一种为地方人事主管部门或者人才中介机构所设立的人才市场。

5）社会就业市场

由政府人事代理机构或人才市场、职业介绍所和人才公司等机构举办的临时性和常规性的人才招聘就业市场。社会就业市场在促进毕业生就业方面的作用越来越明显。

（2）按举办的类别分类

1）地区性就业市场

由地方毕业生就业主管部门举办的，为本地区经济发展服务的就业市场。

2）行业性就业市场

由行业主管部门主办的，主要为本系统、本行业毕业生和用人单位服务的就业市场。

3）分层次就业市场

主要是指招聘单位对学历层次的要求不同而形成的研究生就业市场、本专科毕业生就业市场等。

4）分科类就业市场

主要是地方毕业生就业主管部门从用人单位和学校两方面考虑，从市场细化的角度出发，把理、工、农、医和师等学科类的毕业生分别集中起来，与相应的用人单位进行双向选择。

2. 无形就业市场

无形就业市场主要指毕业生通过媒体、网络等渠道获取就业信息、投递简历与用人单位进行双向选择的活动。无形就业市场在毕业生就业过程中的作用

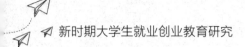

越来越明显。

近年来，各地方、各高校均建立了自己的毕业生就业信息网站和就业信息库，加强了就业信息的交流，实现了信息资源的共享。毕业生和用人单位通过计算机网络进行双向选择，大大提高了效率，节省了物力、财力。有的地方和学校还积极研究、探索开展网上招聘和网上择业的模式。在无形就业市场里，毕业生联系工作不受特定的时间和空间限制，可以依据个人意愿自行选择，其外在表现是没有具体的时间、地点和固定的场所，它是无形的，但又是客观存在的。如高等学校毕业生就业信息管理和决策支持系统、毕业生生源信息库、用人信息库、学校毕业生就业信息网及某地区及全国就业信息网络等。

目前，我国无形的就业市场按主办机构来分主要有：① 社会的人才招聘网站（如前程无忧网、智联招聘网等）；② 省（自治区、直辖市）高校毕业生就业信息网（如广东省高校毕业生就业信息网）；③ 各高校毕业生就业信息网。

二、就业市场的特点

大学生就业市场有如下特点。

（一）专门性

大学生就业市场是一种专门的人才市场，专门为大学生求职择业服务。与一般的劳动力市场相比，大学生就业市场具有专门性和针对性，就业成功率也是比较高的。

（二）社会性

大学生就业市场是一种具有较大社会意义的就业市场。毕业生能否充分就业不仅是学生个人的问题，它同时关系到学校培养目标的实现和国家教育的发展，是一个社会问题，具有广泛的社会性。

（三）时效性

大学生就业市场有一定的时间性要求。每年我国大学生一般是 7 月毕业，大学生就业市场从前一年 11 月开始为应届毕业生服务，大学生毕业前数月是毕业生就业市场最繁忙的时期，一般过了这一时期就是相对的淡季。在一个时间段内让绝大多数毕业生就业，时效性很强。

（四）群体性

全国每年有几百万名高校毕业生进入社会就业，这是一个庞大的群体。大学生就业也是以班级、专业或学校为单位的群体性活动。因此，高校毕业生就业市场具有相对稳定集中的就业群体性。

（五）多样性

为满足用人单位和毕业生的需求，毕业生就业市场形式灵活多样，既有有形的，也有无形的；既有主管部门举办的，也有高校自己举办的；既有规模大的，也有规模小的；既有综合的，也有分类的；既有区域的，也有部门的。

三、就业市场的变化

近几年，我国大学毕业生就业出现了不少新变化，主要表现在以下几个方面。

（一）供求形势发生变化

一方面，社会的有效需求增长速度有限，而大学毕业生数量迅猛增加，大学毕业生供求关系发生了变化，大学生就业市场由"卖方市场"转变成"买方市场"；另一方面，国有企业深化改革、机关事业单位减员增效及成人高等教育的飞速发展等现实情况，使得这些原有的大学生就业主渠道单位接收毕业生数量在下降。这些变化使得大学毕业生就业竞争日趋激烈。

（二）需求不平衡

现在一些专业过热、紧缺而另一些专业变冷、不景气。随着高新技术产业的迅猛发展和国家对基础设施投资力度的加大，经济、医学和计算机等科类专业的大学毕业生需求旺盛，而哲学、社会学和农林等科类专业的大学毕业生需求时有波动。

现实中，用人单位在看重专业的同时，还对大学毕业生的专长很重视，有专长的复合型人才是用人单位竞相争聘的对象。

（三）就业市场逐步规范、完善

在大学生就业市场运行过程中存在就业市场行为不规范、市场机制不健全等问题，如非法职业介绍机构随意插手毕业生就业市场，招聘、应聘中的信息不通畅，弄虚作假，供需双方的轻率违约，合法权益得不到保护，存在各种乱收费现象以及某些招聘活动中的非公开、非公正行为，等等。这些问题严重干扰了大学生就业市场的正常运行。

然而，就业市场在进一步完善，并不断向规范化、法制化迈进，公开、公正、公平竞争的良好择业氛围将会逐步形成。未来的就业市场还会逐步完善，不仅具有有效配置毕业生资源、交流供需信息的功能，而且具有就业指导和服务功能，即包括就业指导、服务、咨询、推荐就业、就业培训及就业测试等功能。

（四）无形市场逐步发展

计算机网络技术广泛应用，大学生可以通过网络等无形市场不见面地远程联系用人单位。网络、传真、电话等联系方式越来越显示出其在择业方面的巨大活力。

（五）宏观调控逐步加强

大学生就业市场虽然是在利用市场规律调节人才供求、优化人才配置，但是，大学生就业市场中存在着市场行为不规范、市场机制不健全等问题，需要加强宏观调控。近几年来，国家通过法律政策调控（如加强规范大学生就业市场的法律法规建设）、经济调控（如对于志愿去国家重点建设单位、艰苦行业和边远地区工作的毕业生予以奖励）及信息调控（如打破行业间的相互封闭，沟通人才供需信息）等调控手段，使大学生就业市场进一步向规范化、完善化方向发展。

第四节　就业信息的搜集分析

就业信息是指通过各种媒介传递的有关就业方面的消息和情况，如就业政策与形势、就业机构介绍、供需情况、招聘活动及用人信息等。掌握就业信息是毕业生更好求职择业的前提和必备条件，关系到求职择业的成败。在当今的信息时代，就业不仅是实力的竞争，也是信息的竞争。毕业生应当高度重视就业信息，积极主动、广辟途径搜集就业信息，并认真细致地分析、筛选、整理这些信息，去伪存真，去粗取精，从而准确处理信息，把握选择的主动权，抓住就业机会，为成功就业奠定基础。

一、就业信息的特点

（一）就业信息的时效性

就业信息具有极强的时效性，每一条信息都有时间期限，超过时间期限就会失去它的意义和作用。因此，毕业生在搜集、整理、处理求职信息时一定要注意信息的有效时间，争取及早对信息作出应有的反应。

有时即使你并不符合雇主发布的人才信息的全部要求，但是只要你感觉自己能够胜任这项工作，就应该试着申请，因为你也许就是最适合这个职位的人。

（二）就业信息的真实性

由于就业信息的传播渠道、传播媒介不同，大量信息扑面而来，有真也有伪，这就要求仔细分析和研究就业信息，避免被失真的就业信息误导。以培训费、违约押金等各种名目骗取钱财、延长劳动时间、无偿使用劳动力的现象时有发生。更有甚者，有的大学生由于听信了虚假的就业信息，误入传销魔窟，被限制了人身自由。对就业信息进行客观分析、冷静处理，从正规渠道获取就业信息，不轻信小道就业信息，养成对就业信息进行求证的好习惯，以避免上当受骗。

（三）就业信息的相对性

目前，社会分工进一步细化，用人单位对人才的层次、专业、性别和能力等方面要求的针对性有所提高。就业信息本身必须能够说明它所适用的对象，以及该对象所应具备的具体条件。因此，就业信息的价值是相对的，一则招聘信息，对一部分人来说是非常有价值的，而对另一部分人来说却不见得有多大价值。就业信息的这一特点要求求职的毕业生在得到就业信息之后，要认真分析和研究，要与自身的条件进行客观比较，看看自己的知识、水平、业务能力和综合素质等是否符合用人单位的要求。这样做可以减少求职的失败次数，避免求职的自信心受挫，增加求职的成功率。因此，毕业生要注意就业信息的相对性，不能盲目追求当今都看好的职业。适合自己的就业信息一定要予以重视，不适合自己的就业信息也一定要果断地摒弃。

（四）就业信息的共享性

就业信息的共享性是指就业信息可以通过不同的载体进行传播，所到之处为社会各方所共享共用。就业信息的共享性还意味着就业的竞争，它不限于本班、本校同学，还有其他高校的毕业生。因此，在就业竞争中要争取早一点获得就业信息，早一点做好准备，成功实现"捷足者先登"。

二、就业信息的搜集

搜集就业信息是我们求职择业前的一项重要任务。高质量的就业信息往往存在于广泛的信息之中。因此，必须充分利用各种渠道、运用各种手段准确地搜集与择业有关的各种信息，为择业决策做好充分准备。

（一）就业信息搜集的原则

搜集就业信息应力求做到"早""广""实""准"。

"早"，就是搜集信息要早准备、早动手，搜集到的信息要及时处理，从而赢得就业的主动权。

"广"，一是信息搜集渠道要广，要通过各种渠道搜集就业信息；二是搜集信息的视野要广，要广泛搜集各个方面的、不同层次的就业信息。有的同学只注意搜集与自己预先设定的求职目标相关的就业信息，放弃或忽视了与求职目标不相关的就业信息，一旦按与求职目标相关的就业信息求职遭遇挫折，又无后备的就业信息，就会造成就业被动。因为成功就业有时是"有心栽花花不开，无心插柳柳成荫"。

"实"，一是搜集的信息要具体，对用人单位的名称、性质、地点、环境、企业文化、发展前景、用人制度和招聘岗位的基本要求、联系方式和招聘方式等各方面信息掌握得越具体越好；二是搜集的信息要真实，可以通过上网等形式考察用人单位招聘信息的真实性。

"准"，就是要做到准确无误。为了保证这一点，必须从两个方面入手：一方面，要把握准用人单位需要什么层次、什么专业的人才，在生源属地、性别、专业、学历、外语水平、计算机能力、专业知识、技能等方面有什么具体要求；另一方面，用人信息具有极强的时效性，要注意你所了解的就业信息是否在有效期内，用人单位是否已物色到较为理想的人选。这些情况都要搞清楚，绝不能似是而非，否则会浪费你很多的时间、精力和财力，造成不必要的损失。

（二）就业信息搜集的途径

毕业生获取就业信息的渠道多种多样。由于个人的关注程度、社会背景、经济状况和思维观念等的不同，获取就业信息的渠道也存在着一定的差异。搜集就业信息的渠道，主要包括以下六个方面。

1. 校内主管部门

学校的毕业生就业主管部门（就业指导服务中心或就业办公室）是毕业生获取就业信息的主渠道。学校的毕业生就业主管部门是连接用人单位和毕业生的重要桥梁和纽带，在一般情况下，用人单位到学校招聘人才，都是到毕业生就业主管部门办理手续的，这是用人单位所依赖的就业信息联系部门。

每年 11 月至次年的 5 月间，学校毕业生就业主管部门会有针对性地向各个用人单位发布应届毕业生资讯，以电话、网络等各种信息交流方式征集大量的需求信息，并在此阶段专门组织各种形式的毕业生就业招聘会等活动。同时，学校还会将搜集到的需求信息及时加以整理，及时向毕业生发布，使毕业生获得更多的需求信息。学校毕业生就业主管部门搜集的就业信息数量大，针对性、准确性、可靠性都较强。另外，学校的毕业生就业主管部门与省市级毕业生就业主管部门之间保持着密切联系，国家的高校毕业生就业政策、就业方案和就业信息等都是通过学校毕业生就业主管部门传达给广大毕业生的。

目前各高校主管毕业生就业工作的部门大都转变职能，以市场为导向，以服务为宗旨，在制定文件、公布信息、提供咨询、就业指导及为毕业生举办各种校园招聘活动等方面做了大量的工作，也取得了显著的成效。通过学校毕业生就业指导中心获得的信息有以下几个特点。

（1）针对性强

一般用人单位是在掌握了学校的专业设置、生源情况和教学质量等信息后，才向学校发出需求信息的，这些信息是完全针对该校应届毕业生的；而在人才市场和报纸杂志上获得的需求信息，大多是面向全社会的，往往都要求求职人员具有几年以上的工作经验，不适用于应届毕业生。

（2）可靠性高

为了对广大毕业生负责，在公布用人单位需求信息之前，学校就业指导部门要先对就业信息进行审核，从而保证了就业信息的可靠性。毕业生在找工作的同时要做毕业论文，时间有限，不可能对所有的信息都一一验证，就业指导部门正是为广大毕业生提供了这一服务，使择业效率大大提高。

（3）成功率大

前来学校招聘的单位往往都是与学校建立了长期用人关系的，大多数是招聘了以前的毕业生，用得还不错，现在是"回头客"，或者是在别人的推荐下来的。因此，毕业生只要符合条件并善于推荐自己，在学校召开供需见面会时，供需双方面谈合适，马上就能签下协议书。

因此，毕业生应主动及时地通过这一途径了解就业信息，这是广大毕业生搜集就业信息最方便、最直接、最有效的途径之一。

2. 高校毕业生就业市场及招聘会

高校在每年的毕业生就业工作中，都会举办规模大小不等的人才招聘会、毕业生就业双选会等。在这些就业市场上，一是信息量大，二是可以使毕业生和用人单位的招聘人员见面洽谈，这是高校毕业生求职的一条重要途径。值得注意的是，社会上的人才市场，有些是针对有一定社会经验的人才，有些则是以招聘应届毕业生为主的。赶赴人才市场前要做一些了解，不要盲目前往。高校毕业生在参加招聘会时要注意以下几个方面。

第一，在参加招聘会前，注意主办单位的情况，选择有一定规模、服务好的招聘会，有效地取得所需要的信息。

第二，参加招聘会前要科学地给自己定位，问问自己"想干什么""能干什么""优势何在""能力如何"。这些问题想清楚了，就能给自己一个准确的定位，增强求职就业的目的性。

第三，按照自己的求职意向分类，准备好几份优质的简历，即自荐书。要简明而充分地展示自己的能力，表达出对工作的渴望和自信。

第四，设计好自己的衣着，不要太过随便，要讲究礼貌，稳重大方，体现出高雅的气质和良好的修养，力争给招聘者留下良好的第一印象。

第五，来到招聘现场后，要细心地阅读主办单位为应聘者准备的招聘信息文件，查阅就业信息，搞清楚有多少家用人单位在此招聘；然后根据自己的求职定位或择业目标，找出几个最适合自己的招聘单位及其拟招职位。入场后先到选择好的招聘单位展位前洽谈，有的放矢，节约时间。

第六，不要被招聘单位公布出来的"高门槛"招聘条件吓倒，只要符合自己的求职意向，认为自己能胜任招聘岗位要求，就可以主动前去洽谈，不要因为一时的畏缩使自己失去一个有可能成功的机会。

第七，选择最佳的时机与用人单位的招聘人员面谈并投放个人简历。假如目标招聘单位的展位前正挤得水泄不通，这时不要放弃，可以等目标单位的展位前不拥挤时再去谈。不要担心理想的职位被捷足者先登，在招聘会的半天时间或一天时间内，招聘合适的人选是不分先后的，晚一会儿投简历是不会影响招聘结果的。等招聘展位前清静一些再上前应聘，与招聘人员交流的效果会更好。

第八，要走访每一个与自己的专业相关的用人单位摊位，不应仅仅走访有名的大单位。因为小单位来访者少，可获得更多的面谈机会。

第九，谈话要简明扼要。在招聘会上不可能谈得很细，主要表明你对该公司的兴趣和胜任所聘岗位的能力，引起招聘主管的重视，给他留下一个良好的第一印象，如果能够争取到再见面的机会，就有成功的希望了。

第十，在招聘会场上，大多数用人单位只是为了搜集材料，而实质性的会见要在以后进行。因此，没有被用人单位当场录用是很正常的。

第十一，离开招聘会场后要及时整理在招聘现场搜集来的求职信息，并将其中重要的加以标记和摘录。对约定的会见要准时赴约；对未约定而又很感兴趣的单位可以写一封跟踪邮件或是在他们不太忙的时候打一个跟踪电话，继续保持联系。

3. 计算机网络等传播媒介

国内各大招聘网站、各大公司的网站都是获取招聘信息的来源。以下是我们应该多注意、多浏览的网站：

BOSS 直聘 https://www.zhipin.com

中华英才网（ChinaHR.com）http://www.chinahr.com

前程无忧（51Job）http://www.51job.com

智联招聘（zhaopin）http://www.zhaopin.com

应届生求职网（yingjiesheng.com）http://www.yingjiesheng.com

应届生论坛 http://bbs.yingjiesheng.com

各大名校就业网、BBS

各大公司的官方网站

4. 其他媒介

传播媒介不仅传播速度快，而且涉及面广，信息传播也很及时。

许多用人单位还通过新闻媒体，如广播、报纸及杂志等，介绍企业现状、发展前景及人才需求，从而成为一个巨大的、多方位的信息源。目前，我国有很多种高校毕业生就业指导的报纸、杂志，还有许多公开发行的出版物登载有关就业的信息和招聘信息，如教育部主办的《中国大学生就业》；也有地方主办全国发行的报纸，如北京的《北京人才市场报》、上海的《人才市场报》等，或发布就业信息，或刊登招聘广告，这些报纸杂志是高校毕业生搜集就业信息的一大渠道。

通过就业指导的报纸、杂志以及社会发行的出版物搜集就业信息，要注意以下三点：一是要舍得花时间去大量搜集；二是要选择最佳目标，要根据就业信息的刊发时间、招聘条件详细分析，去粗取精，去伪存真，选定中意的用人单位；三是要注重时效，得到就业信息后不能等，要立即前去应聘。

5. 社会实践和就业实习单位

社会实践是大学生自我开发职业信息的重要途径。在社会实践的过程中，通过自己的努力赢得用人单位的好感、信任，取得职业信息甚至直接谋得职业的不乏其人。因此，大学生在各种社会实践活动中，在了解社会、提高思想觉悟、培养社会能力的同时，也要做一个搜集就业信息的有心人。比如，在社会考察活动中，应有意识地注意一些关于行业发展趋势，人才需求状况，具体单位、岗位用人的要求、途径等与大学生就业有关的问题；在社会服务活动中，应注意观察、思考，努力去发现自己原来没有想到的、潜在的职业或岗位，一旦有所发现，应及时追踪求索，捷足方能先登；在勤工助学、实训锻炼等直接在用人单位进行的社会实践中，更应多看、多问，要淡化自己的学生身份、打工角色，以主人翁的姿态了解和关心该单位的事业发展，了解和关心自身及周围岗位上在职人员的工作状况，尤其在与自己的职业意向相合的单位或岗位实践时，要充分展现自己的才华和能力。

此外，还有一个很重要的实践环节，即毕业实习。毕业实习是学生踏入社会的前奏，是参加工作的预演，所以每个毕业生必须充分认识到这是一段非常难得也是很有价值的经历。通过实习，一方面使用人单位对毕业生有所认识和了解；另一方面使毕业生对择业领域有更深的了解。如果你向单位证明你是一个可靠的职员，而单位又发现了你的潜力，那么通过实习阶段你也许会获得通向职业大门的钥匙。因此，要充分重视"毕业实习"这一教学环节，尽快建立最好、最有意义的实习关系，也许这比你空口无凭地求职要好许多。

6. 亲戚、朋友、校友等社会关系

在高校毕业生就业过程中，毕业生利用各种社会关系求职不能简单地归结为"走后门"而被排除。利用人际关系求职其实是让毕业生学会发现身边的资源、发动身边的资源来为自己服务的过程。要转变任何事情都由自己一个人做的观念，因为大家一起帮你找总比一个人找的机会要多。特别是在市场经济条件下，毕业生应该积极拓展一切有可能的信息渠道来搜集就业信息，如通过亲戚、朋友、校友、邻居和熟人等。此外，学校老师利用自己的老同学、学生、科研伙伴和协作单位等关系，往往能够获得针对性强的信息，这些信息经过老师筛选后可靠性较强，而且与毕业生的就业意向和所学专业较为吻合，对毕业生求职择业是十分有利的。市场竞争机制和企业人事管理机制能够使任人唯贤成为共识，而社会关系是高校毕业生求职择业应提倡的有效途径之一。常言说，多一个朋友多一条路，多一个亲戚多一个帮手。在就业过程中，可以多利用这些社会关系，了解哪里有空缺，打探各种工作机会，扩大找工作的范围。亲戚、朋友和校友等提供的信息往往比较具体、准确，就业成功率也比较高。事实上每年都有一部分毕业生是通过社会关系就业的。通过这种方式得到的信息，既准确迅速，又真实可靠，可以作为上述途径的补充。

为了尽可能多地从自己的社会关系中获取有用的就业信息，毕业生不妨采取如下做法：首先，找一张白纸，在上面列出自己所认识的人的名单，包括亲戚、老师、校友、同学、邻居和朋友等，从中挑选出可能为自己现阶段求职提供帮助的人；然后，设法找到这些人的通信地址以及电话、E-mail、微信等各种联系方式，通过打电话、写邮件、发微信和拜访等形式进行联系，把你的近况和求助的信息告诉他。这里也要注意一些方法。

对你的求职方向及考虑选择的公司，可以征求对方的意见，询问对方能否看看你的个人简历，并请教写得是否合适。可以把自己的求职意向等情况告诉对方，他们一般会很愿意帮忙，但你需要给出一个基本框架，使他们有努力的方向。

要重视对方给你提供的信息。如果对方带着信息找你，你应该热情回应，即使你已知道这个信息，甚至刚同那个单位谈过话，也要这么做，因为他们带来的信息必有某些新鲜内容。并且，当一个人看到自己的意见受到重视和赞赏时，他往往会给你带来更多的信息。

当你得到对方推荐去同该单位联系时，一定要问清楚你是否可以提到推荐人的名字作为引见。

如果你确实得到帮助，就应该道谢。不管你联系的人是否帮助过你，你得到工作以后一定要让他们知道。

校友提供的信息的最大特点是与本校、本专业比较契合。最近几年毕业的校友的求职择业、就业之初的实践和体会，对应届毕业生来说是宝贵的经验，可以带来很多启发。因此，毕业生可充分利用实习、社会实践、校友回校等机会与校友多接触，用巧妙的方法适时介绍自己，以得到其帮助和指导。

三、就业信息分析

必须具有一定的处理信息的能力，这些能力包括熟练掌握信息工具的能力、迅速准确获取信息的能力、合理科学处理信息的能力、创造性地利用信息的能力及抵御污染信息的免疫能力等。

应结合自己的实际情况，将通过各种途径搜集到的需求信息进行筛选处理，去粗取精，去伪存真，有目的、有针对性地进行排列、整理和分析，只有这样才能使需求信息具有准确性、科学性和有效性，使之更好地为自己的求职服务。

（一）就业信息的可靠性分析

就业信息的可靠性分析，一般采用以下三种方法。

1. 根据就业信息资料的内在逻辑来验证其可靠性

如果发现资料内容的表述前后矛盾，或违背事物发展的规律，或有违反实践经验即实际情况的内容，此类就业信息的可靠性就值得怀疑。例如，招聘职位是文秘等普通职员，用人单位却给出高薪等优厚条件，这样的招聘信息不能轻信，对此要进行认真调查核实，以防上当受骗。

2. 根据就业信息的来源渠道进行分析判断

一般来说，凡是从正规渠道获得的就业信息，可靠性就大一些；凡是从非正规渠道获取的就业信息，可靠性就小一些。政府主管部门主办的报刊发布的就业信息是最可靠的；到处张贴或散发的一些招聘小广告最不可靠。

3. 通过拨打目标单位电话直接核实

通过上网查出招聘信息中的用人单位人力资源部的电话号码，通过电话核实该单位是否招聘某专业的人才。这是最直接、最可靠的核实方法。

通过就业信息的可靠性分析，对不真实的、虚假的就业信息，应坚决剔除，弃之不用，以防在求职过程中上当受骗。

（二）筛选需求信息

适合自己应是筛选信息的核心所在。信息对自己是否重要，其依据就是是否适合自己。大学毕业生从就业信息中筛选出自己较为中意的用人单位，根据用人单位列出的招聘条件、岗位要求等，与自身条件进行对比分析，不断调整和优化自己的求职目标定位，包括求职的专业领域或岗位、薪酬、工作环境和个人发展的可能性等方面，使自己的求职目标更贴近实际。通过对自身条件与用人单位需求的适配性分析，当发现自己的某些专长和条件正是用人单位所急需的，离就业成功就不远了。

经过对就业信息的可靠性分析，大学毕业生应将过时的信息、虚假的信息剔除，将与自己的专业及兴趣有关的信息提取出来，进行科学排序；将与专业、兴趣无关或关系不大的排到一边，仅作参考。经过分类整理，重点掌握对自己来说价值较大的信息，集中精力利用这些信息以抢占先机。

（三）就业信息的深度研究

就业信息的深度研究是指根据自己的应聘需要，对感兴趣的用人单位的重要信息进行较深层次的分析研究，为应聘做好充分准备。就业信息的深度研究，可以从以下几个方面入手。

第一，通过查阅号码簿黄页，抄录企业的全称、地址、邮编、电话号码和负责人姓名等备用。

第二，通过计算机上网或公共图书馆查找企业的资料，尽量详细地了解公司的经营范围、产品构成、生产规模、分支机构的设置及业务范围、企业文化、公司的发展前景等基本情况。对专业技术岗位和管理岗位的应聘者来说，要研究用人单位从原材料到产品工艺流程和工艺设备的有关情况的信息，要了解经营、销售和产值等方面的情况，力求从深层次掌握用人单位实质性的东西。

第三，询问已经在用人单位工作的亲友、同学或其他关系，通过他们直接了解该公司的详细情况。采取这种方式所获得的用人单位的信息是最直接、最可靠的。

（四）就业信息的及时运用

就业信息的时效性强，一旦选定就要积极主动地与用人单位主管人员联系，询问应试的方式、时间、地点和要求，并准备好一套完整的求职材料，使需求信息尽早变成供需双方深度沟通的桥梁。

根据筛选出来的就业信息的招聘条件和岗位要求来对照检查自己的不足，想办法及时弥补。尽管这一做法在毕业前的有限时间内稍显仓促，但比无动于衷、依然故我的做法要好得多，因为你现在所缺少的是你今后也必须补上的。

及时输出对他人有用的信息。有些信息对自己不一定有用，可是对他人可能十分有用。遇到这种情况，千万不要抓住这些信息不放。你能主动输出对他人有用的信息，不仅对他人是个帮助，同时也增加了与他人交流信息的机会，说不定你也会从别人手中获得对自己十分有益的信息。

第五节　就业信息准备

　　现代社会是一个信息社会，像企业发展离不开商品信息一样，毕业生择业也离不开就业信息。然而从当前大学生择业、就业的实际情况来看，大部分学生懂得信息的重要性，能够及时抓住信息，把握就业机会，顺利走上称心如意的工作岗位。但也有不少同学，或闭目塞听，缺乏信息，一味地拿着自荐材料到处乱碰，自然运气不佳；或信息不够全面、准确，没有找到足以充分发挥自己聪明才智的工作岗位就草率决定，签约后后悔；或有了信息却不知如何充分利用，错失良机。

　　因此，在当前"双向选择、自主择业"的就业模式下，每一位大学毕业生在清晰认识自身条件的同时，必须充分认识就业信息的内涵，掌握收集就业信息的渠道，学会对就业信息进行分析、筛选、整理和运用，进而做出正确的职业选择。

一、理解就业信息的内涵

　　大学生求职择业，不仅取决于整个社会政治、经济状况，毕业生个人的专业、学历、综合素质，还取决于毕业生是否拥有信息。因而对于初涉职场的大学生来说，首先要弄清什么是就业信息。

　　所谓就业信息，有宏观和微观之分。宏观的就业信息包括就业政策，社会对人才的需求，未来行业的发展趋势，社会就业，人口资源，各高校管理部门为实现毕业生充分就业而制定和实施的各种规章制度、政策等。微观的就业信息是指那些由招聘单位或人才市场、中介公司等机构发布的旨在招聘人员从事某项工作的信息。就业信息涉及的范围非常广，包括一切与毕业生就业有关的就业政策、用人单位的需求信息及供需见面活动安排等内容。

　　当然，要想使自己的择业决策具有更多的科学性，毕业生必须有就业信息量上的保证。譬如国家的就业方针、各地方及行业的就业政策、自己所属院校的就业细则，有关的就业机构及具体职责等。更为重要的还有用人单位的需求信息。如果这些信息的占有量不足，毕业生取舍决策的科学性、准确性就要大打折扣。

67

一般而言，某一较完整的职业需求信息，主要包括以下几方面的内容。

（一）招聘单位的基本情况

求职者首先要了解招聘单位的基本情况，从招聘单位的名称中，往往就能够了解多种信息。比如，"中国人寿保险公司西安分公司"，其下设十几个中心支公司，每个子公司又下设若干经营部。从名称中能基本反映出这个"西安分公司"所属的行业、管理系统、业务范围、内容、所在地区和企业性质等。此外，还可以从其他渠道了解其有关情况，如广告宣传、所发放资料、报刊媒体和熟人朋友等。

用人单位的基本信息主要包括以下几点。

第一，单位的准确名称、性质及隶属关系。用人单位一般分事业单位和企业单位两类，企业单位有国有企业、集体企业、私营（民营）企业、三资企业和外资企业等几种类型。市属单位要搞清楚上级主管部门（人事管理权限），中央单位应搞清楚主管部、委、总公司等情况（人事档案管理关系），如中国航空工业总公司第六一五所隶属于中国航空工业总公司。

第二，单位的地点、总部及分支机构的业务范围与地理分布。

第三，单位的联系方式，如人事部门联系人、电话、通信地址、E-mail 等。

第四，单位的组织机构、规模（员工数量）与行政结构。

第五，单位的经营业务范围、类别及服务内容。

第六，单位需要的专业背景、具体工作岗位及对所需人才的具体要求。

第七，单位的财务状况、绩效考核体系、培训体系及薪酬体系（工资、福利住房、奖金）以及对员工的培训等。

（二）职业岗位的工作内容

职业岗位的工作内容，一般包括做什么、为什么做、怎么做。例如，一家商场招聘，有售货、收款、仓库保管、会计、出纳、保洁、采购、运输，以及各级管理工作等多种岗位，还需要照明、电梯、空调和保安等人员，每个岗位在商场中都有特定的地位作用。同样是当电工，在电力安装部门是一线人员，在商场、医院就是二线人员。工作环境包括工作时间（如有无夜班等），室内还是室外，流动还是固定及工作场所的温度、湿度和噪声等。

（三）招聘单位的工资待遇

招聘单位的工资待遇，包括工资、奖金、津贴、福利，以及医疗、退休、保险等。少数单位在发布的招聘信息中说明了所招聘职位的工资待遇，但大多数的招聘是没有明示工资水平的。这可以通过询问与自己熟识的人或与该单位有关的人员而获得，并与当地人才市场的工资价位相比较。

（四）招聘条件

招聘条件及招聘单位对求职者的具体要求，一般包括学历、专业、年龄、性别、职业资格、技术等级、身高、相貌和体力等方面。有些用人单位和岗位还对心理素质和能否经常出差等方面有特殊要求。

（五）招聘数量和报名办法

求职者还应当掌握招聘人数和报名办法方面的详细情况，这包括用人单位招聘哪些岗位的从业者，每种岗位招聘人员的数量，报名的时间、地点、方式，应准备哪些证件和资料（如个人简历、学历证书、职业资格证书、身份证、户口本和其他证明等）。

二、搜集就业信息

就业信息非常重要，而知道怎样去搜集信息则更重要。林林总总的就业信息往往都是通过多种媒介传递的，因此毕业生必须利用各种渠道获取信息，学会使用"多管齐下"的方法来搜集和掌握信息。那么，如何获取、分析、利用就业信息，达到主动发现机遇、大胆把握机遇的目的呢？

从目前来看，随着大学生就业市场的培育和发展，毕业生的信息搜集渠道也越来越宽广，呈现出多样性的特点。大多数毕业生必须进一步拓展就业信息搜集渠道，尝试通过各种途径搜集就业信息。目前主要的信息获取途径有政府、学校就业职能部门网站，政府、学校举办的供需见面会，人才市场招聘会，企业招聘网站，人才市场网站，实习单位，就业报纸、杂志，亲朋好友和老师等社会关系资源等。对于这些途径，可以归纳为信息网络、招聘会、毕业实习和社会实践这四大途径。

（一）信息网络

目前，不少地方人才交流机构采用了网络化、电子化为人才配置牵线搭桥，这一现代化的信息传递手段也为各高校和用人单位普遍采用。各高校目前普遍采用校园网为本校的毕业生发布需求信息，用人单位也注意通过各种网络发布相关的招聘人才的信息，甚至不少主管部门也通过网络发布有关的招聘通知和文件。因此，随着我国就业工作信息化进程的加快，网上搜寻就业信息已成为如今大学毕业生最常用的求职手段之一。通过这一途径，毕业生不仅可以自由地从互联网上获取各种就业信息，而且还能利用互联网介绍自己的个人情况。可以说，网络传递信息所具有的"多、快、好、省"的特点，是其他求职方式所不能比拟的。

从目前来看，信息网络途径主要包括各级政府主办的就业网站、学校就业工作职能部门网站、用人单位网站、专业的人才公司网站这四大类。

1. 各级政府主办的就业网站

主要包括教育部主办的中国高校毕业生就业服务信息网，各部委主办的就业信息网站，各省人事、教育行政部门主办的毕业生就业工作网，各市区县开通的人事、人才网等。此类就业网站提供的就业信息往往涉及面广、范围大，能从总体上进行规划全国性或区域性的信息交流和人才配置，具有极高的权威性。

2. 学校就业工作职能部门网站

学校就业工作职能部门是各高校负责就业工作的行政机构，一般的名称通常为就业指导中心或毕业生就业办公室，负有指导学生就业、搜集就业信息、提供就业服务的职责。一般而言，这些职能部门都建有就业信息网，并由专门的工作人员负责从媒体、网络等途径搜集就业信息。

学校在长期的办学过程中，和社会各界建立了紧密的联系，老单位、新单位需要人才时，通常会主动和学校就业指导中心联系，以便获得高质量的毕业生。就业指导中心和社会各方面的人才市场、人才交流中心及就业中介机构等单位有正常的工作联系，这也是该机构的就业新来源。此外，在毕业生就业过程中，该部门还会通过有针对性地并及时地向各个用人单位发布毕业生资源信息函、电话联系及参加各种信息交流活动等方式征集利用大量的需求信息，并及时通过网络传递给学生，同时辅之以"供需见面""双向选择""毕业生就业洽谈会""用人单位招聘会"等人才交流形式配合，使信息得到落实。因此，该部门的就业信息量大，可信度也比较高，涉及的专业面和地理区域都比较广，应该高度重视并充分利用该部门收集的信息。

3. 用人单位网站

有一定规模的用人单位一般有自己的网站，他们的需求信息首先会在自己的网站发布，然后再通过区域人才市场或高校就业指导部门发布。与通过人才市场发布的信息相比较，通过单位网站发布的信息更具体、全面，有利于毕业生搜集和参考。更有一些用人单位网站实行网上视频招聘活动，大大降低了招聘单位和应聘者的成本。

4. 专业的人才公司网站

目前从事人力资源的猎头公司越来越多。这些企业在充分利用各种平面媒体的同时，加大了对各种网络媒体的投入力度，纷纷建立了专业的人才网站，比较著名的人才网站有：

唯才公益招聘 http://www.hr33.com/

前程无忧 http://www.51job.com/

中国人才热线 http://www.cjol.com/

智联招聘网 http://www.zhaopin.com/

在这些网站上，求职者只需在搜索引擎中输入行业的关键词，很快就可以查询到成百上千的招聘信息。一般来说，网站可以根据求职者对地域、行业、职位和薪酬等的具体要求提供查询服务。求职者可以在线填写简历，这些简历将列入网站的数据库中，供需要招聘的公司查询，此外还可以订阅电子杂志，网站会把最新的招聘信息发送到求职者的电子信箱里。

针对网络媒体对现今求职手段的重要影响，有人对上网求职情况做过调查，在参加调查的 1 925 人中间，有 1 053 人选择了网上求职，占总投票数的 55%。五成以上的网络人群的选择表明，网上人才交流已经成为职业发展的新时尚。据无忧工作网站统计，在上网求职者中，有本科学历及以上学历的占 40%多来自信息产业。近两年每年就有 1 000 万以上人次因为找工作而遨游在网络空间。另外，不少人才市场或网络机构也通过这一途径完善自己的服务功能。无论如何，大学毕业生应充分注意这一信息传播途径。

【阅读资料】

网上求职须知

在享受互联网求职的快捷和方便的同时，也有一些需要注意的事项。

1. 整理信息，分清主次

互联网以信息量大而著称，求职者在网上查询信息时，很容易被网站的其他信息所干扰。此时应当及时整理信息，把有用的求职信息和网站收藏起来，以便定期访问。对填写了简历的网站和单位要重点记录下来，以免忘记地址。

2. 注意防范网上求职的一些骗局

网上求职时一定要登陆正规网站，以免被骗。一般正规的人才网站在刊登人才需求信息时，都会仔细验证招聘单位的真实性，要求对方提供单位营业执照、办理人员的身份证件以及加盖公章的单位证明等，严防虚假信息的发生。而一些小的招聘网站由于种种限制，很难做到如此周密的检查。求职者在无法确定所要应聘单位的真实性与可靠性时，可以到一些求职论坛发帖请求援助，可能会得到一个满意的结果。

3. 随时下载，及时联系

有些招聘页面内容较多，岗位也很多，如果来不及看，又怕错过自己中意的岗位，最好的办法是下载该网页，可以先建一个"求职"文件夹，把选中的网页下载到自己的"求职"文件夹目录下，离线后再认真阅读筛选。一旦发现符合条件的岗位，一定要及时与用人单位取得联系，并尽快投递自己的简历，把握每一次机会。

4. 在网络上发送求职简历时最好不要用附件形式发送

为了防止病毒的攻击，很多公司的邮箱设有自动过滤功能，如果你用附件形式发送简历，很可能根本就到不了对方的邮箱，就被过滤掉了。

5. 注意保密

网上求职要注意对一些私人信息进行相应的保护，比如不要在网站上透露家庭地址，求职者只需要留下个人的电话、E-mail及自己的大概位置就可以了，以防被一些骗子所利用。

（二）招聘会

主要有政府、高校举办的供需见面会以及人才市场的各类招聘会。鉴于供需见面会和各类招聘会一般都由各地教育行政部门、人事行政部门或者其委托的具体机构、高校或者各高校群筹划举办。它的涉及面比较广、范围大，并且主办单位具有一定的知名度，这样的招聘会对大学生而言具有巨大的吸引力，用人单位通常也愿意借助这种方式进行人才的集中挑选。供需见面会和各类招聘会提供的大量就业信息，也使毕业生可以在更大的范围内进行信息筛选。

近年来，随着人才市场的发展，各类供需见面会和招聘会种类越来越多，举办的频率也越来越高，给大学毕业生提供了更多的就业信息。虽因组织形式不同，效果也不尽相同，但总体上看还是有相当多的毕业生通过这种途径落实了就业单位，因而始终是毕业生获取就业信息的重要渠道。当然，林林总总的招聘会上所提供信息的可信度比学校就业指导中心的可信度要差一些，它往往存在鱼龙混杂的情况，因此，毕业生必须进行必要的信息鉴别。

（三）毕业实习和社会实践

毕业实习和社会实践是学生踏入社会的前奏曲，是参加工作的预演。

1. 实习

通过实习获取就业信息，应从以下方面努力。

在利用生产实习和社会实践及毕业实习的过程中，注意直接与用人单位接触，不仅做到对用人单位的生产、工作性质较为熟悉，还要注意从用人单位的领导、工程技术人员等渠道获取有关就业信息。

充分认识毕业实习是一份非常难得的、有价值的人生经历，在实习过程中要勤学好问，努力向毕业实习单位证明自己是一个可靠的、有能力的从业者，让其发现自己的潜力。

实习单位一般都是对口单位，倘若实习单位有招人的意向，很可能你就是第一人选。这样，通过实习，求职者也能获得开启职业大门的钥匙（在现实生活中，通过实习落实就业单位的毕业生每年在各地都有不少）。

2. 社会实践

通过社会实践获取就业信息，应该从以下方面努力。

在社会实践的过程中特别是在与自己的职业意向相吻合的单位或岗位实践时，要充分展现自己的才华和能力。总之，通过自己的努力，赢得用人单位的好评、信任，是取得职业信息甚至谋得职业的最好途径。

在社会考察活动中，有意识地提出一些关于行业发展趋势、人才需求状况、具体单位、岗位用人要求等与就业有关的问题。

在社会服务活动中，注意观察、思考，努力去发现自己原来没有想到的、潜在的职位或岗位，捷足方能先登。

在勤工助学、社会公益活动以及直接在用人单位进行的社会实践中，更应多看、多问，要"淡化"自己的学生身份、"打工"角色，以主人翁的姿态了解和关心该单位的发展、了解和关心自身和周围岗位上在职人员的工作状况。

（四）其他途径

主要指有关的就业指导和报纸杂志等刊物的招聘广告以及一些职业介绍服务机构和中介机构。

有关就业指导的报刊、图书，如教育部高校学生司和全国高校毕业生就业指导中心主办的《毕业生就业指导报》，就是专门为毕业生就业服务的专业性报纸，定期为毕业生提供就业信息。一些就业指导的图书中也经常附上有关用人单位的情况介绍和需要毕业生的专业、人数等，这些也都是获取信息的渠道。当然这些信息的时效性和前三种渠道获得的信息时效性相比是要打一些折扣的。

职业介绍服务机构和中介机构是当前劳动市场的重要载体。这些机构拥有大量的职业需求信息，它们一般会按照用人单位或行业等为标准将信息分门别类，一方面运用电视、网络和广播等设备，以及广告、报纸、手册或卡片等书面材料向求职者提供信息，例如岗位空缺信息、职业培训信息、职业供求分析预测信息、劳动就业政策法规、其他劳动力市场信息；另一方面他们做好储备与推荐工作，向用人单位提供人才、劳动力供给信息。

三、就业信息的处理和运用

（一）正确处理就业信息

在现实社会中，就业信息来源渠道不一、传递方式不同，通过各种渠道收集来的就业信息一般比较杂乱，往往还不能直接利用。为了使获得的信息具有准确性，使之更好地为自己的求职服务。对于收集到的需求信息，应结合自身实际情况，加以筛选过滤，去粗取精，有针对性地选用。

1. 要分析就业信息的真实性

像来源于各级毕业生就业指导中心的就业信息以及各级教育部门或其他相关部门主办的毕业生供需见面会提供的信息，一般来说都是比较可靠的真实信息，这种信息无疑是需要保留下来的。而来源于互联网上其他网站的信息的可信度相对来说就低一些，对于那些虚假的信息就要筛选掉。

【案例导读】

不辨真伪　容易受骗

毕业生小刘刚结束课程学习，即将转入毕业实习阶段，由于平时学习比较紧张，前一阶段一直没有机会外出求职，现在好了，可以抽空到外面去闯闯世界，好好谋一份工作了。小刘一边打着如意算盘，一边到互联网上搜寻各地的招聘信息。某日，他从一家不知名的网站上获知南方某地将举办一次大型毕业生供需见面会，于是和几位同学结伴前往参加。谁知到目的地后，发现是一个骗局，该市人事局说根本没有此事，同时受骗的还有其他院校的一些毕业生。事后，小刘才恍然大悟，一定是有人在网上发布了"垃圾信息"，于是对自己当时未仔细辨别信息来源是否正规、信息内容是否真实就贸然前往的行动感到后悔。据了解，这些学生这次的花费少的三五百元，多的上千元，真是劳民又伤财。

面对纷繁复杂的信息海洋，求职择业大军中时常出现一不留神则跌入"信息陷阱"，或者被"欺骗信息"所蒙蔽的现象。上述案例中的小刘及其同学就是被"垃圾信息"所骗。而几年前发生在北京的"500 强"招聘会风波则是典型的"欺诈"行为，主办单位事先以"500 强"的卖点大肆宣传，吸引了北京高校及省外高校成千上万的毕业生蜂拥而至，然而实际情况却大相径庭。令所有参会学生愤慨不已，致使招聘会不到半天就在警察的维持下草草收场。

2. 要把握就业信息的准确性

就业信息本应真实、全面、准确反映用人单位的意图，但现实中有些就业信息往往很简单，甚至只言片语，容易让人产生错觉。因此，针对这种情况，应利用多种方式印证信息的准确性，要掌握用人单位对求职者的学历、学习成绩、特长、政治面貌、思想品德、职业能力及外貌等的要求。

3. 要注重就业信息的时效性

虽然有的就业信息是真实的，但它是几个月前的信息，看到这一信息时，用人单位已经招聘了所需要的人员，这类失效的信息已经没有了任何意义。因此在搜集、整理和处理各类就业信息时一定要注意信息的有效时间，在搜集到就业信息后，应果断决策，适时使用，以免过期。用人单位发布信息后，职位信息随着应聘情况随时都会发生变化，毕业生应及时与用人单位保持联系。一可询问岗位报名情况，做到知己知彼；二能体现出积极的态度，为求职成功增加砝码；三是有些信息在时间上可能已过时，但有可能出现实际应聘人数不足的情况，仍可"见缝插针"。

4. 要评估就业信息与自己的匹配性

适合自己的就是最好的，这是处理信息的核心之所在。毕业生在选择信息时，要根据自己的优势、长处和性格特点等，认真考虑自己是否适合和愿意从事这个职业，并做出取舍。不顾自己的实际，以待遇、地点作为首选原则的毕业生，即使在求职中侥幸取得"成功"，在未来的发展中也会逐渐表露出自己的弱势，发展后劲也是不足的。在招聘活动中，常常会出现"优秀"学生竞争不过"一般"学生的现象，原因不是能力不行，而是单位认为你不适合这个岗位。

此外，判断就业信息是否适合，也不应只看表面和眼前，还要放眼未来。或许现在你要求职的单位只是一个名不见经传的小单位，但经过发展，以后可能会很成功。如果你现在独具慧眼，那你的将来可能会无可限量。应届大学生不能只注重单位眼下的经济和福利待遇，更要了解单位的文化、机制和环境等因素，以有利于自身长期发展为标尺来判断就业信息的去留。

【案例导读】

案例一

《绝对挑战》有这样一期节目：一家彩铃公司从三位选手中挑选一位彩铃设计人员，其中一位小伙子是学音乐的，思路开阔，创意活跃，生活阅历也很丰富，显然是彩铃设计的一把好手，临场表现也明显比其他两位选手高出一截。在现场专家和观众心目中，优胜者非他莫属。然而，令人非常意外的是，企业看上了另一位表现并不突出但比较稳重的小伙子。

为什么才华出众的应聘者与职位擦肩而过？这家彩铃公司的解释是企业希望招来的人能稳重、踏实、待得住。而那位很有音乐创作才华的小伙子比较活跃、张扬，到了工作岗位可能很快会离职。

对此，一位业内人士说，观众与企业的"感觉错位"通常表现在"优秀"与"合适"的错位。观众的愿望总是希望表现最优秀的人能最后胜出，而企业的出发点则是职位需求如何，"不选好的，只选对的"。

案例二

某职业院校毕业生王强（化名），在毕业前一年就开始注意搜集各种信息，并建立了自己的就业信息库。他搜集的信息包括国家经济发展趋势、国家就业政策、就业形势分析、企业招聘信息、企业资料等。

王强搜集的招聘信息有几百条，在筛选信息时，他遵循三条原则：第一，寻找快速成长或高回报的行业；第二，寻找处于上升期的企业；第三，寻找能拿到符合自身能力薪水的企业。

王强认为，快速成长或高回报的行业虽然风险大，但是施展的空间大、机会多。自己努力寻找处于上升期的企业，是因为上升期的企业往往具有发展后劲，那里肯定需要人。

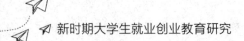

对于第三点，王强认为要在各种"报价"中，保持清醒的头脑，找到符合自己能力的价位才好。

临近毕业，王强没有像一些同学那样到处乱撞。有时，他也去一些招聘会，但都是有目标有准备而去的。

王强也参加一些招聘考试，但那都是经过进行选择以后的"意中人"。当许多同学还在为工作四处奔波时，毕业生王强已经找到了一份适合自己的工作。

（二）科学使用就业信息

一旦确定了信息的真实性和对你自己的匹配性，就应该迅速做出反应，不能让信息在自己手里被耽误。

1. 快速明确地反馈应聘意向

快速明确地反馈自己的应聘意向，往往是毕业生决胜人才市场的关键举动。对于用人单位的招聘信息，在进行分析判断的基础上，必须快速反应。一是可以捷足先登，赢得用人单位良好的第一应聘印象，同时，也可以巧妙地表明自己积极应聘的态度。一般地，在条件相当的情况下，首先表达必须清楚，应聘的信心必须充足。只有这样，才更加有利于用人单位进行考核录用。

现在，许多毕业生在寻找工作时存在错误的认识，毕业生自我感觉不顺心，就频繁地进行岗位挑选，尤其是自己根本就没有明确的就业意向，往往是挑花了眼，也丢了可能的机会；或者毕业生自我感觉不满意，即使用人单位给出明确的可以签约的想法，毕业生往往也是犹豫不决，或不作反应，或随意回绝，总认为"最好的往往在最后"，一味等待所谓"最好的机会"。常常是有机会，自己丢了，到头来，却又没有机会；或者是毕业生自我感觉不理想，拼命地考研考公，总以为考试可以赢得更多的机会、更多的选择，但是考试未必就可以带来理想的机会。重要的是，珍惜机会，工作理想不理想总是相对的，永远不可能有最满意的职业。毕业生将不是十分理想的工作视为自己的事业，并为之全身心地奋斗，最终也可能成为理想的职业；反之，不奋斗，理想的职业也会变成不理想的。

2. 有的放矢，想方设法对照信息推荐自己

俗话说，事在人为。对于自己获得的就业信息，毕业生如果非常希望签约，

应当按照招聘信息要求，想方设法调动自己一切可能的力量推荐自己。同等情况下，推荐力度大的毕业生，取得就业成功的机会更大，当然，成功的关键在于毕业生本人的基本条件是否达到招聘单位的要求。同时，积极进行准备，在用人单位组织的考核中，充分展示自己，全力突出自身优势。毕竟，内因是根本，外因是条件，内外因相协调就可以获得成功。

3. 见好就收，快速签订协议

一经和招聘单位协商一致，就应快速签订协议。就业协议的签订，可以视为毕业生成功使用了就业信息，标志着就业单位的落实。尽快签订就业协议对双方是一种保护。从某种意义上说，签订就业协议，是维护毕业生和招聘单位合法权益的重要"护身符"。

第六节　求职材料准备

工欲善其事，必先利其器。求职材料是毕业生走向人才市场、赢得用人单位信任的重要工具，也是用人单位初步了解毕业生基本情况的重要途径。通过准备的书面求职材料，用人单位可从中了解到毕业生的身份、能力及综合素质等基本情况，以判断和评价毕业生的学习成绩、工作潜力，从而确定能否给毕业生提前面试的机会。

求职材料，是毕业生反映个人总体情况和综合素质的书面材料。毕业生准备求职材料的直接目的，是引起用人单位对自己的兴趣，使自己能够最终被录用。由于用人单位最初是通过求职材料来了解求职者的，因此，求职材料是毕业生与用人单位交流信息的载体，是用人单位透视和了解学生的窗口及决策的重要依据。所以，求职材料的质量，对于求职者谋取职位，有着不可估量的作用。

一份完整的求职材料一般包括个人简历、求职信和其他相关材料（可称之为附件）。

一、个人简历

个人简历（履历表），顾名思义是反映求职者个人的简要经历，是一个人生活、学习、工作的经历与成绩的概括和总结。到任何一个招聘单位要做的第一件事情就是投简历。简历是单位了解你的第一扇窗口。因此简历就成了你和单位沟通的第一通道，往往是招聘人员了解你的第一途径。一份好的简历，可以在众多求职简历中脱颖而出，能够引起用人单位对你的兴趣，然后决定是否给你面试通知，它是帮助你应聘成功的敲门砖。

（一）个人简历的类型

简历有多种类型，为简便起见下面介绍时序型、功能型、业绩型和综合型四类简历。

1. 时序型简历

时序型简历是最传统的简历格式，一般按时间先后顺序编写学历和工作经历，通常按中国式的习惯由远及近、由过去到现在顺着写，而在国外和呈送给外资企业的简历则由现在到过去分阶段倒推排列介绍。

如果想强调过去无可挑剔的工作和学习经历，求职者可以考虑使用时序型格式。对于没有多少工作经历的大学毕业生，比较适合使用时序型简历。

2. 功能型简历

功能型简历又称技术型简历，在简历一开始就强调技能、能力、资格，以及成就。关注的焦点完全在于求职者所做的事情及掌握的技能。这好像一份素质总结，首先把自己的能力素质亮点放在重要位置，吸引人力资源管理者的注意力。

如果不想以职务、在职时间和工作经历，而是以自己的技能在求职场中取胜，功能型简历是很好的选择。作为一名毕业生，若在所求职的工作领域中有一点经验，则功能型简历也是不错的选择。

3. 业绩型简历

业绩型简历是使他人的注意力集中在求职者的资源优势上的一种绝妙方法。业绩简历的关键是简明扼要、快速出击。一些简短而有力的成就陈述，会使一份业绩简历比长篇的细节叙述更容易使人提出问题并产生兴趣。

这种简历对专业销售人员、顶级行政人员及那些只想让聚光灯聚焦于其整个职业生涯的人很有用处。

4. 综合型简历

综合型简历综合了时序型简历和功能型简历的特点，也可称为个性化简历。在这种情况下，可以以功能型简历为基本结构，然后再加上各种名称做小标题，表明各项业绩都是在何处取得的。这种简历综合了时序型简历和功能型简历所拥有的特点，足可以使任何一名潜在雇主满意。

（二）个人简历的基本内容

个人简历是求职材料中最重要的部分，所以，无论是在格式上还是在内容上都要做到最好。标准的求职简历主要由基本情况、教育背景、工作或实践经历和其他信息等四个基本部分组成。

1. 基本情况

基本情况主要有姓名、性别、年龄、民族、政治面貌、籍贯、健康状况、婚姻状况、毕业学校、院（系）及专业、学位学历、联系方式和职业目标等。在填写联系方式时，请务必填上电话、手机等信息，以便招聘单位在第一时间内能与你取得联系。职业目标中要简明扼要地表明你应聘的工作类型和职位，不能把不相关的职位放在一起。例如，如果你希望应聘财务职位，那么最好不要把应聘营销方面的职位也列在上面。

2. 教育背景

教育背景包含教育经历和培训经历，即所参加的各种专业知识和技能培训。其中，教育经历按时间先后顺序详细列出自己从高中到最高学历的学校和专业、所学的主要课程，以及在学校中的表现、获奖情况和语言能力等。培训经历详细填写培训时间、培训机构、培训课程和所获证书等，特别是与应聘职位相关的培训技能。

3. 工作或实践经历

特别要说明与求职目标相关的工作经历，一定要说出最主要、最有说服力的资历、能力和工作经历。说明的语气要坚定、积极、有力，具体的工作、能力最好有证明材料。这部分经验最能体现自己的工作能力，所以可以尽量多写些，包括校内的实践、校外的实习，实习工作的起止日期、工作中的职责范围、突出表现和工作成果等都要描述清楚。当然，经历比较多时要把最新的或最重要的放在醒目的位置，这样会让用人单位感觉你的能力越来越强。特别是项目工作经验一定要放在最重要的位置。

4. 其他信息

其他信息包含个人特长及爱好、其他技能和参加的专业团队等，起到锦上添花的作用，重点是与求职相关的内容，如果写得好的话，可以增加自己的求职砝码。

总之，写简历就是在"证明"，首先是证明"我"申请了这个岗位；其次是证明"我"具备的能力能够胜任这个岗位；最后是通过详细的内容来证明"我"的优势。所以，说到底，写简历就是在证明"我行"，"我"比别人更适合这个岗位。

（三）个人简历的书写要点及基本要求

1. 内容简洁

招聘者一般都有很多事务要处理，所以千万不要指望他们有足够的时间读完一份冗长的简历。如果简历写得很长可能会使招聘者读你的简历时缺乏耐心，甚至产生厌烦的心情，这样对求职者很不利。简历一般以一页为宜，如果要强调相关的工作经历，最好不要超过两页。

2. 语言精练

简历虽短，但却是对求职者语言驾驭能力的一种考验。冗长的简历不但让人觉得你在浪费他的时间，还会让他得出求职者做事不干练的结论。言简意赅、流畅简练、令人一目了然的简历，在哪里都是受欢迎的，这种简历也是对求职者工作能力最直接的反映。为了在有限的时间内向招聘者传达最为有效的信息，最好的办法是了解招聘单位的需求，对症下药，准确地介绍自己的相关优势。

3. 一职一信

要针对不同的应聘职位撰写简历，每一份简历只用于一个单位或者一个职位，根据职位的要求取舍素材，注意紧扣与职位的相关度。有许多求职者搞"简历批发"，其效果自然不如个性化的"零售"策略。

4. 真实诚信

简历内容力求真实，绝不虚构，所有的招聘单位都讨厌造假者，一旦被发现造假，可能带来严重的后果。对于要陈述的能力、技能，多用数字、事实来表达。用词避免形容过度，如"擅长""优秀""卓有成效"和"显著提高"等。

5. 重点突出

简历中要针对职位突出自己可以胜任的优势，淡化不足，在内容的分布顺序上可以突破时间上的倒叙等常规模式，要先重后轻，突出你与其他竞争者的不同，对于重要内容等可加黑、突出关键词等。

6. 避免错误

整份简历的布局要构思精巧，书面整洁，不能结构混乱、一塌糊涂。在写完简历后，要反复校对，更改错字，避免低级错误。

（四）制作简历的原则和策略

1. 简明扼要，富有针对性

简历的特点就是"简"。要紧紧围绕求职目标进行介绍，避免面面俱到，不必将一些诸如宗教信仰、家庭关系、血型等统统写进去。主要陈述工作经历、获奖情况、个性品质等，也都要围绕求职目标，语言简约，不写废话。教育背景中突出与专业和所求职位相关的经历。此外，还要注意"和而不同"，避免在任何时间、任何场合都使用同一份简历的简单懒惰做法；针对不同职位，需要分别写几份有区别的简历。

2. 求真务实，用成绩说话

简历是求职者的背景综述，传递的是关于求职者技能、素质的信息。写作时，要突出与所求职位相关的经验、成就，特别注意给出工作实绩，用数字（如产量、销售额和发行量等）、效率（你是如何迅速地解决问题，你能多快地完成工作）、效果（你的工作带来了哪些长期和短期的积极效果）、影响（你的某个建议、方法、解决方案已多长时间被采用，你的方法被应用于其他部门或成为其他项目的一部分）、作品（你曾写过哪些有影响的文章，编写过哪些材料）及社会活动（你与哪些组织保持着联系或合作关系）等来说话。这样会使用人单位对求职者有一个全面、清晰的了解。

3. 追求个性，表现才华

简历是求职者的自我宣传册，因此要富于创新，用心制作，充分展示自身的个性与才华。从内容的角度，不仅要陈述才能与成绩，还要表现潜力和热情，要使用人单位对求职者充满好感和期待。从形式的角度，制作要精美，封面要有创意，版式设计要齐整、新颖、赏心悦目。

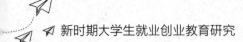

确切而言，简历的撰写并无一定之规、固定格式，只要能够引起招聘人员的注意，让其有兴趣读下去，都是成功的简历。

【案例——栏目型简历】

个人简历

基本情况：

姓　　名：　　　　　　　　　　　　出生年月：

性　　别：　　　　　　　　　　　　政治面貌：

籍　　贯：　　　　　　　　　　　　学　　历：

民　　族：　　　　　　　　　　　　所学专业：

毕业院校：

通信地址：

联系电话：××××

E-mail：××××

应聘职位：

会计、出纳、文秘

教育情况：

20××年9月—20××年7月，在××大学财会专业学习。大学四年，成绩一直名列前茅。掌握了会计学、统计学及财务管理的基本理论、基本知识；具有较熟练的计算机操作能力，积累了较多的文案写作经验。

技能水平：

英语四级、计算机二级、会计从业资格证、初级会计师证

实习经历：

20××年×月—20××年×月于×××实习

获奖情况：

20××年×月　被学校评为优秀毕业生；

20××年×月　获学校职业生涯规划大赛一等奖。

特长爱好：

独立思考能力较强，爱好阅读、爱好旅行。

自我评价：

做事踏实，善于与他人相处，具有良好的沟通能力和团队合作精神。

二、求职信

求职信也常称为自荐信，是求职者向用人单位介绍和推荐自己的正式书面材料，是对特定的用人单位写的特定的自荐材料，主要表述求职者的主观愿望和特长，以求吸引招聘者的注意力，取得面试机会。有人做过调查，在招聘单位人事部门，阅读每位求职者的求职信的时间一般只有 20～30 秒，只有那些表述得体、确有特色和亮点的信，才能吸引招聘单位人事部门工作人员的眼球。相反，那些比较俗套、毫无特色可言的信件，往往在被快速"扫描"几秒后即被退回。因此，在成百上千的求职信中，如何使你的求职信与众不同且能脱颖而出，让用人单位给你一个难得的面试机会，求职信的质量可谓至关重要。

求职信与书信的格式比较类似，有相对固定的书写格式，一般包括称呼、正文、结尾和落款四部分。

（一）称呼

求职信的开头要写明称呼。在格式上，称呼要在第一行起首的位置书写，单独成行，以示尊重。如何称呼对方有很大学问。如果对用人单位的性质及负责人比较清楚，可直接写出负责人的职称、职位。如"××单位××负责同志"字样，也可以是"尊敬的××总经理"字样，相对而言后者更好一些。如对用人单位的性质及负责人不清楚，可写成"尊敬的领导"。假如你对对方了解得比较多，知道对方是公司人事部门经理，同时，他可能具有博士学位或教授头衔，此时，你若称呼他为"×教授"或"×博士"效果可能会更好，当所有的人称呼他经理的时候，你称呼他为教授或博士，说明你对他了解。称呼之后用冒号，然后另起一行，写上问候语"您好"之类的话，紧接着写正文。

在信的开头，你就抓住对方的眼球，吸引对方把信读下去。许多学生在开

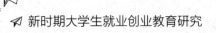

始最大的败笔是称呼对方领导集体是"各位领导，您们好"，这就犯了汉语中的简单错误，因为汉语中没有"您们"这个词，这样不仅让人觉不出你的问候，反而使他们认为你才疏学浅，连起码的常识都不懂，会贻笑大方。

（二）正文

简单来说，正文实际上就是"我有什么+我能做什么/我要做什么"，是整个求职信的核心部分，可概括为"三个简单，一个请求"，包括以下几个部分。

个人基本情况，包括姓名、毕业学校以及所学专业——简单介绍。

个人所具备的条件，如学习过什么样的课程、受过何种奖励、社会实践情况、职业经历，以及参加各种竞赛情况等——简单说明你的知识结构和能力。

简单说明自己对对方单位的了解，简述自己从事用人单位某一具体岗位的优势条件——简单描述你对该用人单位及具体岗位的认识。

表达期望到用人单位工作的心愿——请求用人单位给予一次面试的机会。

正文部分可写内容比较多，所以一定要简明扼要，重在突出你就是最适合这个职位的人选，写明你对招聘单位的了解程度、你应聘这个岗位和胜任本岗位的各种能力。

（三）结尾

结尾部分的作用在于最后表明自己的意愿，希望获得用人单位的面试机会。结束语可提醒用人单位希望得到他们的回复或回电，以表达你希望用人单位给你面试机会的心愿，如可以写上"希望得到您的回音为盼""盼复"等。当然，最后一定不要忘了写上致对方的祝福话语，或者以"此致敬礼""致礼"替代。

（四）落款

落款包括署名和日期。在形式上，信可以打印，但署名一定要用手写，而不能打印，以示郑重和敬意。署名应写在结尾助词下一行的右后方，要注意字迹清晰。日期应写在名字下方，一般用阿拉伯数字，并且要把年月日写上。

求职信从形式到内容都应给人以美感。在文字表达方面应注重语言流畅，层次分明。一封文字优美、表达流畅的信，既能体现出求职者的文字运用能力和语言表达能力，又能给招聘者以美的享受。当然，表述还应当注意分寸，既不要夸大其词，也不要闪烁其词；既要措辞恳切，真诚流露出自己对用人单位情况有所了解，又恰如其分勾画出自己的突出亮点，这种勾画应当富有个性，不落俗套。

还要注意的是，给不同单位的求职信应该是不同的，千万不要用一篇求职信去应对所有的单位。如果那样，会显得你缺乏诚意，给人草草应付的感觉。值得一提的是，由于文化上的差异，一般来说，对外资企业可以较充分地展示自己的能力，强调自己的特长，而对国企、国家机关和事业单位等则应如实介绍自己的理论基础、特长和爱好。

【阅读资料一】

求职信的六忌

忌长篇大论。内容以简洁为原则，尽量在一页纸内完成。用人单位不会花很长的时间来阅读你的求职信，篇幅太长会使对方厌烦，甚至认为你的概括能力不强，往往适得其反。

忌堆砌辞藻。即使你满腹经纶，也不要幻想用华丽的辞藻就能打动招聘者。华而不实的语言属于大话、空话、套话，并没有实际作用。那种虽无豪言壮语，但读来亲切、自然、实实在在的求职信却能给用人单位留下深刻的印象。

忌夸大其词。在措辞方面要留有余地，不要说得过于满。如"我能适应各种工作""我将会给贵单位带来新的生机"，这样表述，只能给用人单位留下你刚出校门，还很幼稚的印象。

忌缺乏自信。适度的谦虚是一种美德，也会使对方产生好感；但过分谦虚是不自信的表现。在求职信中忌说"虽然我资历不够""虽然我不是名校的毕业生"等。用人单位关心的是你是否符合招聘岗位的要求。

忌千篇一律。一定要把自己的强项写出来，将自己的"亮点"展示出来。

忌粗心大意。要重复检查，避免错字和语法错误。资料要齐全，切记留下可随时联系上你的电话号码。

【阅读资料二】

求职信写作的注意事项

知己知彼，诚信务实。写求职信前，要尽可能对用人单位、职位供应及其用人要求有较多的了解，以便有的放矢地陈述自己的求职意向和求职优势，并尽可能表现自己的求职意愿与个性。同时，对职位的谋求、个人信息的介绍以及附带文件一定要实事求是，诚信务实，切不可弄虚作假，以防贻误自己的终身。

充满自信，态度诚恳。求职信写作既要表现出对谋求职位的足够自信和强烈愿望，又不能是自我欣赏、自吹自擂；既要表现出恳切的心情，又要表现出应有的持重和自尊。用语要谦敬得体，措辞要分寸得当。

文字朴素，字面整洁。求职信文字要准确流畅，准确表达自己的意愿和要求，字体要清晰工整，一定不能出现错别字，这是最忌讳的。一旦出现错别字，就会使用人单位对求职者的第一印象大打折扣，导致功亏一篑。同时，如果是打印稿，要做到字体大方，字号适当，行距适宜，给人以整洁、美观的印象；署名要亲笔签写，以示尊重和诚意。

大学生毕业求职信范文

尊敬的领导：

您好！

我是××，是×月×日第×位求职面试者，是来自××学校××专业的大学生。

感谢您给了我一个面试的机会。这次面试，使我开阔了视野，增长了见识，相信您对我各方面综合能力的肯定，一定能增强我的竞争优势，让我在求职的路上更加坚定自己的信心。感谢贵公司对我的关爱，感谢贵公司给我的这次毕生难忘的经历！无论这次我是否能被贵公司录用，我更坚信——选择贵公司是明智之举。无论今后我会在哪个单位工作，我都将尽心尽责做一位具有强烈责任感、与单位荣辱与共的员工，一位扎根于单位、立志为社会创造最大价值的攀登者，一位积极进取、脚踏实地而又极具创新意识的新型人才。

大千世界，芸芸众生，如我者甚众，胜我者恒多。虽然现在我还很平凡，但勤奋进取永不服输。如蒙不弃，惠于录用，必将竭尽才智，为公司鞠躬尽瘁！

感谢的同时，祝贵公司事业蒸蒸日上，一帆风顺！

此致

敬礼！

×××

年　月　日

三、附件

附件包括在校成绩单、获奖证书、技能培训证书、主要成就复印件和学校毕业生就业推荐表复印件等。附件必须是具有绝对的说服力的材料，可以使招聘者直接了解你的能力，关系到你是否会得到面试机会。

高校应届毕业生一般都有由学校统一制作的推荐表，上面填上所修课程，由学校加盖公章，并由相关负责人填写推荐意见，相当于对该生做的政治、学业和社会实践的鉴定。

如果不是学校的应届毕业生，你可以找有名望的人士或在你谋求的某个职业方面的知名专家，请其写一封推荐信或在自制的推荐表上的指定栏目填上推荐意见，也可起到推荐的作用。

证明材料有很多种，凡是能证明你有某种素质和能力的书面的东西都可以整理成证明材料，常见的有毕业证、学位证、外语等级证书、计算机等级证书、获奖证书、技术鉴定证书、职业资格证书和职称水平证书。如果你参加过某种培训并结业，也可以将结业证书附在求职材料的简历后面。证明材料多用复印件，最好要有证明材料目录，这样既便于招聘单位的审核，也会给对方留下"办事周到，有条不紊"的好印象。建议求职者搜集尽可能多的证明材料，以提高自己的"身价"。

（一）英文简历

许多外资、合资企业在招聘时，要求应聘者提供英文简历，同时有越来越多的公司开始注重应聘者的外语能力。如果你有意于外资、合资企业的职位，请不要忘了将你的英文简历填写完整，这能使你的简历更具有专业性和竞争力。

（二）电子简历

由于网络的快速发展，网上求职已逐渐成为重要的求职方式。最新最完整的简历是人事经理较为关注的，电子简历填写得越完整，更新得越勤快，被搜索到的机会就越多，越能给自己带来更多的机会。

总的来说，求职材料并没有标准格式，可以根据自己的实际情况来设计，关键是让招聘单位能够了解应聘者的优势和特点。

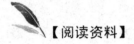

【阅读资料】

用电子邮件发送简历的注意事项

在现如今的信息时代，求职已经不仅限于投递纸质简历了，更多的是通过网络进行电子简历的发送，那么，如何轻松容易地迈过网络发送电子简历这道门槛，大家都准备好了吗？你知道越过这道门槛时需要注意哪些事项吗？现在来学习一些小窍门。

第一、第一时间投递简历。对于求职者来说，自看到招聘信息那一时刻起，就要争取在第一时间寻找中意的岗位，并投递出简历，以便抢占先机。

第二、简历要清晰明了，切勿杂乱无章，最多不要超过两页，但也不要遗漏重要的基本内容，要尽量做到详细。记住，在制作简历时一定要突出重点，做到特点鲜明，独树一帜，这样更容易使自己在众多的求职者中脱颖而出。

第三、在投递简历时，有些用人单位往往会请求职者提供中英文简历。这时你就要注意中英文简历中的内容是否一致，千万不要在内容上出现矛盾，让自己陷入被动的局面。

第四、通过电子邮件投递简历时，一定要严格按照用人单位要求的格式输入邮件标题，比如注明"姓名＋应聘××（岗位）"。否则会被对方的内部邮件系统自动归类到"垃圾邮件"中或被误认为垃圾邮件而删除，所以，请大家一定要注意标题的形式，即使用人单位没有相关要求，你也应当意识到这一点，主动注明邮件标题，最大程度上保证你的简历不被误删。

第五、由于病毒的威胁，越来越多的用人单位都要求求职者不要用附件发送简历,有的网络招聘专家甚至建议某些公司把所有带有附件的电子邮件全部删除。并且单位开始招聘时通常都会比较忙,在这种情况下,尽管你的简历排版极为精心,却可能根本就没有人看。因此,如果你想通过附件发送简历,最好先在邮件的文本框中说明你是应聘人员或者列出你的简况,再将电子简历注明"应聘"字样后用附件发送。

第六、如果把简历嵌在电子邮件正文中发送,为了使简历更好看一些,请精心设计一下纯文本格式的简历,会有不错的效果。以下有一些小技巧可供参考。

① 注意设定页边距,使文本的宽度在16厘米左右,这样你的简历在多数情况下看起来都不会错误换行。

② 尽量用较大字号的字体。

③ 如果你一定要使自己的简历看起来与众不同,你可以用星号(*)、特殊字母(如O)、加号(+)等分隔简历内容,这些符号不会像版式符号(如列表符等)那样被转换成不可识别的记号。

需要说明的是,绝大多数用人单位对简历内容的注重程度要大于对形式的关注程度,所以有时间的话,不妨再把简历的内容好好优化一下。

第七、除了工作之外,你是不是有自己的得意之作呢?在向用人单位发送简历的时候,附上自己的作品可能增加命中率,但是也要注意附带的方式,为避免传播病毒或被当作垃圾邮件而误删,尽量不要将作品作为附件发送。当然,你可以像处理简历正文一样把用Word编辑的文档转换成纯文本格式,附在你的简历正文之后。如果你要附带自己的作品,最好是选一些发表在报纸或者专业期刊上的文章;如果你要附带自己的论文,从其中选择几个段落就够了,然后写一些简短的说明性文字,让对方更容易了解你的能力。

第八、现代人都喜欢简洁,一份简历转发多家单位,这样会给用人单位不好的印象,觉得你的求职态度不真诚。所以在投递简历时不要图省事,还是请辛苦点儿,针对不同的用人单位和职位发送出内容不同的简历。当你向另外一家单位投递简历时,你也应该确认从简历上看,你是适合这个职位的。于是递出简历之前,对简历进行适当修改便成了必要环节。

第九、一定要写清楚应聘的单位和职位,最好不要应聘同一个单位的多个职位,尤其是两个根本不相关的职位。向一个单位同时申请多个职位,并不能表明你的能力超人，相反，用人单位会认为你对自己的未来没有规划，信心不足，或者没有自己的目标，缺乏主见。因此，这一做法不可取。如果的确觉得同一单位的两个不同职位都比较适合自己，碰到这样的情况，应该怎样发送简历？建议不妨针对申请职位的不同特点做两份格式迥异的简历，分别申请不同的职位。不过，不同用人单位的简历筛选机制都各不相同，还需根据具体情况仔细斟酌。

第十、有的求职者为了能让用人单位更充分地了解自己，会在简历中介绍自己的个人主页。但要注意的是，这完全取决于你的个人主页内容对应聘是否会有帮助。如果你想以自己的个人主页来说明自己具有从事网络相关工作的能力，你可以把它加到你的简历中，但要考虑一下它是否适用于求职的场合，并要避免出现不利于求职的内容。

十一、用人单位通过 E-mail 接收简历是不是就意味着他们更注重求职者的实践经历等简历内容而非简历本身的形式，也不会注意到简历中的错字或病句了？知道人事经理们怎么评论那些通过 E-mail 发送有错字的简历的求职者吗？"没戏。"——找工作的规矩一点也不因为发送简历方式的更改而变得更为宽松。正确地说，是比原来更严格了。

希望这些方法能够为诸位提供一定的帮助，同时也希望大家都能通过这个敲门砖顺利敲开你们的理想职业之门！

第四章
劳动法规和合法权益

本章主要内容包括介绍欺骗宣传、招聘歧视、违规收费及侵犯隐私等求职中常见的侵权违法行为，就业协议与劳动合同的区别，就业协议签署的流程、注意事项、解除及违约责任，劳动合同的内容及签署注意事项，常见的求职陷阱及提防策略。

第一节 求职中常见的侵权行为

大学生在求职时将面临各种招聘单位，机会中也会存在别有用心的陷阱。为帮助涉世未深的大学生擦亮眼睛辨别真假，提高警惕避免上当，下面介绍一些求职过程中常见的侵权违法行为。

一、常见侵权违法行为

（一）招聘歧视

性别歧视。这是女生经常遇到的无奈。有的用人单位不顾社会责任，片面追求利益最大化，逃避劳动法规规定的用人单位对女职工的特殊义务，在招聘员工时或私下公开规定"只招男生"或"男生优先"。

身体歧视。一些用人单位在缺少相关规定的情况下将身体有残疾或疾病的人拒于门外，剥夺了这群人的就业机会；还有一些单位在并无必要的情况下对应聘者的身高、相貌提出要求。

户籍歧视。有的用人单位只招收有本地户口的毕业生，没有本地户口就必须有本地居民的担保，抬高了外地毕业生就业的门槛。有的地方政府为了保护本地人口就业，制定了不合理的人才准入制度，使本地单位无法招收外省籍的毕业生，或者无法使外省籍的劳动者成为正式职工，严重限制了人才的合理流动。

（二）违规收费

国家有关部门早就明文规定，用人单位不得以任何名义向应聘者收取报名费、押金、保证金等费用，对员工的培训费用应当从成本中支出。有些用人单位对此置若罔闻，巧立名目向应聘者收费。毕业生在求职时要区分用人单位的哪些做法是合理的，哪些做法是不合理的，对于各种名目的收费要坚决抵制。

（三）侵犯隐私

毕业生在求职时，会留下自己的信息资料，比如姓名、年龄、身高、学历、电话和身份证号等，这些信息属于个人隐私，未经本人同意不得公开、出售。因此，毕业生求职时不要随便将个人资料留给不可靠的单位和个人，上传网络时要选择安全防范能力强和可靠性高的网站，同时注意做好保密设置。在面试时，一些用人单位的提问会涉及个人隐私，如果与工作无关或者出于恶意，毕业生有权拒绝回答；如果是出于安排合适岗位的考虑或者考查应变能力，毕业生可以视情况回答。用人单位获得毕业生的个人隐私后，负有保密义务，否则构成侵权。

（四）侵犯知识产权

个别用人单位通过招聘时要求毕业生提供作品或者完成某项设计工作等方式，取得并盗用毕业生的智力成果。如某软件公司在报纸上刊登招聘启事，招聘计算机专业研究生，凡应聘者领取考卷一份，实为一项设计项目的一部分，就这样，一场虚假招聘使本应耗费大量人力的设计工作轻松完成。所以广大毕业生尤其是设计类、计算机类的毕业生应该提高警惕，增强知识产权的保护意识，采取适当措施降低用人单位使用作品的可能性。例如，面试时不要让用人单位随意复制自己的作品；发送电子邮件时，对自己的作品进行处理，降低相关图片的分辨率；交付自己的作品时，要求用人单位签收，以保存证据。

（五）虚假试用

一些不法企业利用试用期廉价使用毕业生。规定试用期是正常的招聘行为，但有些企业在试用毕业生时劳动强度高、工资报酬低，试用期结束后又借口种种理由辞去毕业生，更有甚者还向毕业生收取培训费。所以广大毕业生在求职时一定要就试用期问题在合同中明确约定；在试用期间要注意保留有关工资、工作时间、工作能力的证据，以备必要时维护自己的权利。

（六）合同陷阱

毕业生尤其要防备一些企业拟定的合同。近年来，一些合同严重违反法律法规，这些合同都是无效的，具体如下。

暗箱合同。暗箱合同中的权利和义务一边倒。有些企业，尤其是私营和个体工商户与劳动者签订合同时，多采用格式合同，根本不与劳动者协商，不向劳动者讲明合同内容。在合同中，只从企业的利益出发规定用工单位的权力和劳动者的义务，而很少或者根本不规定用工单位的义务和劳动者的权利。

霸王合同。霸王合同一般是以给劳动者或其亲友造成财产损失或人身损害相威胁，迫使对方在违背真实意愿的情况下所签订的。比如，有的企业看重一名技术员后，先与该技术员的亲朋好友订立劳动合同，然后再与该技术员谈判，强迫与其订立劳动合同，否则就以解雇其亲朋好友相威胁。

生死合同。部分用人单位不按劳动法规的规定履行劳动安全义务，妄图以与劳动者约定"工伤概不负责"的条款逃避责任。采取这类合同的往往是从事高度危险作业的企业。这类企业劳动保护条件差、安全隐患多、设施不安全，生产中极易发生安全事故。

卖身合同。一些用人单位与劳动者在合同中约定，劳动者一切行动服从用人单位安排，一旦签订合同，劳动者的生活、娱乐和人身自由会受到限制。

双面合同。一些用人单位与劳动者签订合同时，准备了至少两份合同。一份是假合同，内容按照劳动部门的要求签订，对外应付有关部门的检查，但在劳动过程中并不实际执行；一份为真合同，是用人单位从自身利益出发拟定的

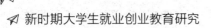

违法合同，合同规定的权利、义务极不平等，对内用以约束劳动者。

（七）非法中介

一些不法分子冒充合法机构，通过广告宣传，虚构招聘岗位，收取中介费后便人间蒸发。更有些私人机构互相勾结，串通欺骗求职者，举办所谓招聘会，接收大量简历，意在收取求职者的钱财。不要轻信那些无相应资质的中介机构，求职应去政府举办或者政府审查许可的有信誉的人才市场和人才服务机构进行求职。

二、遭遇求职障碍的求助机构

大学生在求职遇到障碍时，可能会到相关机构寻求帮助，具体如下。

尽量到公共职业介绍机构求职。按照国家规定，城市公共职业介绍机构要为求职人员提供就业信息、政策咨询、职业指导和职业介绍服务。

要尽可能与用人单位面谈。接到录用通知后，要对用人单位进行实地考察，留意企业名称、地址、联系电话、周围的环境，以及工作现场是否安全卫生、企业是否有营业执照、是否能够自由出入等基本情况。

与用人单位发生劳动争议的，可以到当地劳动仲裁委员会申请仲裁；对仲裁结果不服的，可以向当地人民法院提起诉讼。

到劳动保障部门投诉或申请工伤认定、要求支付社会保险待遇，如果劳动保障部门有关机构拖延，或者对其处理结果不服的，可以申请行政复议或向当地人民法院提起诉讼。

如果遇到一些复杂的官司，却不太懂法律问题，可以到当地工会、妇联、共青团组织和法律援助中心等部门寻求帮助。

如果想了解劳动保障政策，或者遇到具体问题需要咨询的时候，可以拨打"12333"免费劳动保障政策咨询热线电话。

第二节　学习劳动法规，加强权益维护

《劳动合同法》是为了完善劳动合同制度，明确劳动合同双方当事人的权利和义务，保护劳动者的合法权益，构建和发展和谐稳定的劳动关系而制定的

法律。此外，《劳动法》共包含总则、劳动合同的订立、劳动合同的履行和变更、劳动合同的解除和终止、特别规定、监督检查、法律责任及附则八大部分，涵盖了用工双方权益保护各个方面的内容。

一、关于工作时间与休息日的规定

（一）工作时间

我国实行劳动者每日工作时间不超过 8 小时，平均每周工作时间不超过 44 小时的工时制度。

（二）休息休假

公休假日又称周休息日，是劳动者在 1 周（7 日）内享有的休息日，公休假日一般为每周 2 日，一般安排在周六和周日。不能实行国家标准工时制度的企业和事业组织，可根据实际情况灵活安排周休息日（法律上是允许调休的），应当保证劳动者每周至少休息 1 日。休假的种类包括以下两个方面。

1. 法定节假日

法定节假日是指法律规定用于开展纪念、庆祝活动的休息时间。我国劳动法规定的法定节假日有：元旦（休息 1 日）；春节（休息 3 日）；清明节（休息 1 日）；国际劳动节（休息 1 日）；端午节（休息 1 日）；国庆节（休息 3 日）；法律法规规定的其他休假节日。

2. 年休假

《劳动法》第四十五条规定："国家实行带薪年休假制度。劳动者连续工作一年以上的，享受带薪年休假。具体办法由国务院规定。"

（三）延长工作时间

1. 一般情况

《劳动法》第四十一条规定："用人单位由于生产经营需要，经与工会和劳动者协商后可以延长工作时间，一般每日不得超过一小时；因特殊原因需要延长工作时间的，在保障劳动者身体健康的条件下延长工作时间每日不得超过三小时，但是每月不得超过三十六小时。"

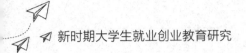

2. 特殊情况

《劳动法》第四十二条规定，有下列情形之一的，延长工作时间不受本法第四十一条的限制：

① 发生自然灾害、事故或者因其他原因，威胁劳动者生命健康和财产安全，需要紧急处理的；

② 生产设备、交通运输线路、公共设施发生故障，影响生产和公共利益，必须及时抢修的；

③ 法律、行政法规规定的其他情形。

二、关于工资的规定

（一）《劳动合同法》中的相关规定

在《劳动合同法》中，第三十一条对工资支付作了明确规定：用人单位应当严格执行劳动定额标准，不得强迫或者变相强迫劳动者加班。用人单位安排加班的，应当按照国家有关规定向劳动者支付加班费。

（二）《工资支付暂行规定》中的相关规定

《工资支付暂行规定》对工资支付进行了详细阐述，其中第十三条规定：用人单位在劳动者完成劳动定额或规定的工作任务后，根据实际需要安排劳动者在法定标准工作时间以外工作的，应按以下标准支付工资：

① 用人单位依法安排劳动者在日法定标准工作时间以外延长工作时间的，按照不低于劳动合同规定的劳动者本人小时工资标准的150%支付劳动者工资；

② 用人单位依法安排劳动者在休息日工作，而又不能安排补休的，按照不低于劳动合同规定的劳动者本人日或小时工资标准的200%支付劳动者工资；

③ 用人单位依法安排劳动者在法定休假节日工作的，按照不低于劳动合同规定的劳动者本人日或小时工资标准的300%支付劳动者工资。

实行计件工资的劳动者，在完成计件定额任务后，由用人单位安排延长工作时间的，应根据上述规定的原则，分别按照不低于其本人法定工作时间计件单价的 150%、200%、300%支付其工资。

经劳动行政部门批准实行综合计算工时工作制的，其综合计算工作时间超过法定标准工作时间的部分，应视为延长工作时间，并应按本规定支付劳动者延长工作时间的工资。

实行不定时工时制度的劳动者，不执行上述规定。

（三）《劳动法》中的相关规定

第四十七条规定：用人单位根据本单位的生产经营特点和经济效益，依法自主确定本单位的工资分配方式和工资水平。

第四十八条规定：国家实行最低工资保障制度。最低工资的具体标准由省、自治区、直辖市人民政府规定，报国务院备案。用人单位支付劳动者的工资不得低于当地最低工资标准。

第五十条规定：工资应当以货币形式按月支付给劳动者本人。不得克扣或者无故拖欠劳动者的工资。

第五十一条规定：劳动者在法定休假日和婚丧假期间以及依法参加社会活动期间，用人单位应当依法支付工资。

三、关于法定福利的规定

（一）养老保险

养老保险是国家和社会根据一定的法律和法规，为保障劳动者在达到国家规定的解除劳动义务的劳动年龄界限，或因年老丧失劳动能力退出劳动岗位后的基本生活而建立的一种社会保险制度。养老保险具有强制性、互济性、储备性及社会性等特点。

（二）失业保险

失业保险过去称待业保险，是指劳动者因失业而暂时中断生活来源时，在法定期间从国家和社会获得物质帮助的一种社会保险制度。失业保险包括国家强制性失业保险、非强制性失业保险、失业补助制度及综合性失业保险等。

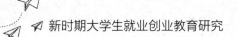

（三）医疗保险

医疗保险是指国家立法规定并强制实施的，在人们生病或受伤后由国家或社会给予一定的物质帮助，即提供医疗服务或经济补偿的一种社会保险制度。医疗保险具有与劳动者的关系最为密切、和其他人身保险相互交织、存在独特的第三方付费制和享受待遇与缴费水平不正相关等特点。

（四）工伤保险

工伤保险又称职业伤害保险或伤害赔偿保险，是指依法为在生产工作中遭受事故伤害和患职业性疾病的劳动者及其亲属提供医疗救治、生活保障、经济补偿和医疗和职业康复等物质帮助的一种社会保险制度。

（五）生育保险

生育保险是指妇女劳动者在因怀孕、分娩而暂时中断劳动时，获得生活保障和物质帮助的一种社会保险制度。实行生育保险制度，对于保证生育女职工和婴儿的身体健康、促进优生优育和真正实现男女平等具有十分重大的意义。

（六）住房公积金

住房公积金是指国家机关、国有企业、城镇集体企业、外商投资企业、城镇私营企业及其他城镇企业、事业单位、民办非企业单位、社会团体及其在职职工缴存的长期住房储金。住房公积金是国家推行的一项住房保障制度，实质上是劳动报酬的一部分，是归属职工个人所有的、专项用于解决职工住房问题的保障性资金。

第三节　就业协议与劳动合同

一、就业协议与劳动合同的区别

高校毕业生就业协议是学校、毕业生与用人单位在毕业生就业工作中，为了确定录用或就业关系，依法协商达成的明确双方权利和义务的书面协议，俗称三方协议。它是合同的一种形式，但不等同于劳动合同。

劳动合同是指劳动者与用人单位之间确立劳动关系，明确双方权利和义务的协议。订立和变更劳动合同，应当遵循平等自愿、协商一致的原则，不得违反法律、行政法规的规定。劳动合同依法订立即具有法律约束力，当事人必须履行劳动合同规定的义务。二者主要有以下区别。

（一）主体不同

就业协议适用于应届毕业生与用人单位、学校三方，学校是就业协议的鉴证方或签约方，就业协议对用人单位的性质没有规定，适用于任何单位；而劳动合同只适用于劳动者（含应届毕业生）与用人单位（不含公务员单位和比照实行公务员制度的组织和社会团体以及军队系统），与学校无关。

（二）内容不同

就业协议的内容主要是毕业生如实介绍自身情况并表示愿意到用人单位就业，用人单位表示愿意接收毕业生，学校同意推荐毕业生并列入就业方案，而不涉及毕业生到用人单位报到后，应享有的权利与义务。劳动合同的内容涉及劳动报酬、劳动保护、工作内容和劳动纪律等方方面面，更为具体，劳动权利与义务更为明确。

（三）时间不同

一般来说，就业协议签订在前。就业协议应在毕业生就业之前签订，而劳动合同往往在毕业生到用人单位报到后才签订。

（四）目的不同

就业协议是毕业生和用人单位关于将来就业意向的初步约定，是对双方的基本条件以及即将签订的劳动合同部分内容的大体认可。经用人单位上级主管部门和高校就业部门同意，经毕业生、用人单位、高校、用人单位主管部门签字盖章，就业协议即具有一定的法律效力，是编制毕业生就业方案和将来双方订立劳动合同的依据。劳动合同是劳动者同企业、事业等用人单位确立劳动关系，明确双方权利和义务的协议。

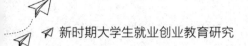

（五）适用法律不同

就业协议发生争议，除根据协议本身内容之外，主要依据现有的毕业生就业政策和法律对合同的一般规定来加以解决，尚没有专门的立法对毕业生就业协议加以调整。而劳动合同发生争议，应依据《劳动法》来处理。

二、就业协议签署的流程及注意事项

（一）签署流程

① 毕业生本人填写"就业协议书"。

② 用人单位签署意见并加盖单位公章。需要注意的是，在必要情况下，上级主管单位栏应填写人事局或教育行政部门意见，以便派遣和迁移户口档案；如若招聘单位是部队、中央单位、省管企事业单位，只需加盖单位公章即可。毕业生于非公有制单位就业或自主创业暂时无法办理户口、档案转移手续，可凭借与单位签署的劳动用工合同或工商营业执照，到当地毕业生就业主管部门或人才就业服务机构办理人事代理关系，签订就业协议书。

③ 用人单位或毕业生本人将"就业协议书"交至学校院系，由学校院系签署意见并加盖公章，纳入就业计划派遣。

④ 用人单位或毕业生本人将"就业协议书"交至学校学生处就业指导科，由就业指导科签署意见并加盖公章。

⑤ 毕业生、用人单位各留一份，学校留两份（其中一份交至学校所在地毕业生就业主管部门）。

（二）就业协议签署的注意事项

①"就业协议书"每人只能有一份，翻版及复印均无效；应妥善保管，若遇破损、丢失等情况，需有院（系）书面证明，到毕业生就业办公室申请补发。

②"就业协议书"中档案转寄地址、单位和邮编应填写清楚、翔实，以免档案误投，损害毕业生自身利益。

③ 为更好地维护毕业生的就业权益，避免发生劳动争议，"就业协议书"

的备注栏应在双方商定的情况下注明劳动期限、违约金、试用期待遇及转正后的薪资待遇。

④ 试用期与见习期的时间。外企、合资企业、私企一般采用试用期，根据合同期的长短，可以有 1～3 个月不等，通常试用期为 3 个月。国家机关、高校、研究所一般采用见习期，通常为 1 年。试用期和见习期只取其中之一。

⑤ 违约金由学生和用人单位双方协定。不少单位为了"留住"学生，以高额违约金约束学生。学生应该在协商中力争将违约金降到最低，通常违约金不得超过 5 000 元。

⑥ 学生在签订"就业协议书"时，必须严格按照规定的步骤，等用人单位填写完毕、盖章后再到学校就业指导中心签证盖章。

⑦ 就业协议在毕业生到单位报到、用人单位正式接收后自行终止。

（三）就业协议的解除

就业协议的解除分为单方解除和双方解除。单方解除包括单方擅自解除和单方依法或以协议解除。单方擅自解除属违约行为。单方依法或以协议解除，是指一方解除就业协议有法律上或协议上的依据；此类单方解除，解除方无须对另一方承担法律责任。双方解除是指毕业生与用人单位经协商一致，取消原订立的协议，使协议不发生法律效力；双方解除时，双方均不承担法律责任，但须征求学校同意。

（四）违约责任及毕业生违约的后果

毕业生违约，除本人应承担违约责任支付违约金外，往往还会造成其他不良的后果，主要表现在三点。

① 就用人单位而言，用人单位往往为录用一名毕业生做了大量的工作，一旦学生违约，会给用人单位带来不便。

② 就学校而言，用人单位往往将毕业生违约认定为学校管理不严，从而影响学校和用人单位的长期合作关系。

③ 就其他毕业生而言，违约会影响其他毕业生的就业，造成就业信息的浪费。

三、劳动合同的内容及签署

（一）劳动合同的种类

根据《中华人民共和国劳动合同法实施条例》第十八条、第十九条的规定，劳动合同分为固定期限劳动合同、无固定期限劳动合同和以完成一定工作任务为期限的劳动合同。

固定期限劳动合同是指用人单位与劳动者约定合同终止时间的劳动合同。用人单位与劳动者协商一致，可以订立固定期限劳动合同。

无固定期限劳动合同是指用人单位与劳动者约定无确定终止时间的劳动合同。

以完成一定工作任务为期限的劳动合同，即没有固定期限，以完成一定工作任务为期限的劳动合同，是指用人单位与劳动者约定以某项工作的完成为合同期限的劳动合同。

（二）劳动合同的内容

劳动合同的内容可分为两方面，一方面是必备条款的内容，另一方面是协商约定的内容。

《劳动法》第十九条规定了劳动合同的法定形式是书面形式，其必备条款有七项。

1. 劳动合同期限

法律规定合同期限分为三种：有固定期限，如一年期限、三年期限等；无固定期限，即合同期限没有具体时间约定，只约定终止合同的条件，无特殊情况，这种期限的合同应存续到劳动者到退休年龄；以完成一定的工作任务为期限，例如，劳务公司外派一员工去另外一公司工作，两个公司签订了劳务合同，劳务公司与外派员工签订的劳动合同期限是以劳务合同的解除或终止而终止，这就属于以完成一定工作任务为期限的合同。用人单位与劳动者在协商选择合同期限时，应根据双方的实际情况和需要来约定。

2. 工作内容

在这一必备条款中，双方可以约定工作数量、质量，劳动者的工作岗位等内容。在约定工作岗位时可以约定较宽泛的岗位概念，也可以另外签一个短期的岗位协议作为劳动合同的附件，还可以约定在何种条件下可变更岗位条款等。

3. 劳动保护和劳动条件

在这方面可以约定工作时间和休息休假的规定，各项劳动安全与卫生的措施，对女职工的劳动保护措施与制度，以及用人单位为不同岗位劳动者提供的劳动、工作的必要条件等。

4. 劳动报酬

此必备条款可以约定劳动者的标准工资、加班工资、奖金、津贴和补贴的数额及支付时间、支付方式等。

5. 劳动纪律

此条款应当将用人单位制定的规章制度约定进来，可采取将内部规章制度印制成册、作为合同附件的形式加以约定。

6. 劳动合同终止的条件

这一必备条款一般是在无固定期限的劳动合同中约定的，因这类合同没有终止的时限。但其他期限种类的合同也可以约定。需要注意的是，双方当事人不得将法律规定的可以解除合同的条件约定为终止合同的条件，以避免出现用人单位应当在解除合同时支付经济补偿金而不予支付的情况。

7. 违反劳动合同的责任

一般约定两种违约责任形式，第一种是一方违约即赔偿对方造成的经济损失，即赔偿损失的方式；第二种是约定违约金的计算方法，采用违约金方式应当注意根据职工一方的承受能力来约定具体金额，避免有失公平。违约不是指一般性的违约，而是指严重违约，致使劳动合同无法继续履行，如职工违约离职、单位违法解除劳动者合同等。

按照法律规定，用人单位与劳动者订立的劳动合同除上述七项必须具备的条款内容外，还可以协商约定其他的内容，一般简称为协商条款或约定条款。这类约定条款的内容，是当国家法律规定不明确，或者国家尚无法律规定，用人单位与劳动者根据双方的实际情况协商约定的一些随机性条款。劳动行政部门印制的劳动合同样本，一般都将必备条款写得很具体，同时留出一定的空白填写约定条款。例如，可以约定试用期、保守用人单位商业秘密的事项、用人

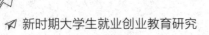

单位内部的一些福利待遇、房屋分配或购置等内容。

（三）劳动合同签订注意事项

1. 劳动合同签订的时间

自用工之日起一个月内订立书面劳动合同即可，否则用人单位须向劳动者支付双倍工资。自用工之日起超过一年未与劳动者签订书面劳动合同的，视为双方已经形成无固定期限劳动合同。

2. 试用期的规定

《劳动合同法》第十九条规定：劳动合同期限三个月以上不满一年的，试用期不得超过一个月；劳动合同期限一年以上不满三年的，试用期不得超过两个月；三年以上固定期限和无固定期限的劳动合同，试用期不得超过六个月。同一用人单位与同一劳动者只能约定一次试用期。以完成一定工作任务为期限的劳动合同或者劳动合同期限不满三个月的，不得约定试用期。试用期包含在劳动合同期限内。劳动合同仅约定试用期的，试用期不成立，该期限为劳动合同期限。

3. 劳动合同的期限

劳动合同的期限有三种：有固定期限的劳动合同、无固定期限的劳动合同和以完成一定的工作任务为期限的劳动合同。所以用人单位与劳动者在签订劳动合同时，要根据双方的需求来协商确定劳动合同的期限。

（四）劳动合同解除

1. 协商一致解除劳动合同

劳动者与用人单位协商一致的情况下可以解除劳动合同。但应注意，劳动者主动提出的情况下，用人单位不需要向劳动者支付经济补偿金。

2. 提前通知解除劳动合同

《劳动合同法》第三十七条规定：劳动者提前三十日以书面形式通知用人单位，可以解除劳动合同。劳动者在试用期内提前三日通知用人单位，可以解除劳动合同。

3. 符合法定情形劳动者解除劳动合同

《劳动合同法》第三十八条规定，用人单位有下列情形之一的，劳动者可以解除劳动合同：

  ① 未按照劳动合同约定提供劳动保护或者劳动条件的；

  ② 未及时足额支付劳动报酬的；

  ③ 未依法为劳动者缴纳社会保险费的；

  ④ 用人单位的规章制度违反法律、法规的规定，损害劳动者权益的；

  ⑤ 因本法第二十六条第一款规定的情形致使劳动合同无效的；

  ⑥ 法律、行政法规规定劳动者可以解除劳动合同的其他情形。

用人单位以暴力、威胁或者非法限制人身自由的手段强迫劳动者劳动的，或者用人单位违章指挥、强令冒险作业危及劳动者人身安全的，劳动者可以立即解除劳动合同，不需事先告知用人单位。

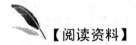

【阅读资料】

劳动合同范本

劳 动 合 同

甲方：

用人单位名称：

乙方：

姓名：＿＿＿＿＿＿＿＿＿＿＿

甲方基本情况

名称：

住所：

法定代表人：

主要负责人（委托代表人）：

联系电话：

乙方基本情况

劳动者姓名：＿＿＿＿＿＿＿＿＿

联系电话：＿＿＿＿＿＿＿＿＿

身份证号：_____

家庭住址：_____

紧急联系人：_____

联系电话：_____

根据《中华人民共和国劳动合同法》及有关的劳动法律、法规和政策规定，结合甲方相关制度和乙方岗位特点，遵循自愿、平等、协商一致的原则，甲乙双方一致同意订立如下条款，以明确双方的权利和义务，并期望双方保持良好的长期聘用关系。

第一章　合同期限

1. 试用期：

自_____年_____月_____日起至_____年_____月_____日止。

2. 合同期限：

合同自_____年_____月_____日起至_____年_____月_____日止。

第二章　工作内容与工作地点

1. 根据甲方工作需要和乙方自身技能特点，甲方聘用乙方在_____部门从事_____岗位（工种）工作，工作地点在_____。

2. 乙方工作内容界定以岗位职责说明书和甲方布置的阶段性或临时性工作要求为准。

第三章　工作时间与休息休假

1. 甲方实行标准工作制，每日工作不超过 8 小时，每周工作不超过_____小时。

2. 乙方应在规定的正常工作时间内完成本职工作，甲方不鼓励乙方加班。甲方安排乙方加班，应符合法律、法规的规定。甲方安排乙方延长工作时间又不能安排补休的，应支付不低于工资的 150% 的工资报酬；甲方安排乙方休息日工作又不能安排补休的，应支付不低于工资 200% 的工资报酬；甲方安排乙方法定节假日工作的，应支付不低于工资的 300% 的工资报酬。

3. 甲方对于国家规定的法定节假日、女员工生育假、带薪休假等休假应按照劳动法要求执行。甲方根据实际工作情况酌情安排乙方婚丧假期、女员工哺乳假、病假等。但乙方计划性的休假如生育假、带薪年假、婚假等应提前至少 30 天申请以便甲方安排工作，如遇直系亲属亡故、本人生病以及不可预见性的情况可临时申请临时安排。

第四章 劳动报酬

1. 双方根据甲方《薪酬管理制度》规定确定乙方岗位工资。甲方根据乙方现任职务和工作岗位，试用期工资为＿＿＿＿＿＿＿元/月，约定工资为＿＿＿＿＿＿＿元/月（其中基本工资＿＿＿＿＿＿＿元，其他为岗位工资＿＿＿＿＿＿元）。个人所得税由乙方承担，并由甲方在工资发放时代扣代缴。

2. 乙方应发工资扣除个人应付费用后在次月 10 日以货币形式支付。遇不可抗力导致延迟发放须提前 1 个工作日说明。

第五章 社会保险和福利待遇

1. 甲方应根据国家和地方政府规定为乙方办理社会保险并缴纳有关费用，乙方应缴费用由甲方从乙方工资中代扣代缴。

2. 甲方可根据乙方服务时间、岗位特点酌情核发奖金、职务津贴以及其他福利待遇。

3. 甲方将根据社会经济增长水平和自身发展状况适时调整整体薪酬水平、完善员工福利制度。

第六章 知识产权、商业秘密和竞业限制条件

1. 乙方在工作期间或利用甲方资源所取得的技术开发成果、创新成果，其知识产权属于甲方。

2. 甲方的技术信息（包括专用技术、技术诀窍、非专利技术成果等）和经营信息（管理诀窍、客户名单、货源情报、产销策略等）属于商业秘密、技术秘密，乙方须保守秘密，不得对外泄露，不得用于个人谋利或者帮助他人牟

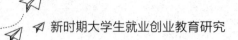

利。给甲方造成损失的，乙方应赔偿甲方损失和技术价值 10 倍的赔偿金。

3. 乙方在职期间和离职后 3 年内，不得在与公司业务有竞争关系的其他公司投资、兼职，不得从事与甲方业务有竞争关系的活动。如乙方所从事岗位甲方要求签订保密协议和竞业限制协议时，乙方同意签订。

第七章　劳动合同的变更、解除和终止

（一）劳动合同的变更

用人单位与劳动者协商一致，可以变更劳动合同约定的内容。变更劳动合同，采取书面形式。变更后的劳动合同文本由用人单位和劳动者各执一份。

（二）劳动合同的解除

1. 甲乙双方经协商一致，劳动合同可以解除。

2. 乙方提前 30 日以书面形式通知用人单位，可以解除劳动合同。乙方在试用期内提前 7 日通知用人单位，可以解除劳动合同。

3. 乙方有下列情形之一的，甲方可以解除劳动合同：

（1）在试用期间被证明不符合录用条件的；

（2）严重违反者甲方规章制度的；

（3）严重失职，营私舞弊，对甲方造成重大损害的；

（4）同时与其他单位建立劳动关系，对完成甲方工作任务造成严重影响，或者甲方要求乙方不能与其他用人单位建立劳动关系，乙方拒不改正的；

（5）违反劳动纪律，泄露甲方商业机密的；

（6）被依法追究刑事责任的。

4. 甲方有下列情形之一，应提前 30 天以书面形式通知乙方解除本合同，并根据乙方为甲方服务年限支付一定的经济补偿金：

（1）依照企业破产法进行重整的；

（2）生产经营发生严重困难的；

（3）转产、重大技术革新或者经营方式调整，经变更本协议后，仍需要裁减人员的；

（4）本协议订立时所依据的客观情况发生重大变化，致使本协议无法履行的；

5. 乙方有下列情形之一的，甲方应当提前 30 日以书面形式通知乙方或者额外支付乙方 1 个月工资，并将理由通知工会后解除劳动合同：

（1）乙方患病或非因工负伤，医疗期满后，不能从事原工作也不能从事由甲方另行安排的工作的；

（2）乙方不能胜任工作，经过培训或者调整工作岗位，仍不能胜任工作的；

（3）劳动合同订立时所依据的客观情况发生重大变化，致使原劳动合同无法继续履行，经甲乙双方协商不能就变更劳动合同达成协议的。

6. 乙方有下列情形之一的，甲方不得依照上述第3条情形解除劳动合同：

（1）从事接触职业病危害作业未进行离岗前职业健康检查，或者疑似职业病在诊断或者医学观察期间的；

（2）在甲方患职业病或者因工负伤并确认丧失或者部分丧失劳动能力的；

（3）患病或者非因工负伤，在规定的医疗期内的；

（4）在孕期、产期、哺乳期内的；

（5）在甲方连续工作满15年，且距法定退休年龄不足5年的；

（6）法律、行政法规规定的其他情形。

7. 甲方有下列情形之一的，乙方可以随时通知甲方解除劳动合同：

（1）未按照劳动合同约定提供劳动保护或者劳动条件的；

（2）未及时足额支付劳动报酬的；

（3）未依法为乙方缴纳社会保费的；

（4）甲方规章制度违反法律、法规的规定，损害乙方权益的；

（5）以欺诈、胁迫手段或乘人之危，使乙方在违背真实意思的情况下订立或变更劳动合同的；

（6）法律、行政法规规定劳动者可以解除劳动合同的其他情形。甲方以暴力、威胁或者非法限制人身自由的手段强迫乙方劳动的，或者甲方违章指挥、强令冒险作业危及乙方人身安全的，乙方可以立即解除劳动合同，不需事先告知甲方。

8. 在下列情况下，乙方不得解除劳动合同：

（1）由甲方出资培训（包括送大、中专院校或者技工学校学习），培训后为甲方服务未满3年的；

（2）属于技术骨干，承担某项重要工程的建设、改造任务而任务未结束的。

（三）劳动合同的终止

1. 在下列情形下，劳动合同终止：

（1）劳动合同期满的；

（2）乙方开始依法享受基本养老保险待遇的；

（3）乙方死亡，或者被人民法院宣告死亡或者宣告失踪的；

（4）甲方被依法宣告破产的；

（5）甲方被吊销营业执照、责令关闭、撤销或者甲方决定提前解散的；

（6）法律、行政法规规定的其他情形。

2. 甲方应在解除或者终止劳动合同时出具解除或者终止劳动合同的证明，并在 15 日内为乙方办理档案和社会保险关系转移手续；乙方应当按照双方约定，办理工作交接；甲方依照有关规定应当向乙方支付经济补偿的，在办理工作交接时支付。

第八章　经济赔偿及违约金

1. 双方解除或者终止本合同的经济补偿金按照《中华人民共和国劳动合同法》和国家及省市有关规定执行。

2. 甲方依法裁员应提前 30 天以书面形式通知乙方，甲方根据乙方在甲方工作年限和乙方解除本合同前 24 个月的平均工资，工作每满 1 年支付 1 个月工资的经济补偿金，不满 1 年超过半年者按 1 年计算，工作不满半年者补偿半个月工资的补偿金，最多不超过 12 个月。同时对于签订竞业协议的乙方，甲方除上述经济补偿外，另需补偿乙方竞业工资。

3. 乙方违反甲方规章制度、玩忽职守、营私舞弊或违反本合同约定解除劳动合同，给甲方造成损失的，乙方应赔偿甲方损失。

4. 乙方违反本合同约定的保守商业秘密事项，给甲方造成损失的，乙方应赔偿甲方损失并向甲方支付违约金。

5. 甲方为乙方提供了专项培训费用的，乙方应为甲方服务 5 年。乙方违反服务期约定的，应向甲方支付培训费用及违约金。服务期未履行部分每满一年，乙方向甲方支付 20% 的培训费用作为违约金，不满一年的按一年计算。

第九章　双方协商约定的其他事项

1. 如因乙方原因对甲方造成损害或造成甲方经济损失，甲方保留对乙方的民事诉讼权利。

2. 乙方提出解除合同时，应至少提前30日以书面形式通知甲方，以便甲方有足够的时间安排人员接替。

第十章 劳动争议处理和违反劳动合同的法律责任

本合同依法经双方签字或盖章订立后具有法律约束力，双方必须严格履行。如果发生劳动争议，双方可以协商解决，也可以依法申请调解、仲裁、提起诉讼。任何一方违反本合同约定，应当承担相应的法律责任。

第十一章 其 他

1. 本合同一式三份，具有同等法律效力，甲乙双方各执一份，双方应妥善保管。

2. 乙方工作岗位职责说明书以及甲方的规章制度，作为本合同附件或相关约束条件，与本合同具有同等法律效力。

甲方（单位）盖章： 乙方（劳动者）签字：

法人代表（或委托人）签字：

　　年　月　日 　　年　月　日

第四节 常见求职陷阱

求职陷阱是指犯罪分子利用人们求职心切的心理而采用的手段，用于骗取求职人员的财物、个人信息或者低廉甚至免费的人工。

一、常见的求职陷阱

（一）以高薪为诱饵，骗人先掏钱

每一位求职者都希望找到一份高薪的工作，一些用人单位就以高薪为诱饵，骗取求职者。例如，一家根本就不起眼的公司，开出高薪来诱使求职者上钩，等到求职者办理"入职手续"时，对方就会要求应聘者交"建档费""服装费"和"风险押金"。

（二）串通医院分赃，专坑求职者体检费

"黑中介"经常利用求职者急于找工作又不清楚体检程序等空子，假装按照正常的招聘程序，依次进行面试、笔试、体检等项目，向求职者收取近百元的体检费，通知求职者到其指定的医院体检。3天以后，当求职者与"黑中介"串通的医院拿到结果时，会被"黑中介"以"不合格"等理由堂而皇之地拒绝或辞退，或者增加一些条件让求职者知难而退（例如要求再交费用、改变工作承诺等），体检费则被"黑中介"和医院瓜分，求职者就算"幸运"通过了体检，"黑中介"也是能拖就拖，应聘者根本没有工作的机会。

（三）骗取廉价劳动力

一些用人单位看准了求职者特别是毕业生就业心切的心理，以试用期为名骗取廉价劳动力。据一些学生反映，用人单位在试用期结束后，以各种理由辞退毕业生，因为试用期的工资低，这些用人单位实际上是在骗取廉价劳动力。在不少地方，一些从事药品、保健品、化妆品的销售公司借设办事处之名，以高薪招聘"市场部经理"或"业务经理"，引来众多的应聘者，有的人好不容易熬够试用期，公司却借口考核不过关，一纸通知让其走人，应聘者也是当了一回廉价劳动力。有关人士提醒，诸如"本广告长期有效，长年招聘，且报名不受限制"的招聘广告，求职者一定要小心。

（四）剽窃求职者作品

这是求职者遭遇的智力陷阱，用人单位以考试为名无偿占有求职者的程序设计、广告设计、策划方案、文章翻译等劳动成果。

（五）扣留证件要求求职者做不正当商业行为

初次求职者一般经验缺乏，加之防备松懈，因此市场上有人设陷阱，诱骗无经验的求职者（尤其是学生）从事不正当的商业行为，或用不当手法扣留求职者保证金、证件等，使无辜者受害。

（六）暗收违约金

"有些用人单位签完协议后，采取卑鄙的手段收取毕业生的违约金。"某大学就业部门的负责人反映，一些用人单位在毕业生协议期间采取各种手段逼毕业生主动提出辞职，然后收取违约金，最高的违约金竟达5万元。

（七）"挂羊头、卖狗肉"

一些单位在人才市场"挂羊头、卖狗肉"，比如招聘时说招编辑、记者，实则是招广告业务员；打出招聘财务总监、工程师等广告，实际上却是做些一般性的工作。这类招聘广告所要招聘的，一般是各种业务员、促销员。广告上承诺提供的薪水，往往都比较高，许多求职者为之所动，招聘单位常常挑出应聘者的种种"不足"，然后以此为理由来压低薪水。

（八）外汇或金融投资工作

一些不良的外汇公司或金融投资公司往往会利用薪高佣厚、有底薪以及提供免费培训等优厚条件，招聘全职或兼职岗位，如电话联络员、文员和初级秘书等。待到求职者面试的时候，招聘者却声称该职位名额已录满，继续极力游说其转职为投资经纪人或市场营业员。有些求职者禁不住利诱转而投入外汇炒卖之中，最后由于缺乏有关专业知识及经验，把自己及亲友的积蓄白白赔了进去。更有甚者，当他们找不到客户、再没有利用的价值而遭到公司解雇的时候，才发觉求职时仓促间签订的合约，原来注明了与公司之间只存在代理关系而非雇员关系，而代理只有在找到客户才会获得佣金，以致连当初公司口头承诺的底薪亦无从追讨。

（九）娱乐广告公司

一些不法之徒托词与一些知名度高的艺人以及电视台、电影公司或唱片公司有联系，可代为安排工作，诱使求职者缴付巨额金钱参加其提供的训练课程。通常，被骗者在付款后，没有接到任何工作或进一步的消息，或只接到性质及薪酬跟当初承诺不符的工作，却又无法追回已付的款项。

（十）推销行业的工作

不法之徒会游说求职者支付大笔金钱去学习推销术，以及买入货物做推销之用。其常见的手法往往是层压式推销术，以佣金丰厚诱使求职者付出巨额金钱购买一批货品或取得货品的代理权，求职者没有底薪，一方面靠销售货物赚取佣金，而另一方面则是通过招纳新的从业员，从其售出商品获取佣金。不少求职者往往禁不住利诱，抱着以小博大的侥幸心理，以致踏入陷阱也不曾察觉，直至缴付大笔金钱后，方觉购入的货物品质粗劣，而价格也高于市场上同类商品的价格，难以推销，欲退货又不能，蒙受金钱上的损失。

（十一）色情陷阱

这类工作通常以招聘公关、陪唱或侍应生为名，在广告上更会标榜"工资特高，月入过万，无须经验，薪金可观"等，以吸引求职者。一旦签约后就会逼求职者去陪酒或从事色情交易，如果拒绝就可能会骚扰家人，甚至要求赔偿。因此，千万不要贪图高薪而鲁莽签约。

（十二）非法募捐

近年来，各地常有很多募捐活动，有些可能是浑水摸鱼。他们可能会请人上门募捐，或者售卖非法得来的货物，如果求职者从事的是这类活动，就有可能会被检察机关指控。所以受聘以前应该先了解募捐活动是否合法，如有怀疑，可向社会福利部门查询。

（十三）借招聘储备人员信息

不少应聘者都遇到过这样的情况：看到一条非常满意的招聘信息，精心准备后赶往面试现场；结果，招聘方随意询问几句，填张表格，再告知一句"回家等通知吧"，就杳无音信。其实，这类型的企业，多数不缺人，也不急于招聘，只是希望通过这样的方式广收信息，积累所谓的"人力资源储备"，以备不时之需。

（十四）利用网络招聘进行广告炒作

由于网络的传播面广、传播速度迅速，不少企业开始利用网络招聘，来为企业进行另一种形式的广告宣传。通过长期发布招聘信息，一方面增加企业的"见光率"；另一方面利用可观的招聘数量，制造公司发展迅速、求才若渴的假象。其实，这都是企业假借招聘之便，进行的一些广告炒作。

（十五）逃避破产

某家公司连员工工资也付不起，被起诉后败诉了，拖欠每个员工 2~3 个月的工资，在试用期内又辞退这些员工。企业承认赊欠工资，并且保证一旦其正常运转，立刻偿还所欠薪资，但这样做只是为了分散企业的内部矛盾，使企业暂时逃避破产危机。

二、提防求职陷阱

（一）填写个人简历时的注意事项

填写个人简历时，不要在规定的表单以外的地方填写你的联系方式，这样会使所有人都看到你的联系方式，从而导致不安全的情况发生；建议求职者只留本人联系电话并保持畅通，勿长时间关机，若非必要最好不留家庭电话。

（二）接到企业面试时的注意事项

在收到招聘单位的面试邀请电话时，务必上网核实这个企业的资质；对方如果用移动电话与你联系，必须索取对方的固定电话，面试前尽量通过对方的固定电话预约面试时间和了解企业信息。

认真确认面试地点，正规单位招聘一般会将招聘地点设在单位的办公室、会议室，一些以租用房间作为面试地点的单位，要警惕；千万别轻信在指定的街道或酒店面试的招聘，应该自己主动找到招聘单位所在办公地址或办事处。

绝大多数招聘单位不会主动派车去接应聘者，应聘时勿与陌生人到偏僻地方，勿将手机等财物借给陌生人。发现被骗应及时报警。

（三）单位要求必须体检才能上岗的注意事项

单位不应当指定某某医院，即使指定医院也不应该是私立医院或者诊所。如遇到此类情况，求职者不要相信，发现被骗应及时报警。

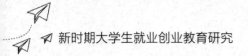

（四）拒交各种名义的费用

任何招聘单位，以任何名义向求职者收取押金、服装费、产品押金、风险金、报名费和培训费等行为，都属非法行为。招聘单位培训本单位的职工，不收取培训费。求职者遇到此类情况，要坚持拒交，并向招聘单位所在地有关部门举报，以确保自己的合法权益。

（五）不轻信许诺到外地上岗

对外地企业或某某外地分公司、分厂和办事处的高薪招聘，无论待遇多么好，求职者也要保持清醒的头脑和高度的警惕，不要轻信口头许诺，可向劳动保障部门咨询。

（六）掌握劳动法规和相关政策

求职者在求职前或求职过程中，应主动学习相关的劳动法律法规，提高自己的求职素质和独立思考的能力。

（七）多种途径了解公司背景

在求职者正式进入单位之前，想方设法加强对企业的了解，以免误入陷阱。比如注意招聘单位的营业执照等相关证件。

（八）谨慎签订劳动合同

与用人企业签合同时，求职者要"三看"：一看企业是否经过工商部门登记及企业注册的有效期限，否则所签合同无效；二看合同字句是否准确、清楚、完整，不能用缩写、替代或含糊的文字表达；三看劳动合同是否有一些必备内容，包括劳动合同期限、工作内容、劳动保护和劳动条件、劳动报酬、社会保险和福利、劳动纪律、劳动合同终止的条件及违反劳动合同的责任等。必须签书面合同，试用期内也要签合同。

（九）发觉被骗，及时报案

求职者一旦发觉上当受骗，要及时向招聘单位所在地的劳动局监察大队或派出所报案，寻求法律保护。由于劳务诈骗往往涉及公安、工商及劳动等部门，求职者应该根据具体情况选择最有效的投诉部门，若被投诉对象为合法机构，求职者可以找劳动部门；若求职受骗情况特别严重、诈骗金额大，可以到公安部门报案。

【阅读资料】

就业促进法：为就业消除歧视

一位身高不足 1.4 米的男士，求职 150 多个岗位均遭拒绝；一位相貌不佳的女青年，多次进行美容手术以求一职。诸多招聘广告上的用人条件如：身高不得低于 1.7 米、某市户口、不低于研究生学历，甚至出现了"属狗的本公司概不录用"这样的招聘要求……

各种歧视性规定成为青年求职就业的拦路虎，社会公众对此反应强烈，认为法律对反就业歧视内容规定过于原则，不够全面，难以真正起到保护劳动者平等就业权的作用。而 2007 年 8 月通过的《中华人民共和国就业促进法》（以下简称《就业促进法》）则对就业歧视明确说"不"。法案规定各级人民政府创造公平就业的环境，消除就业歧视，制定政策并采取措施对就业困难人员给予扶持和援助；用人单位招用人员、职业中介机构从事职业中介活动，应当向劳动者提供平等就业机会和公平就业条件，不得实施就业歧视。

1. 用人单位不得歧视女性

小郭年近 30 岁，还不敢要孩子，生怕有了孩子后，自己在公司的职位不保。《就业促进法》的通过，可以为小郭解除后顾之忧。

《就业促进法》明确规定，国家保障妇女享有与男子平等的劳动权利。用人单位招用人员，除国家规定的不适合妇女的工种外，不得以性别为由拒绝录用妇女或者提高对妇女的录用标准，特别是用人单位录用女职工时，不得在劳动合同中规定限制女职工结婚、生育的内容。

2. 乙肝病毒携带者获同等就业权

我国约有 1.2 亿乙肝病毒携带者，他们在就业方面受到歧视，导致许多优秀人才求职无门，残疾人就业更是困难。

对这些特殊群体的就业问题，《就业促进法》更多体现了人文关怀：国家保障残疾人劳动的权利。用人单位招用人员，不得歧视残疾人；用人单位招用人员时，不得以是传染病病原携带者为由拒绝录用。但是，经医学鉴定传染病病原携带者在治愈前或者排除传染嫌疑前，不得从事法律、行政法规和国务院卫生行政部门规定禁止从事的易使传染病扩散的工作。

3. 城乡劳动者平等就业

扛着铺盖卷、一脸迷茫，在劳动力市场，常可以看到这样刚刚进城的务工人员求职无门的景况。面对求职大军，众多农村进城务工人员求职就业更艰难。

《就业促进法》规定，国家实行城乡统筹的就业政策，建立健全城乡劳动者平等就业的制度，引导农业富余劳动力有序转移就业。同时规定，农村劳动者进城就业享有与城镇劳动者平等的劳动权利，不得对农村劳动者进城就业设置歧视性限制。

在"法律责任"一章中规定，违反本法规定，实施就业歧视的，劳动者可以向人民法院提起诉讼。特别是针对一些职业中介机构随意扣押劳动者身份证等证件的，规定由劳动行政部门责令限期退还劳动者，并依规给予处罚；向劳动者收取押金的，处相应罚款。

4. 企业参与职业教育，政府开展职业培训

《就业促进法》对职业教育和培训进行了专章规定。强调国家依法发展职业教育，加大职业教育和培训力度；国家鼓励开展职业培训，县级以上人民政府根据经济社会发展和市场需求，制定并实施职业能力开发计划。

《就业促进法》规定，地方各级政府鼓励和支持开展就业培训，帮助失业人员提高技能，增强其就业能力和创业能力。失业人员参加就业培训的，按规定享受政府培训补贴。各级政府应当组织和引导进城就业的农村劳动者参加技能培训，鼓励各类培训机构为进城就业的农村劳动者提供技能培训，增强其就业能力和创业能力。

另外，《就业促进法》引入的劳动预备制度，为不继续升学的初高中毕业生打开一扇门。

劳动预备制度要求县级以上地方政府对有就业要求的初高中毕业生实行一定期限的职业教育和培训，使其取得相应的职业资格或掌握一定的职业技能。

第五章
大学生创业概述

本章主要内容有创业的基本概念、创业的基本要素、创业的类型，大学生创业的意义，大学生创业应具备的创业精神、创业素质，国家关于大学生创业的相关政策。

【案例导读】

大学生就业无果，选择自主创业

陈丹，女，1993 年出生于辽宁省沈阳市，2011 年开始就读于沈阳工学院经济与管理学院会计学专业。在校期间，连续三年获得校奖学金及优秀学生干部、优秀团员等荣誉称号，并加入了中国共产党。2014 年实习期开始，像其他准毕业生一样，陈丹带着对未来的美好憧憬，怀揣着梦想开始了她的求职之路，可现实与理想总是相差甚远，陈丹在面试中屡屡受挫，用人单位不是对身高有着特殊的要求，就是她的专业与职位匹配性差，再或者用人单位与自己家乡有千里之遥。看着同学们一个个欣喜地走向自己的工作岗位，陈丹坐不住了，既然就业无果，那就创业。

2014 年，陈丹创办了沈阳市沈北新区福天地家庭农场；2015 年任沈阳市沈北新区陈志国农机专业合作社理事长；2016 年成立了沈阳市农机培训中心，担任校长一职，并荣获 2016 年大学生全国创业英雄百强荣誉称号，同时担任北京《农民日报》惠农服务站站长。

仅仅不到 3 年的时间，陈丹已成为 3 家公司的负责人，现经营状况良好。看似一帆风顺的创业经历背后有很多不为人知的痛苦。在对陈丹的采访中，我们了解到，陈丹的创业想法并不是一蹴而就的，出生于农村的她一直以来的梦想就是能在家乡这片热土上有所成就，于是一直关注着农业信息。2014 年一次偶然的机会，她了解到了家庭农场，且国家也正在积极支持家庭农场的发展，意图使农村土地走向规模化、集约化、现代化。就业无果的遭遇更加触动了她，于是她于 2014 年成立沈阳市沈北新区福天地家庭农场。

万事开头难，据陈丹回忆，"在开办农场之初，营业执照、税务登记证等一堆手续都需要我一个人去跑。还要在炎炎烈日下，挨家挨户地跟农民去借土地使用证和身份证原件以凑够 300 亩土地，达到创办家庭农场要求的土地规模。农民见我这个女大学生毕业了，不去工作，天天往田地里跑，和他们打交道，都很不理解。我必须详细向他们解释我要拿这些土地证做什么，往往是磨破了嘴皮、跑断了腿，也借不到土地证。学校马上期末考试了，我还要出去学习创办经验，好多事都赶到一块儿了，我当时的压力已经无法用语言来形容，常常偷偷哭泣，想要放弃，也时常问自己，我一个女孩子这样折腾，这么辛苦，到底图的是什么，但每次纠结后又会重新面对新的一天。为了尽快借到土地证，我和农民们商量：由我租车将他们带到工商局，在他们的监督之下进行办理。之后便是申请绿色认证的手续，在此期间，我也天天奔波于农场田间，手续之多、过程之烦琐，让我体会到了创业的艰辛。当所有的手续都办理得差不多，给产品定包装时，我发现自己所订的真空包装袋的参数不对，且没有签合同，于是 5 万元也随之打了水漂。我收拾好自己的心情，向周围的亲戚朋友借了 2 万元，买设备，订包装袋、包装箱。"

不经历风雨，怎能看见彩虹，现在陈丹的农场以绿色黄豆为主打产品，还注册了商标——"五谷丰登、黄金万两"，通过了国家绿色认证，成为很多家庭的健康饮品。2017 年沈阳市沈北新区福天地家庭农场得到中国建设银行辽宁省分行（以下简称"省建行"）的关注与支持。省建行在沈阳国际会展中心的农博会上大力推广农场种植的绿色黄豆，不仅提高了人们对绿色食品的认知程度，也帮助了农场绿色黄豆在市场上的推广。此外，省建行还将党员活动日安排在陈丹的合作社和农场，大大提高了陈丹家庭农场的知名度。

有了农场的管理经验，陈丹收获了人生的第一笔财富，自己也从压力中走了出来。2015 年沈北新区陈志国农机专业合作社成员为了促进合作社的发展，一致同意由陈丹担任合作社理事长一职。在合作社原有的基础上，陈丹扩大了经营范围，扩大了合作社在沈北新区的影响力，也带动了当地农民生产的积极性。合作社现有工商登记核心成员 7 名，普通成员 20 名，农机具 40 余套，现形成了土地深松—土地旋耕—玉米播种—打药—玉米收获—秸秆处理的一条龙服务，带动了当地农民大约 100 户。另外，合作社受沈北新区农机监理所委托，承接农机驾驶培训工作，培训农机驾驶员 270 名左右。合作社的一条龙农机作业服务不仅降低了农业的生产成本，同时也提高了农业生产效率，节约了时间成本，间接增加了农民的经济收入。此外，合作社连续 3 年举办了沈北新区农机现场演示会，以现场观摩的形式，使广大农民加深了对新技术、新机具的认识，提高了购买使用新机具的积极性，同时，加强了农民与农机工作人员的交流，加快了推进农业机械化与现代化的进程，深受农民和农机部门的支持。2017 年沈阳市沈北新区陈志国农机专业合作社承接国家级课题试验。

回想这三年的创业路，从决心创办农场开始，到选择农场种植作物、办理营业执照、经营与管理，再到销售、注册商标、申请国家绿色认证、任合作社理事长、成立沈阳市农机培训中心，陈丹真正体会到了生活中的酸甜苦辣与经营一个企业的艰辛。面临一次又一次的挫折，她曾哭泣过，也无数次想要放弃，但每当想放弃的时候心中又充满不甘，也正因为不甘以及父母的鼓励与学校的支持，陈丹才走到了今天。对于创业，陈丹有自己的理解："创业，说起来容易，做起来难，但是，当创业有成绩和收获时，我认为人生价值得到了升华，既幸福又快乐。每次当我回到母校去分享我的创业经历时，就会看到很多学弟、学妹萌发出创业的激情，于是我从他们的身上看到了自己从前的影子。他们都是有想法、有理想、有目标的大学生，所以我希望他们能够勇敢地迈出创业的步伐，有勇气去拼搏、去奋斗。当无法改变环境的时候，应该先去努力地改变自己，一边努力提高自身的素质，一边积极等待时机，在绝大多数情况下，总能等到属于自己的机会。当然这个过程是比较漫长和寂寞的，对一个人的意志考验很大。"

陈丹在大学本科阶段学习的是会计学专业，为了了解更多农业相关的专业知识，她还在创业最艰难的时期考取了沈阳农业大学农村区域发展专业硕士，并顺利毕业。

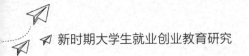

第一节　创业的基本概念

《出师表》中有"先帝创业未半而中道崩殂"的语句，"创业"意为开创基业。在《辞海》中，"创业"的解释也为"开创基业"。

创业是人类社会中一项最能体现人的主体性的社会实践活动，是一种劳动方式，也是一种需要创业者组织、运用服务、技术、器物作业的思考、推理和判断的行为。创业有广义和狭义之分。

一、广义的创业

广义的创业是社会生活中各个领域的人为开创新的事业所从事的社会实践活动，其强调的是主体在社会实践中所体现的一种特定的精神、能力和行为方式。

二、狭义的创业

狭义的创业是一个经济学的范畴，是主体以创造价值和就业机会为目的，在创业精神驱动下，对创业机会进行识别和开发，通过组建一定的企业组织形式，为社会提供产品或服务的经济活动，通俗意义上讲就是开办企业、开创个体或家庭的小实业体，狭义的创业概念主要强调三个方面的内涵。

（一）创业是机会识别和开发的过程

创业，首先是一种活动过程。创业致力于理解创造新事物（新产品或服务、新市场、新生产过程或原材料、现有技术的新方法）的机会是如何出现并被特定个体所发现或创造的，这些人运用何种方法去利用或开发它们，产生何种结果。该定义强调创业包含两个过程：其一是创业机会识别，这是创业的前提；其二是创业机会开发，这是创业者通过组织创业资源创造出新颖的产品、服务或实现其潜在价值。

（二）创业是创业者创业精神驱动的结果

创业离不开主体，创业者是创业的主体要素。创业是个体通过奉献必要的时间和努力，承担相应的经济、心理和社会风险，并得到最终的货币报酬、个人满足，自主性地创造出有价值的新东西的过程，所以说创业过程与创业者的创业精神高度相关，是创业精神的价值体现。

（三）创业是复杂管理和不确定性管理活动

创业是一种管理活动。传统企业管理活动强调计划、组织、领导和控制，是一种标准化、常态化的管理活动。与之相比，创业管理强调对机会的识别和开发的管理，是一种复杂管理和不确定性管理。

第二节　创业的基本要素

创业的要素是指进行创业活动所涉及的主要因素。影响创业的要素有很多，其中创业者、创业团队、创业机会、创业资源是创业过程中的基本要素。

一、创业者

创业者是创业的主体要素，是创业概念的发起者，是创业目标的制定者，是创业过程的组织者，也是创业结果的承担者。创业者是推动创业的基本要素，而创业者的个人素质决定了创业的成败，如创业者的性格、能力、知识结构及他的精力和时间等。

创业者可以分为五种类型。

（一）酝酿者

酝酿者指正式行动前的创始者，即考虑创建新企业的个体。

（二）初学者

初学者指从没有过创业经历的创业者，即成为一个企业的创始人、继承人或购买者之前没有拥有创办企业经历的个体。

（三）熟练者

熟练者指习惯性创业者，即创业前拥有创办企业经历的个体。

（四）持续者

持续者即连续创业的创业者，指在出售或关闭原有企业后，继承、建立或购买另一个企业的个体。

（五）拓展者

拓展者即组合型创业者，指在保留原有企业的情况下，又继承、建立或购买另一个企业的个体。

二、创业团队

创业团队是拥有不同天赋、不同技能的创业者组成的团队。团队成员为了实现共同的创业梦而不懈努力。团队成员之间的凝聚力、协作力和拼搏力是一个创业团队成功的关键。研究发现，50%的企业是由创业团队创建的，由团队创建的企业通常拥有更多样化的技能和竞争力，形成更广泛的社会和企业网络，从而可获得更多的资源。此外，团队还可以增加创业企业的合法性，尤其是在融资的时候，因此一个好的创业团队对创业的成败起着至关重要的作用。

三、创业机会

创业需要识别市场机会，这是创业活动的逻辑起点，也是创业活动的关键点。创业机会不简单等同于新技术的开发、新生产方式组合、新产品的上市等。创业机会指的是将企业内外部资源进行创造性组合，通过调研市场需求，分析预测实现企业价值的可能性。可从三个方面寻找创业机会。

（一）技术机会

技术机会即因技术变化带来的创业机会。这主要来源于社会科技进步以及自然科技的突破。技术上的任何变化都存在着潜在的商业机会，具体表现为：一是新技术代替旧技术；二是随着新功能、新产品的出现，给创业者带来机会。例如，随着智能手机的成功研发，智能通信技术成为通信领域的革新，为我国手机制造商带来了无限商机，国产手机制造商都迅速进行技术革新，积极推出智能手机，如小米手机。北京小米科技有限责任公司董事长雷军正是抓住了智能技术这一技术机会，并通过电子商务销售这一营销手段，促使小米手机迅速占领市场。

（二）市场机会

市场机会是市场变化产生的创业机会，分为四类：一是市场上出现了新的需求；二是当期市场供给失衡带来的新商业机会；三是先进国家或地区产业带来的市场机会；四是从中外比较中找出差距，从而寻找商业机会。

（三）政策机会

政策机会是政府为鼓励创业者进行创业，而出台的一系列优惠政策。目前关于大学生创业的优惠政策包括企业注册资金方面的优惠，创业初期企业所得税方面的减免政策，为自主创业的毕业生提供小额贷款的政策，初创企业服务费减免政策等。这些政策可以为大学生自主创业带来新的商业机会，在实现创业的同时实现其人生价值，并为社会创造财富。

四、创业资源

创业资源是企业创立以及成长过程中所需要的各种生产要素和支撑条件。在创业过程中，创业者应当积极拓展创业资源获取渠道。创业资源对于创业的重要意义不仅局限于单纯的量的积累，创业过程还是一个各类创业资源重新整合、获取竞争优势的过程，因此，在创业过程中，创业者不仅要广泛地获取创业资源，更要懂得整合这些资源。创业之初，创业所需的各项资源往往只能依靠创业者通过自身努力获取，由于新创企业的高度成长性，在其迅速成长扩张的过程中，组织很快就发展到一定规模，创业者很快就会发现，通过自身努力获取的资源远远不能支撑企业的发展，为了使企业能够继续发展，外部机构给予企业的资源是相当必要的。

为了进一步分析创业资源的特征，可以将创业资源分成六个维度。

（一）政策资源

创业活动需要相应的政策扶持，只有在政策允许和鼓励的条件下，企业才能获得更多的人才、贷款、投资、各种服务与优惠等。

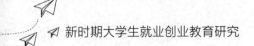

（二）信息资源

对于新创企业来说，由于竞争十分激烈，更加需要丰富、及时、准确的信息，以争取到更多的生产要素资源。信息资源可以从专业机构和自身社会网络获取。

（三）科技资源

对于新创企业来说，积极引进有商业价值的科技成果，将有助于加快产品研发速度，为企业在市场上的竞争提供优势。

（四）资金资源

对于新创企业来说，无论是进行产品研发还是生产销售，都需要大量资金，如何有效地吸收资金是每个创业者都极为关注的问题。

（五）管理资源

很多企业都败于管理不善，这意味着拥有一套完整而高效的管理制度是新创企业的宝贵资源。

（六）人才资源

高素质人才的获取和开发，是现代企业可持续发展的关键，特别是高科技创业企业，因为知识比重更大，人才资源更为重要。

资源整合对创业过程的促进作用，是通过创业战略的制定和实施来实现的。一方面，战略的制定和实施需要一定的资源予以支持，只有拥有充分的资源，战略才有制定和实施的基础；另一方面，创业资源可以适当校正企业的战略方向，帮助新创企业选择正确的创业战略。

第三节　创业的类型

按照不同的划分依据，创业可以分为不同的类型。

一、依据创业者的创业基础

依据创业者的创业基础，创业可以分为自主创业、脱胎创业和二次创业三种类型。

（一）自主创业

自主创业又称独立创业，是创业者通过发现商机，独立自主地组织各项资源进行白手起家式的创业。这类创业风险最大，但成功后的收益和创业者的成就感也最大，因此很多创业者进行自主创业。

（二）脱胎创业

脱胎创业一般是由企业内部掌握一定资源（如市场资源、技术诀窍或供应链等）的人脱离原企业，利用所掌握的资源重新创立一家独立企业的创业活动。这类创业在一些新兴行业或低成本行业以及我国经济转型时期出现较多，相对来说，这种创业风险稍低，成功的概率较大。但是，在市场经济体系健全、法律较严谨的社会中，这类创业某些可能会遭遇法律侵权诉讼的障碍。

（三）二次创业

二次创业包含企业内部创业和再创业两种类型，主要是企业根据发展的需要或市场环境的变化，主动或被动地寻求新的商机，创立新的业务部门或企业，或者进行转型经营等创业活动。这种创业已被越来越多的企业关注，成为企业不断发展的推动力。

二、依据创业的影响

依据创业对社会及个人的影响，创业也可以划分为不同的类型。芬兰学者克里斯琴·格罗路斯关于创业的划分是目前较被认可的创业类型划分模式，他认为创业依照其对市场和个人的影响程度，可以分为四种类型。

（一）复制型创业

复制型创业即复制原有公司的经营模式，这种创业模式中创新的成分很低。例如某人原本在餐厅里担任厨师，后来离职自行创立一家与原服务餐厅类似的新餐厅。新创公司中属于复制型创业的比率虽然很高，但由于这种类型创业缺乏创业精神的内涵，不是创业管理主要的研究对象。复制型创业基本上只能称为"如何开办新公司"，很少会被列入创业管理课程。

（二）模仿型创业

模仿型创业，对于市场虽然也无法带来新价值的创造，创新的成分很低，但与复制型创业的不同之处在于，创业过程对于创业者而言还是具有很大的冒险成分。例如某一纺织公司的经理辞掉工作，开设一家当下流行的网络咖啡店。模仿型创业具有较高的不确定性，学习过程长，犯错机会多，代价也较高。这种类型的创业者如果具有适合创业的人格特性，经过系统的创业管理培训，掌握正确的市场进入时机，就有很大机会获得成功。

（三）安定型创业

安定型创业虽然为市场创造了新的价值，但对创业者而言，并没有面临太大的改变，做的也是比较熟悉的工作。安定型创业强调的是创业精神的实现，也就是创新的活动，而不是新组织的创造，企业内部创业即属于这一类型。例如，研发单位的某小组在开发完成一种新产品后，继续在该企业部门开发另一种新产品。

（四）冒险型创业

冒险型创业会对创业者带来极大的改变，个人前途的不确定性很高；对于新企业的产品创新活动而言，也将面临很高的失败风险。冒险型创业是一种难度很高的创业类型，有较高的失败率，但成功所得的报酬也很惊人。冒险型创业如果想要获得成功，必须把创业者能力、创业时机、创业精神发挥、创业策略研究拟定、经营模式设计和创业过程管理等方面进行合理搭配，发挥最大价值。

第四节　大学生创业的意义

大学生创业群体主要由在校大学生和大学毕业生组成，部分大学生通过创业实现就业，大学生创业正逐渐被社会所认同和接受。大学生创业具有重要的现实意义和发展前景，不仅有利于在校大学生全面发展，也为未来社会的可持续发展奠定了必要基础。

一、大学毕业生创业的现实意义

（一）有利于缓解大学生就业压力

大学毕业生创业有利于解决大学生就业难的问题。创业能力是一个人有在创业实践活动中的自我生存、自我发展的能力。一个创业能力很强的大学毕业生不但不会增加社会的就业压力，相反还能通过自主创业活动来增加就业岗位，以缓解社会的就业压力，对社会具有重要意义。为此，国家及各地区纷纷把"鼓励和支持高校毕业生自主创业"作为化解当前社会就业难的主要政策之一。

（二）有利于实现大学生自我价值

大学毕业生通过自主创业，可以把自己的兴趣与职业紧密结合，做自己最感兴趣和自己认为最值得做的事情，在五彩缤纷的社会舞台上大显身手，最大限度地发挥自己的才能，并获得合理的报酬。从大学生自身来说，创业的主要原动力在于谋求自我价值的实现。而只有提高大学生创业的比例，整个社会才能形成创业的风气，才能建立"价值回报"的社会新秩序。

（三）有利于提高大学生自身素质

在提高大学教育管理水平与大学生素质的各类探索实践中，大学生创业无疑是最经济、最有效的办法之一。通过创业实践，大学生可以充分发挥自己的主观能动性，改变自身就业心态，自主学习，独立思考，并学会自我调节与控制。一个能自我学习，懂得如何管理自己的时间与财务，善于拓展人脉关系，并能够主动调适心态，积极适应社会的大学生，就业更不存在任何问题。

（四）有利于培养大学生的创新精神

创新是一个民族的灵魂，是一个国家兴旺发达的不竭动力。大学生作为充满活力的群体，如果失去了创造的冲动和欲望，那么民族最终将失去发展的动力。大学生的创业活动，有利于培养勇于开拓创新的精神，把就业压力转化为创业动力，培养出越来越多各行各业的创业者。美国大学生的创业比率一直在20%以上。

二、在校大学生创业的意义

在校大学生创业不仅可以促进知识成果向生产力转换，推动社会财富的增加，而且有利于大学生的长远发展，缓解就业压力，壮大私营企业队伍，还将改善私营经济从业人员的素质结构。

（一）有助于大学生确立正确的人生目标

一方面，在校大学生创业培养了自身的胆量，知道只有敢于去做、敢于面对，才有成功的可能性。另一方面，创业使大学生接触社会，有认识甚至面对社会现象及问题的机会，进而在适应过程中做到处之坦然。创业所应有的胆量是以一个人积极、乐观、刚强的人生态度为前提的，作为准成人的大学生，在面对困难、逆境时，只有以顽强、乐观的心态来面对，才能使困难变成脚下的踏脚石。

（二）在一定程度上减轻了家庭负担，也使自己的心理负担有所减轻

据国家统计局网站发布的第七次全国人口普查结果，2020 年 11 月 1 日零时，全国城镇人口 90 199 万人，乡村人口 50 978 万人，来自农村的大学生，学习、生活的费用在逐步增长，这就形成了思想负担与经济负担，大学生创业无疑是经济来源之一。通过创业不仅可以在一定程度上减轻家庭经济负担，也使自己的心理问题得到缓解。据统计，师范类学校有近 50% 的学生会以各种方式联合在一起开设补习班、开店等，以此开创自己的事业。

（三）创业是充实大学生生活的一种有效方法

大学生活和高中生活有着明显的不同，这一转变往往使得大部分大学生感到空虚、无聊，尤其是大三、大四的学生，在学校要求学分将近完成或已完成而面临沉重的就业压力时，这种感觉更是明显。如果此时处理不好，就会对将来的人生道路产生负面影响。创业将使大学生有事可做，从而使生活变得丰富多彩。

（四）在校大学生创业符合当前素质教育的大方向

大学教育不再像中学教育那样倾向于应试教育，学生不仅要有渊博的知识，还必须具备较强的综合素质能力，大学生自主创业正是素质教育的有利途径。实践与理论相结合，既可加深对理论知识的理解，又可提升自己的实践能力。

第五节　大学生创业应具备的创业精神与创业素质

一、创业精神

创业精神是指创业者具有的开创性的思想、观念、个性、意志、作风和品质等。

创业精神既是创业的动力源泉，也是创业的精神支柱，是成功创业的前提。没有创业精神，一般就不会有创业行为，创业也就无从谈起；或者有创业行为，也往往浅尝辄止，半途而废。因此，具备创业精神，对于大学生的成功创业是至关重要的。创业精神主要包括四个方面。

（一）强烈的欲望

欲望实际上就是一种生活目标、一种人生理想。创业者的欲望与普通人的欲望的不同之处在于其欲望往往超出他们的现实，需要他们打破现有的立足点，打破眼前的樊笼，才能够实现。所以，创业者的欲望往往伴随着行动力和牺牲精神。当然，成功创业者的欲望许多都来自现实生活的刺激，是在外力的作用下产生的，而且有时候往往不是正面鼓励型的。刺激的发出者经常让承受者感到屈辱、痛苦，这种刺激在被刺激者心中激起强烈的愤懑与反抗精神，从而使被刺激者做出"超常规"的行动。这大概就是孟子说的"知耻而后勇"。一些创业者在创业成功后往往会说："我自己也没想到，自己竟然还有两下子。"因为想得到某种东西，而凭自己现在的身份、地位、财富得不到，所以要去创业，要靠创业改变身份、提高地位、积累财富，这构成了许多创业者的"人生三部曲"。

（二）绝对的自信

创业者一般非常自信，确信自己有能力和经验创办新企业，且能获得成功。成功的创业者确信一个人的成功不是命中注定的，而是靠自己掌握的，自己可以支配自己的命运。这种坚定不移的精神在创业初期面对各种困难时尤其重要。汽车大王福特决定开发八只气缸的发动机时，设计师认为不可能。福特非常自信，无论如何要开发制造出来。一年过去了，仍未成功。福特没有气馁，继续坚持，最终研发出福特 V8 汽车并取得了辉煌成就。

成功的创业家都具有能感染他人的强烈自信。缺乏自信的人不适合创业，因为创业是一项开创性的工作，成功的创业者都必须相信自己的判断，坚信自己的决策，而不听命于人。对创业者来说，自信是必不可少的品质，尤其是在创业期间，只有自信的创业者才能顶住压力，坚持、坚持、再坚持，执着、执着、再执着，最终取得成功。

（三）顽强的意志

"艰难困苦，玉汝于成"和"筚路蓝缕"都可以用来形容创业的不易。首先是要忍受肉体上和精神上的折磨。王江民 40 多岁到中关村创业，靠卖杀毒软件，几乎一夜间就成了百万富翁，几年后又变成了亿万富翁，他曾经被称为中关村百万富翁第一人。王江民的成功看起来很容易，不费吹灰之力，其实不然，在最困难的时候，他曾经一次被骗走 500 万元。王江民的成功可以说是偶然之中蕴含着必然。试想一下，如果王江民当时遇到困难就退缩，不能坦然面对、积极应对，他这样一个外来人，何以能拔得百万富翁的头筹。

中关村还有一个与王江民差不多经历的人，就是冯军。冯军毕业于清华大学，但大学毕业后却放弃了好的工作，到中关村创业。冯军在中关村又有"冯五块"的称号，意思是说，他每样东西只赚你五块钱。有媒体曾经这样描述冯军在中关村的生活："冯军一次用三轮车载四箱键盘和机箱去电子市场，但他一次只能搬两箱，他将两箱搬到他能看到的地方，折回头再搬另外两箱。就这样，他将四箱货从一楼搬到二楼，再从二楼搬到三楼，如此往复。"这样的生活，有时候让他累得瘫在地上起不来。如果没有顽强的意志、超强的心理承受能力，冯军又如何立足于中关村。

如果有心创业,一定要在心里问一问自己,面对从肉体到精神的全面折磨,有没有宠辱不惊的定力与艰苦奋斗的精神。如果没有,那么一定要小心。对于有些人来说,一份稳定的工作会是更合适的选择。

(四)过人的胆量

敢于冒险几乎是所有创业者共同的特性,但是创业者绝不是野蛮的冒险者,而是擅长衡量风险的冒险者。冒险就好像探索一片充满神秘的沼泽地,必须携带足够的食品、用品和指南针。创业者有时候就像赌徒,因为创业本身就是一项冒险的活动,需要强大的心理承受能力,需要胆量,敢下注,能赢也敢输。

研究发现,但凡成功人士都有某种程度的赌性。史玉柱当年在深圳开发M-6401桌面排版印刷系统时只剩下4 000元钱,他却向《计算机世界》定下一个8 400元的广告版面,唯一的要求就是先刊登广告后付钱。他的期限只有15天,前12天分文未进,直到第13天才收到了3笔汇款,总共是15 820元。两个月后,他赚到了10万元。史玉柱将这10万元又全部投入广告,4个月后他成了百万富翁。试想一下,要是15天过去,史玉柱收来的钱不够付广告费呢?要是之后《计算机世界》在报纸上发一个向史玉柱讨债的声明呢?我们大概永远也不会看到一个轰轰烈烈的史玉柱了。

二、大学生创业素质

要成为创业者,并无太多特殊的要求,创业者并不是特殊人群。而成功的创业者,不仅需要具备一般人的基本素质,还要具备独特的创业素质,大学生创业者同样也不例外。要想取得创业的成功,大学生创业者就必须具备以下特殊的创业素质。

(一)身体素质

良好的身体素质是成功创业的前提,健康的身体是成功创业的基础。第一,创业之初,受资金、制度、管理和经营环境等条件的限制,许多事情都需要创业者亲力亲为;第二,在创业过程中,创业者需要不断思索如何提高经营管理水平,使企业在激烈的竞争环境中迅速成长;第三,在整个创业过程中,创业

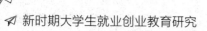

者工作时间远远长于一般工作者，并且需要承受巨大的风险压力。所有这些因素都要求创业者必须具备充沛的体力、旺盛的精力、敏捷的思路，如果没有过硬的身体素质，创业者必然力不从心，难以承担创业重任。

（二）道德素质

道德是理想之光，成功的创业者会在创业的过程中造福一方，惠及他人。在创业过程中，创业者要做到两点。第一，适度控制私心。从个体角度讲，如果创业者过于看重自己的利益得失，不注重维护创业团队成员或企业员工的利益，那么创业者将失去支持者；从企业的角度讲，如果创业者过于关注企业局部、短期的利益，企业很难做大、做强、做久。第二，创业者要做到得意不忘形，失意不失志。一个成功的创业者在创业顺利时能够居安思危，在创业失利时能够处变不惊，使企业转危为安。

（三）心理素质

创业的成功在很大程度上取决于创业者的心理素质。创业者在创业的过程中难免会遇到诸多挫折、压力甚至失败，因此需要具有强大的心理调控能力，能够保持积极、沉稳、自信、自主、刚强、坚毅及果断的心态，要有健康的创业心理素质。宋代大文豪苏轼说："古之立大事者，不惟有超世之才，亦必有坚忍不拔之志。"只有具有处变不惊的心理素质，才能到达胜利的彼岸。

（四）思想素质

企业是一步一步做大做强的，这要求创业者必须具备以下特殊的思想素质。第一，既要志存高远，又要脚踏实地。创业者既要为企业进行全局的、长远的战略规划，又能步步为营，按照市场规律办事，从小处做起，做到精细管理。第二，既要有胆有谋，又要有风险防范意识。创业是一种理性的风险投资，不是靠运气，而是靠胆识和谋略，这要求创业者必须有胆有谋。同时，创业集融资与投资为一体，有一定的风险，这又要求创业者必须有一定的风险防范意识。

（五）知识素质

创业者的知识素质对创业起着举足轻重的作用。创业者要具有创造性思维，要做出正确决策，必须掌握广博的知识，具有一专多能的知识结构。具体来说，创业者应该具有以下几方面的知识：第一，熟悉国家政策法规，唯有如此才能用足、用活政策，依法行事，用法律维护自己的合法权益；第二，了解科学的经营管理知识和方法，提高管理水平；第三，掌握与本行业、本企业相关的科学技术知识，依靠科技进步，增强竞争能力；第四，具备市场经济方面的知识，如财务会计、市场营销、国际贸易和国际金融等。

（六）经验素质

经验素质是创业者在创业过程中实践经验的积累。经验是形成管理能力的中介，是知识升华为能力的催化剂。缺少创业经验，是创业者特别是大学生创业者面临的一个重要问题。创业需要创业者具备很强的综合能力，一些创业者虽然有一些好的创业构想，但是由于缺乏创业经验，不是项目很难得到市场的认可，就是很容易被别人复制。想要提高自己的创业成功率，创业者应该考虑如何去积累创业经验，切实提高经验素质。

（七）协调素质

创业者在创业过程中需要协调企业内部各部门、各成员之间的关系，同时，还要协调企业与外部相关组织、个人之间的关系，所以要求创业者必须具备良好的协调素质。创业者的协调素质，是一种全面的素质，要求创业者懂得科学的组织设计原则，熟悉并善于运用各种组织形式，善于用权，能够指挥自如，控制有方，协调人力、物力、财力，从而在企业管理上获得最佳效果。

三、大学生创业素质的提高途径

（一）未雨绸缪，做好创业思想准备

凡事预则立，不预则废。大学生创业，必须牢固树立投身创业的理想和志向，未雨绸缪，认真做好创业的各项准备，否则，在真正开始创业的时候，很容易被现实的困难、挫折吓倒。有创业志向的大学生在校期间就要有意识地培养创业的意志品质。大学生创业者要将创业理想和实际学习目标有机结合，不怕困难和挫折，严于律己，顺利完成学业，积极参加各种社会实践活动，在确

定目标、制定计划、选择方法、执行计划和开始行动的整个实践活动中，锻炼意志品质。加强意志的自我锻炼，注意培养和提高自我认识、自我监督、自我评价和自我鼓励的能力；积极参与体育锻炼，在锻炼身体的过程中磨练自身意志。

（二）寓学于行，提高创业素质水平

创业之难，有目共睹；创业成功，难上加难。大学生要想取得创业成功，不光要做好思想准备，还要自觉培养商业意识，潜心钻研相关商业知识。要在创业实践中敏锐观察，科学分析，探求事物发展规律，去伪存真，把握事物本质；要自觉培养自身的信息处理能力，善于收集和利用信息，摸清市场运行的基本规律，积极主动寻求和创造商业机会；深入挖掘智慧潜能，激发企业活力，自觉形成立足现在、着眼未来的战略理念。因此，大学生创业者在锻炼和培养自己的创业才能时，绝对不能仅仅"扬长"，而必须在多方面打好扎实的基础，既要通过理论学习增长理论知识，也要通过创业实践增强职业技能，更要通过创业竞争和自我反思增长能力，以求得创业能力的全面提高，努力做到寓学于行，知行合一。比如，在校大学生可以多多参加省、市、院校举办的创新创业比赛项目，在参加比赛的过程中可以提高自己的实际操作能力，培养自己的商业意识、市场竞争意识等。

（三）坚持不懈，科学协调创业心态

人生难得几回搏，创业之路充满荆棘，成功与和失败并存，大学生创业者要有面临创业顺境时的忧患意识，更要有面临创业逆境时的抗压能力。在整个创业过程中，大学生创业者一般会经历以下几个阶段：首先，不甘于学习生活、生活和发展现状—建立创业发展规划目标—组织创业团队—为实现目标奋斗；其次，不考虑任何物质利益的尝试—受挫折—失败—再尝试—局部成功；最后，成功点逐步增多—成功从量的积累到阶段性的飞跃—最终走向成功。伴随创业的发展历程，大学生创业者的心态也将发生变化：最初的兴趣—特长和爱好—目标和热情—团队工作的乐趣—梦想和理想化的前景激励；接下来是怀疑的反复摧残和信心的反复重建，最后是重新评估目标、自身—责任—找到新的乐趣和兴奋点。大学生创业者要坚信"天生我材必有用"，增强创业自信心；在创业实践中科学调整心态，增强面对企业的思维反应能力和抗挫抗压能力，正所谓"长风破浪会有时，直挂云帆济沧海"。

第六节 大学生创业的相关政策

一、国家关于大学生创业的相关政策

国家明确提出，各级政府要把鼓励和引导大学生创新创业摆在重要位置，积极营造良好的环境，加大扶持和引导力度，为大学生自主创业构建绿色通道。对大学生创业引导和支持的政策内容在人才的流动与引入、人才培养、激励、保障、评价等方面给出了较为明确可行的指导意见。其中人才培养方面主要包括组建创业导师团，开设创业教育课程，升级改造创业实训基地，实现创新创业教育改革；在保障方面主要有：落实创业类人才的人事代理、档案、社会保险及职称评定工作，在读大学生保留学籍创业，打造创业平台等。尤其在财政政策上，国务院办公厅转发了人力资源和社会保障部等 11 个部委联合发出的《关于促进以创业带动就业工作的指导意见》，国务院也发布了鼓励大学生创业的最新政策，主要有：① 贷款方面：各国有商业银行、股份制银行、城市商业银行和有条件的城市信用社要为自主创业的各大高校毕业生提供小额贷款，贷款期限最长为两年，贷款利息给予照顾；② 税收优惠；③ 政府补贴；④ 免行政事业性收费。这些政策给大学生创新创业扫除了发展道路上的许多障碍。

按照《国务院关于进一步做好新形势下就业创业工作的意见》（国发〔2015〕23 号）、《国务院办公厅关于深化高等学校创新创业教育改革的实施意见》（国办发〔2015〕36 号）等文件规定，高校毕业生自主创业优惠政策主要包括五项。

（一）税收优惠

持人社部门核发《就业创业证》（注明"毕业年度内自主创业税收政策"）的高校毕业生在毕业年度内（指毕业所在自然年，即 1 月 1 日至 12 月 31 日）创办个体工商户、个人独资企业的，3 年内按每户每年 8 000 元为限额依次扣

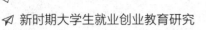

减其当年实际应缴纳的营业税、城市维护建设税、教育费附加和个人所得税。对高校毕业生创办的小型微利企业，按国家规定享受相关税收支持政策。

（二）创业担保贷款和贴息支持

对符合条件的高校毕业生自主创业的，可在创业地按规定申请创业担保贷款，贷款额度为 10 万元。鼓励金融机构参照贷款基础利率，结合风险分担情况，合理确定贷款利率水平，对个人发放的创业担保贷款，在贷款基础利率基础上上浮 3 个百分点以内的，由财政给予贴息。

（三）免收有关行政事业性收费

毕业 2 年以内的普通高校毕业生从事个体经营（除国家限制的行业外）的，自其在工商部门首次注册登记之日起 3 年内，免收管理类、登记类和证照类等有关行政事业性收费。

（四）享受培训补贴

对高校毕业生在毕业学年（即从毕业前一年 7 月 1 日起的 12 个月）内参加创业培训的，根据其获得创业培训合格证书或就业、创业情况，按规定给予培训补贴。

（五）免费创业服务

有创业意愿的高校毕业生，可免费获得公共就业和人才服务机构提供的创业指导服务，包括政策咨询、信息服务、项目开发、风险评估、开业指导、融资服务和跟踪扶持等"一条龙"创业服务。各地在充分发挥各类创业孵化基地作用的基础上，因地制宜建设一批大学生创业孵化基地，并给予相关政策扶持。对基地内大学生创业企业要提供培训和指导服务，落实扶持政策，努力提高创业成功率，延长企业存活期。

（六）取消高校毕业生落户限制

允许高校毕业生在创业地办理落户手续（直辖市按有关规定执行）。

【课后任务】

任务一　创业性格测评

测评说明：创业是一个充满成就感和诱惑力的事情，但并非每一个人都适合走这条路。美国创业协会设计出了一份试卷，假如你想了解自己是否适合创业，试试回答下面的题目，要如实且快速地回答。每题有四个选项，分别为：A. 经常；B. 有时；C. 很少；D. 从来不。最后，请将每一项的分数相加。

① 在急需做出决策的时候，你是否在想：再让我考虑一下吧？

② 你是否为自己的优柔寡断找借口说：是得慎重考虑，怎能轻易下结论呢？

③ 你是否为避免冒犯某个或某几个有相当实力的客户而有意回避一些关键性的问题，甚至表现得曲意逢迎呢？

④ 你是否无论遇到什么紧急任务，都先处理你自己的日常琐碎事务呢？

⑤ 你非得在巨大的压力下才肯承担重任吗？

⑥ 你是否无力抵御或预防妨碍你完成重要任务的干扰和危机？

⑦ 你在决定重要的行动和计划时，常忽视其后果吗？

⑧ 当你需要做出很可能不得人心的决策时，是否找借口逃避而不敢面对？

⑨ 你是否总是在晚上才发现有要紧的事没办？

⑩ 你是否因不愿承担艰巨任务而寻找各种借口？

⑪ 你是否常来不及躲避或预防困难情形？

⑫ 你总是拐弯抹角地宣布可能得罪他人的决定？

⑬ 你喜欢让别人替你做你自己不愿做而又不得不做的事吗？

测评标准：选 A 得 4 分；选 B 得 3 分；选 C 得 2 分；选 D 得 1 分。

测评结果解释：

50 分以上：说明你的个人素质与创业者相去甚远；

40～49 分：说明你不算勤勉，应彻底改掉拖沓、低效率的缺点，否则创业只是一句空话；

30～39 分：说明你在大多数情形下充满自信，但有时犹豫不决，不过没关系，有时候犹豫也是一种成熟、稳重和深思熟虑的表现；

15～29 分：说明你是一个高效率的决策者和管理者，更是一个成功的创

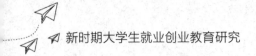

业者，你还在等什么呢？

任务二　创业能力测评

测评说明：无论是刚从学校毕业进入就业市场的年轻人，还是在社会经历了多年的上班族，都希望拥有一份属于自己的事业。当老板不是一件容易的事，你是否适合创业？有无创业潜力？做下列测试可帮助你决定是否应该加入创业的行列。请根据实际情况，在以下测试题中选择最符合自己特征的答案。在选择时，一定要根据第一印象回答，请不要做过多的思考，每道题的答案都为是或否。最后将每项得分相加。

①　你是否曾经为了某个理想而设下 2 年以上的长期计划，并且按计划进行直到完成？

②　在学校和家庭生活中，你是否能在没有父母及师长的督促下，就自动地完成分派的工作？

③　你是否喜欢独自完成自己的工作，并且做得很好？

④　当你与朋友在一起时，你的朋友是否常常寻求你的指导和建议？你是否曾被推举为领导者？

⑤　求学时期，你有没有赚钱的经验？你喜欢储蓄吗？

⑥　你是否能够专注地投入个人兴趣连续 10 个小时以上？

⑦　你是否习惯保存重要资料，并且井井有条地整理，以备需要时随时提取查阅？

⑧　在平时生活中，你是否热衷于社会服务工作？你关心别人的需要吗？

⑨　你是否喜欢音乐、艺术、体育及各种活动课程？

⑩　在求学期间，你是否曾经带动同学，完成一项由你领导的大型活动，比如运动会、歌唱比赛等？

⑪　你喜欢在竞争中生存吗？

⑫　当你为别人工作时，发现其管理方式不当，你是否会想出适当的管理方式并建议改进？

⑬　当你需要别人帮助时，是否能充满自信地要求，并且说服别人来帮助你？

⑭　你在募捐或义卖时，是不是充满自信而不害羞？

⑮　当你要完成一项重要工作时，总是给自己足够的时间仔细完成，而绝

不会让时间虚度，在匆忙中草率完成？

⑯ 参加重要聚会时，你是否准时赴约？

⑰ 你是否有能力安排一个恰当的环境，使你在工作时能不受干扰、有效地专心工作？

⑱ 你交往的朋友中，是否有许多有成就、有智慧、有眼光、有远见、成熟稳重型的人物？

⑲ 你在工作或学习团体中，是受欢迎的人物吗？

⑳ 你自认为是一个理财高手吗？

㉑ 你是否可以为了赚钱而牺牲个人娱乐时间？

㉒ 你是否总是独自挑起责任的担子，彻底了解工作目标并认真完成工作？

㉓ 你在工作时，是否有足够耐心与耐力？

㉔ 你是否能在很短时间内，结交许多新朋友？

测评标准：是记 1 分，否不记分。

测评结果解释：

1～5 分：目前不适合自己创业，应当并学习技术和专业。

6～10 分：需要在旁人指导下创业，才有成功的机会。

11～15 分：非常适合自己创业，但是在"否"的答案中，必须分析自己的问题并加以纠正。

16～20 分：个性中的特质，足以使你从小事业慢慢开始，并从妥善处理中获得经验，成为成功的创业者。

21～24 分：有无限的潜能，只要懂得掌握时机，将会获得创业成功。

第六章
大学生创业能力培养

第一节　创造力与创新能力

一、创造力及其特征

（一）创造力

创造力是人的综合能力，是人的智力、知识、个性心理及能力等多个创造力因素相互作用的结果。在对创造者的个性特征研究中，有学者提出创造力高度发展必需的个性品质，包括积极的动机，浓厚的兴趣，旺盛的求知欲，炽热的情感，坚强的意志和性格等。创造力不仅涉及创造过程，创造者的个性特征，创造的产品，还考虑创造者进行创造活动的环境因素。针对创造力的研究，提出创造力包括创造的变通力、创造的敏感力、创造的流畅力和创造的独创力。尽管不同的研究者对创造力提出了不同的看法或理论，但从中可以提炼出相同的方面，即有强烈的创新意识，而把创新意识付诸创新动机，能够创造出得到社会认可的、有社会价值的新颖的产品等。创造力是一个非常复杂的现象，要理解创造力的概念，需要弄清创造力、创造性思维和发散思维三个层次的关系。创造力就是以创造性的知识为基础，发挥创造性的思维能力，提出创造性的设想，建构创新方案实施的能力。要判断一个人的创造力，不能仅仅根据发散思维或集中思维来判断。

（二）创造力的特征

1. **认知特征**

（1）独立意识

独立意识是在判断问题时，能够根据自己的标准进行判断，不受外界因素的影响而左右自己的判断力，这种独立意识是产生创造力的主要因素。

（2）接受新异性

接受新异性是对新鲜事物的好奇、热爱、兴趣，善于发现新事物、接受新事物，能够从新事物中发现规律，为我所用。

2. **人格特征**

（1）冒险性

创造力的特征之一就是冒险性，冒险性不一定是指刺激性的冒险，更多的是指智力上的风险。

（2）独创性

独创性是内心有价值追求，忍受创造过程的艰辛与苛刻。

（3）兴趣性

兴趣是创造力的源泉，创造性努力可以产生广泛的兴趣。创造力与兴趣性是互为生成的，是创造性所必需的。

二、创新能力

（一）创新

创新是指人类为了满足自身的需要，不断对客观世界、自身任职与行为过程和结果拓展的活动。即人为了一定的目的，遵循事物发展的规律，对事物的整体或其中某些部分进行变革，从而使其得以更新与发展的活动。创新的本质是进取，是推动人类文明进步的激情。创新就要淘汰旧观念、旧技术、旧体制，培育新观念、新技术、新体制。创新的本质是不做复制者。创新的能力来自于不断发问的能力和坚持不懈的精神，是在一定的知识积累的基础上，可以训练、启发出来。创新最关键的条件是要解放自己，因为一切创造力都根源于人的潜在能力的发挥。

（二）创新能力

创新能力指人在顺利完成以原有知识经验为基础的创建新事物活动中表现出来的潜在心理品质。创新能力具有综合独特性和结构优化性等特征。遗传素质是形成人类创新能力的生理基础和必要的物质前提，它潜在决定着个体创新能力未来发展的类型、速度和水平。环境是人的创新能力提高的重要条件，环境优劣影响着个体创新能力发展的速度和水平。实践是人创新能力形成的唯一途径。实践也是检验创新能力水平和创新活动成果的尺度标准。

创新能力是在技术和各种实践活动领域中不断提供具有经济价值、社会价值、生态价值的新思想、新理论、新方法和新发明的能力。创新能力是民族进步的灵魂、经济竞争的核心，最常提及的有国家创新能力、区域创新能力及企业创新能力等。

人们对创新能力内涵的理解主要分为三种观点，第一种观点认为创新能力是个体运用一切已知信息，包括已有的知识和经验等，产生某种独特、新颖、有社会或个人价值产品的能力。它包括创新意识、创新思维和创新技能三部分，核心是创新思维。第二种观点认为创新能力表现为两个相互关联的部分，其一是对已有知识的获取、改组和运用，其二是对新思想、新技术、新产品的研究与发明。第三种观点认为创新能力应具备的知识结构包括基础知识、专业知识、工具性知识或方法论知识，以及综合性知识四类。

（三）创新能力类型

1. 学习能力

学习能力包括获取、掌握知识、方法和经验的能力，包括阅读、写作、理解、表达、记忆、搜集资料、使用工具及对话和讨论等能力。学习能力还包括态度和习惯，比如活到老、学到老的终身学习的态度和信念。个人具有学习能力，组织也具有学习能力，人们把学习型组织理解为"通过大量的个人学习特别是团队学习，形成的一种能够认识环境、适应环境，进而能够能动地作用于环境的有效组织。也可以说是通过培养弥漫于整个组织的学习气氛，充分发挥员工的创造性思维能力而建立起来的一种有机的、高度柔性的、扁平的、符合人性的、能持续发展的组织"。

2. 分析能力

分析能力是把事物的整体分解为若干部分进行研究的技能和本领。事物是由不同要素、不同层次、不同规定性组成的统一整体。认识事物的有效方式之一就是把它的每个要素、层次、规定性在思维中暂时分割开来进行考察和研究，弄清楚每个局部的性质、局部之间的相互关系以及局部与整体的联系。做到由表及里、由浅入深、由易到难地认识事物和问题。分析能力的高低与个人的知识、经验和禀赋，分析工具和方法的水平，共同讨论与合作研究的品质三个因素有关。

3. 综合能力

综合能力是强调把研究对象的各个部分结合成一个有机整体进行考察和认识的技能和本领。综合是把事物的各个要素、层次和规定性用一定线索把它们联系起来，从中发现它们之间的本质关系和发展的规律。综合能力包括三项内容：其一是思维统摄与整合，即把大量分散的概念、知识点，以及观察和掌握的事实材料综合在一起，进行思考加工整理，由感性到理性、由现象到本质、由偶然到必然、由特殊到一般，对事物进行整体把握；其二是积极吸收新知识，综合能力需要多方面的知识和方法，不断吸收新知识，不断更新知识都是必要的，特别是要学会跨学科交叉，把不同学科的知识、不同领域的研究经验融会贯通，才能更好地综合；其三是与分析能力紧密配合，仅有综合能力，也有局限性和片面性，即缺少深入、细致的分析，细节决定成败，在认识事物时也是如此，只有与分析能力相互配合，才能正确认识事物，实现有价值的创新。

4. 想象能力

想象能力是以一定知识和经验为基础，通过直觉、形象思维或组合思维，不受已有结论、观点、框架和理论的限制，提出新设想、新创见的能力。想象能力往往是发现问题和解决问题的突破口，在创新活动中扮演突击队和急先锋的角色，缺乏想象力很难从事创新工作。

5. 批判能力

批判能力表现在两个方面，在学习、吸收已有知识和经验时，批判能力保证人们不盲从，而是批判性地、选择性地吸收和接受，去粗取精、去伪存真；在研究和创新方面，则质疑和批判是创新的起点，没有质疑和批判就只能跟在权威和定论后面亦步亦趋，不可能做出突破性贡献。科学技术史表明，重大创

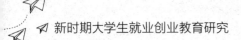

新成果通常都是在对权威理论进行质疑和批判的前提下做出的。

6. 创造能力

创造能力是创新能力的核心，它是指首次提出新的概念、方法、理论、工具、解决方案和实施方案等的能力，是创新人才的禀赋、知识、经验、动力和毅力的综合体现。

7. 解决问题的能力

解决问题的能力包括提出问题和凝练问题，针对问题选择和调动已有的经验、知识和方法，设计和实施解决问题的方案，对于难题，能够创造性地组合已有的方法乃至提出新方法来予以解决。解决问题分为狭义和广义，狭义的解决问题就是人们通常认为的各种问题的解决，如物理问题、数学问题和技术问题；广义的解决问题则包括各种思维活动，这种情况下，创新能力就等同于创新性地解决问题的能力。

8. 实践能力

特指社会实践能力，提出创造发明成果，只是创新活动的第一阶段，要使成果得到承认、传播和应用，实现其学术价值、经济价值和社会价值，必须和社会打交道，实践能力就是为实现这一目标而进行的各种社会实践活动的能力。

9. 组织协调能力

组织协调能力的实质是通过合理调配系统内的各种要素，发挥系统的整体功能，以实现目标。对于创新人才来说，要完成创新活动，就要协调各方，当拥有一定资源时，就可通过沟通、说服、资源分配和荣誉分配等手段来组织协调各方以最终实现创新目标。

10. 整合多种能力的能力

创新人才的宝贵之处不仅在于拥有多种才能，更重要的是能够把多种才能有效地整合在一起发挥作用。整合多种能力的能力是能力增长和人格发展的结果，这需要通过学习、实践和人生历练。能否完成重大创新，拥有整合多种能力的能力是一个关键。

（四）大学生的创新能力

创新能力是在具备了一定的基础知识、创新思维能力、发现问题的能力及独立的创新能力等创新能力要素，在继承前人的知识、经验等成果的基础上，提出新的见解、新的方法及新的技术理论等而应用于实践的一种能力。

大学生创新能力具备的主要优势为：容易接受新鲜事物，有好奇心、直觉敏锐，有变革思维，有创新思想，有创新意识，具有能动创造性。

培养大学生创新能力主要包括以下几方面。

1. 强化创新意识的教育

创新意识是根据客观需要而产生的强烈的不安于现状、执意于创新创造要求的动力。有了意识才能启动创新思维，才能抓住创新机会，才能获得创新成果。大学生创新能力的培养首先必须强化创新动力观教育，强化创新主体观教育，冲破求稳循规的思想羁绊，培养学生敢于创新的意识。

2. 增强创新思维训练

思维具有时空的超越特性，这种超越性正是所有创意的来源。对大学生创新思维的激发和启发，需要在发散思维和聚合思维的结合中，训练学生的抽象思维；在形象联想和表象想象的结合中，训练学生形象思维；在直觉顿悟和灵感激发的结合中，训练学生的灵感思维。

3. 注重创新能力的培养

创新能力应该体现在吸取知识的能力上，不仅看他学习过多少知识，还要看他在多大程度上将人类文化的精神内化为自身的素养，成为自身不可分割的一部分。这种创新能力还应体现在对周围事物的理解能力、应变能力和对未来知识的驾驭能力上。

4. 着力创新人格的塑造

所谓创新人格就是创新人才的情感、意志、理想和信仰等综合内化而形成的全面发展的现代人格或者叫创业者人格。在创新人格的培养和塑造过程中，既要引导学生在自学进取中培养自信，还要引导学生在战胜挫折中培养意志和在对待利益关系调整中树立正确的人生态度。

5. 培养应对不断变化环境的能力

社会的发展，人才的成长，客观现实要求学校必须创新人才培养模式，开设创新思维课程，采用科学有效的教育方法和手段，去最大限度地开启挖掘大学生的创新思想、创新能力、创新人格和创新精神，以实现培养和造就人才的目的。

三、创新能力的实践特征

（一）实践是创新能力的载体

马克思曾说过，环境的异化和人的活动的异化或人的异化是创新实践的结果。实践是一切社会生活的源泉。人在现实生活世界中，从事着自己生存所需要的实践活动。实践性的需要是人产生创造力的动力。人的创新能力是在实践中产生的。具体的历史时代决定着实践的能力和实践的方式。随着人类社会的发展，人类的生产力不断增强。人类的生产力经历了：手工技术时代，手工劳动为主，产生力低下，创新能力较低，生存发展主要依靠手工劳作获取资源；机器大生产时代，机器代替人的劳动，促进了生产和社会的发展；智能生产力发展阶段，人类的生产力创新能力越来越强；知识经济时代，知识转变为生产力，人类社会的发展更多地依靠高新技术推动社会的发展。

人的创新能力是主体人根据社会的需要利用人的本质力量解决实际问题的技能。人获得创新能力过程的实质就是实践的过程。当前，我们在进行社会主义现代化建设，整个社会的生产方式，都渗透着以知识生产、应用和创新为基础的知识经济的特征。创新实践活动成为整个社会普遍的实践方式，这是就物质生产实践而言的。其实，人类的实践有物质生产实践、精神生产实践、交往和人的自由而全面发展。人的物质生产实践是人的创新能力的实践，人的精神生产实践也是人的创新能力实践。创新实践活动的进步促使了人的交流方法的进步。创新实践不仅能够促进技术创新、制度创新和知识创新，而且对于促进经济社会发展和人的发展有着积极的实践价值。

（二）大学生是创新能力实践的主体

人是创造能力的主体，主体的创新能力是从实践中得到和提升的。人在从事生产实践活动中，形成自己的理论体系、方针、政策，再把主观的理论应用到实践中。人类创新能力所改造的客观对象体现在以下方面。首先，技术创新需要自然客体，技术创新以客观自然界为物资资源，创新性地发现了满足人类需要和推进生产力发展的物质资料。其次，物质决定意识，如果没有物质基础作为保障，知识创新和制度创新就无法进行。依据哲学观点，创新实践具有唯物主义特征，创新实践创造出满足人类生存发展的物质资料，创新能力实践主体的积极性才能得到充分的发挥。

大学生是创新能力实践主体，对未来充满希望和幻想，有蓬勃的朝气、充满激情、敢想敢干，他们有"初生牛犊不怕虎"的胆识和魄力。大学生受到专业的高等教育，专业知识水平较高，知识和技能有较高层次的优势。大学生基础知识牢固，在校园学术氛围的熏陶下，思维灵活，敢于挑战新鲜事物，创新能力强。大学生正处于学识、身心不断发展的阶段，在创新能力实践中表现出如下特征。

实践性。表现在生活的实践性，实践的创造性。环境的变化、生产的发展、社会的进步是革命的实践活动的结果。环境的变化和革命的实践都是创造，践行是创造的根源。大学生创造性技能是在实践中接受检验和评价的。

发展性。大学生作为创新能力实践的主体，正处于身心发展的阶段，在不断学习、不断进步、不断成长。其知识水平、创新思维、潜在的综合能力随着实践活动的提升而不断发展。大学生的创新能力是不断发展的。

合作性。大学生只有在合作的情况下，才能最大限度地发挥他们的主观能动性。大学生创新能力的发展不仅仅依靠大学生的智力因素，也必须建立在合作的基础上，构建协作的良好氛围，这也是创新能力的重要特征。

积极性。大学生积极参加各种科研活动，主动学习，积极思考，充分发挥自己的主体作用。高等教育发展的目标是既要积极引导，又要发挥大学生的能动性，把教学目标和大学生的聪明才智结合起来，培养大学生的创新能力。

（三）大学生创新能力的实践特点

大学生创新能力是大学生在改造客观世界的活动中、在创新实践活动中，以大学生的通识知识和专业知识为基础，运用创新性的思维方法解决新问题的能力。大学生创造性能力是大学生特有存在方式的内在品质。大学生创新能力的实践特征主要包括以下方面。

1. 实践是创新能力展示的舞台

大学生作为即将走向社会的天之骄子，把丰富的专业知识、广博的基础知识、创新的思维及创新技能等放在实践活动这所大舞台上，为国家、为社会做

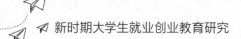

出更大的贡献，应立足于前人实践活动的结果，创新素质。创新能力和创新素质是在实践中锻炼和发展起来的。大学生在践行活动中锻炼了创新意志，增长了创新才干，从而成为创新能力型的人才。大学生的创新能力就是通过大学生的实践活动实现的。

2. 实践是创新能力提高的依托

大学生在实践活动中创新能力得到提高，达到人的价值性与目的性的统一、现实性与前瞻性的兼顾。大学生创新能力的提高依靠人类社会实践的发展。随着社会的发展，生产力水平越来越高，智力劳动成为人类社会实践活动的必要因素。由于知识更新的速度越来越快，学科之间的相互补充、相互渗透越来越明显，信息传播沟通的渠道越来越立体，人们只有通过智力合作的方式联合起来，才能适应大数据时代信息发展的需要，才能以最快的速度获得所需要的知识、信息。大学生的创新能力是以智源为创新的人本创新力，大学生只有站在创新思维的制高点上开发智源，才能真正地发挥自己的主动性与能动性、本质性与独特性。

3. 实践是创新能力的源泉

大学生创造性能力来自于实践活动的需要。实践唯物主义者指出，实践的需要是创新能力产生的动力源泉，引导人类社会持续向前发展。需要是大学生创新能力产生的实践基础。人在实践中产生了物质资料生产的需要，人们在用劳动创造物质资料的时候得以使创新能力提高。人的需要既是实践的原因，又是实践的结果，人类为了最基本的生活需要，实施创造性实践活动。大学生在实践行动中提高了创造能力，创造能力提升推进了人类社会的进步发展、人类文明的发展、人与自然和谐共进。

第二节　创新能力的培养

一、创新能力培养的基础

大学生的创造性能力具有创新意识、变革思维、冒险精神和敢闯敢拼的猛劲，铸就了大学生的创新精神，积淀了创新能力。大学生创新能力来源于大学生的主观能动性，来自于大学生利用客观条件并改造客观条件的结果。大学生的创新能力以大学生广博的知识为基础、积极主动地发挥主观能动性，并在实践活动中使创新能力不断发展、不断提升，表现出能动发展性。

（一）以生态和谐发展为根本

大学生的创新能力以生态和谐发展为根本，从而实现自身进步与自然的良性协同发展。当人类尊重自然界的客观规律时，就能充分发挥人的主观能动性，就能把革命的热情和科学的态度结合起来，就能提高人们创新的积极性、创造性，更好地投身到实现中国梦的伟大实践中。以生态发展理念为本，构筑人与自然和谐发展的良好氛围，促进人与自然和谐相处。

（二）在生态属性基础上依律而寻

大学生的创新能力须在生态属性基础上依律而寻。人类为了自身更好地生存和发展，从大自然获取衣、食、住、行所需的生存资料和生活资料，在征服自然改造自然的过程中，掠夺大自然的自然资源，但同时也毁掉自己生存的家园。自然界作为客观存在的现实性存在，有其自身的规律，人类要认识它、征服它、改造它，不但要了解大自然的规律，而且还要积极地遵守。此外，人类的创造也根源于大自然规律的效仿、对生态链的探索。人的创新能力体现着自然界生化万物的本质，表征着人类自己生命活动的延续。大学生需要站在生态属性的基础上，主动发挥自己的主观能动性去模仿大自然的规律，使创新符合客观规律，在生态属性上更好地发挥自己的创新能力。

（三）遵从人的本质与人的生存环境相统一

人的创新能力的发挥应以人的本质与人的生存环境的统一为原则，看不到人的本质与人的生存环境的内在统一性，就会导致人类至上主义，犯盲目自大的错误，最终人类自食其果。大学生的创新能力发展应在人的本质与人的生存环境相统一的基础上。创新应在满足生存的基础上，但不仅为了自己的生存，也是为了社会更好的发展。人类需要选择一条理性的发展道路，构建绿色文明、强化科学的决策方式，加强科学的生产方式，让人与自然和谐相处。

二、创新能力的培养

（一）构建创新能力培养

构建科学的保障体系。建立行为管理制度、教育评价制度、奖励激励制度和学术规范制度等。通过各种管理制度，加强领导，构建组织机构，加强宣传，鼓励创新，奖励发明，科学安排，发挥各方优势，为创新能力的培养提供保障。

（二）提供全方位的服务

设置各种各样的创新实践平台，让大学生在实践中学会发现问题、提出问题，激发创新思维意识，培养创新能力。培养学生主动探究的学习能力，拓宽思维，多角度思考问题，激发学生的兴趣，有效提高大学生的创新能力水平。创新能力培训包括：创新意识、创造逻辑、逆向思维和创造能力。

（三）构建大学生创业园

大学生创业园是大学生进行模拟创业实践的平台，创业园是一个真实的创业环境，可以孵化企业的市场环境。针对有创业梦想的大学生，学校可在资金和场地等方面给予优惠照顾，采用市场化的运营模式，给予一定的孵化支持期，为大学生创业营造宽松的环境。培养和锻炼大学生的创新实践能力和创业能力，锻炼和提高大学生解决问题和处理问题的能力。

（四）坚持"人人可创"的教学思维

创新能力是每个人都有的，是可以培养的，潜力是无限的。通过课堂教育，潜移默化地教育和引导学生，树立创新创业自信心。创造性和创新性是广泛的和普世的，每个学生都蕴涵无限潜能。应坚持"人人可创"的教育思维，在教学中，帮助大学生树立世界观、人生观和价值观，学会用辩证的思维分析问题和解决问题。在课堂上，充分肯定学生的奇思妙想，多给予赞美、欣赏、鼓励和肯定。学校应培育大学生的科学精神，培养团体协作、宽容开放的心态，积极开发创造性和创新动机，培养学生的创造能力和创新能力。

（五）倡导实验教学方法

当前，高校教育模式偏向传统的静态知识技能教育模式与填鸭式的教学方法，这样教学方法不利于学生创新能力的提高。要提高大学生创新能力，需要转变教育模式，使传统的教育模式向实验模式方面转化，使学生更多地参加实验活动。实验教学过程可以锻炼自己的理论创新能力、知识创新能力、方法创新能力。实验教学是在实践中学，通过活动来塑造、引导学生在实践中探索和创见。通过实践激发灵感、孕育出创意、启迪创意、激发兴趣。

（六）构建终身学习型社会

建设学习型社会，需要学校教育、家庭教育和社会教育通力合作，相辅相成，助力学习风气的社会化与普及化，培养长久的学习习惯，保证终身学习和教化。现代教育的最显著特点是全民学习和终身学习的学习型社会，为学习提供全方位的支持和保障，大力培养各种学习型组织，通过各种途径全方位构建终身学习型社会。

三、创新者与创新能力机制的统一

（一）创新能力与创新能力者

创新能力就是在创新实践中，通过创新实践活动，培养和锻炼了创新能力。或者说，创新能力是创新素质水平的具体体现。创新能力者要有知识素质，创新不是凭空想象的，要有科学的依据和深厚的基础知识。创新能力者要有批判性思想，要捕捉创新机会，具有批判性思维。历史的发展是由多种因素及它们之间的合理相互作用的结果，需要从整体上认识事物，才能得出正确的结论，把握住事物的本质。

（二）创新能力资本与增长财富

随着智能经济时代的快速发展，学界看重知识创新产生的经济作用，知识创新溢出的效果，大于物质和劳动的投入产生的效益，创建于知识外溢性对经济增长之上的宏观创新能力理论，强调知识创新带来的内生动力，知识创新的溢出效率，知识创新对财富增长的强大动力。创新能力是外溢知识的输导管，能够与新的经济增长联系在一起。创新能力在溢出知识助力经济增长方面起到重要的作用。没有创新能力，经济增长必将受到阻碍。

第三节 创新能力培养机制

一、机制

机制本来是指机器的零部件构成以及这些零部件如何相互作用而产生作用。一般意义下，机制是指一个体系是如何运转的，指自然界的规律或一个公司、企业或者单位能够良好地经营或运作的工作模式。

机制的作用是各个组成部分发挥作用，以及各个要素在一定的方式方法作用下，相互作用形成统一的作用机理或者说事物的内因与外力共同作用发生变化的原理。创造性技能的机制是为了使社会资源能合理配置，推动社会进步。创新能力的提高依赖于创新能力机制要素的优化及创新能力机制整体功能的发挥，强化系统的要素机制及优化要素之间的相互关系是提高创新能力机制的关键。

二、创新能力培养机制类型

（一）智力水平

智力是人的实践活动能力和解构能力达到的水平，也是各种综合能力相互作用的结果。智力水平包括观察力、记忆力、思维力、想象力和操作力。智力水平的高低与人的饮食、遗传、生活环境、学校教育和社会实践相关。智力结构的各种能力相互关联、互相排斥，又都发挥自己的作用。智力中的创新能力主要是由创新性想象力和创新思维能力构成。智力有不同的层次和不同的方面。影响智力的因素包括素质、社会历史原因、教育、实践和主观能动性等。观察能力是对事物进行全面、细致、正确、深入察觉的能力，是智力中最重要的因素。

（二）创新实践

创新实践是人的创新能力形成的途径之一。人们的创新能力是在认识世界和改造世界的过程中形成和发展起来的，创新实践活动不仅是知识认识获得的过程，也是创新思维发展形成的过程。实践的发展不仅推动社会的发展，而且还促进人自身的发展。实践是人类创造性、社会性的活动，实践活动的过程，其实也是创新活动的过程，也是人的创新能力形成和提高的过程。作为实践的最高形式的创新实践，最突出的特点就是创新性。人类社会的发展史其实就是不断创新的历史。创造践诺已经形成人类形成实践、交流实践和科技实践的三个主导形式，成为世界各国在激烈竞争条件下谋求发展的必由之路，对促进经济社会发展和人的发展有着积极的实践价值。实践是人的生存方式，创新实践是当代人的生存方式。创新实践的本质是创新。创新实践是人的主体性、创造性、能动性的体现。

（三）创新思维

创新思维是一种高级思维活动，不是一种或多种思维活动的重复，而是由抽象思维、逻辑思维、非逻辑思维、形象思维、灵感思维、发散思维及聚合思维等多种思维要素相互协作构成的高级思维结构结合体。培养创新思维就是要发展和培养大学生的思维品质，注重基础知识和基本技能的培训，加强知识转移的渗透和学习训练。

三、创新能力培养机制特征

（一）变化性

创新能力培养机制是一个开发系统，各个要素是不断变化的，要素之间也在不断发生协同作用，这些因素的变化会对作为系统的创新能力机制产生重大的影响，使创新能力机制成为一个在不断完善完备中的体系。

（二）差异性

差异性是客观物质及人的思想多样化的表现，具有平等的差异存在性。否认差异的存在、否认差异的平等性，就是否认普遍联系的存在性，因为差异性是客观的存在，是普遍联系的基础，是融合的基础，是世界充满活力的源泉，没有差异性的世界是静止的，是不存在的。承认差异性是解决一切问题的良好开端，增强对差异性的理解和对差异体的科学对待，会给差异性注入新的活力，产生更加灿烂的精神文明和物质文明。差异性是解决矛盾的重要方法之一，无论是主要矛盾还是次要矛盾，无论是矛盾的主要方面还是次要方面，只要尊重差异的普遍性和平等性，都应能合理地解决。人们在差异中求进步、求发展、求创新。

第四节　大学生创新能力培养机制

一、外部机制

（一）社会环境

社会文化环境中的自强不息、奋发进取、勇于创新的精神对创新的发生产生了重要的影响，对提高全民族的创新能力有重要的意义。企业中给员工最好的创新教育，有意识进行创新培训；培育创新文化，建设文化环境和培育文化模式。在文化的自主平台上，构建文化的创新性内涵，让创新文化成为社会的主旋律，让创新的成果在发展中分享，将创新作为兴趣和责任，创新文化自主性的形成和发展是民族和国家不断进步的动力。在社会发展中，要不断地调整上层建筑去适应经济基础，使上层建筑适应经济基础的发展，同时要不断调整生产关系，使生产关系适应生产力的发展。

（二）科技环境

良好的科技环境对创新能力的培养有巨大的推动作用。构建创新型人才培养制度，培养大批的有创造能力的人才队伍，使他们迅速成长、成才；建立激励机制，对于创新、创造和发明等给予物质奖励，充分调动每个员工的积极性、充分发挥创新队伍创新合作的优势，让创新人才、创新产品及创新成果等竞相迸发；强化科技创新的评价机制，鼓励科技创新发明、科技创新专利、科技竞赛，激发创新能力，以创新能力、科技业绩成果等作为评价标准。

（三）政治制度和法律环境

国家的制度和政策是为本国的社会和经济发展，为社会稳定和国家的长治久安统治服务的。有利的政治制度和法律环境有利于创新能力的发挥，使创新能力培养能够顺利开展。

二、内部机制

（一）知识创新

创造能力的培养离不开创新知识，渊博的知识体系是创新能力主体创新的基础。要有吸收知识的能力、记忆知识的能力、理解知识的能力；要掌握基础知识、积累实践经验、运用知识分析问题，促成创新。丰富的知识体系也是进行创新能力活动必不可少的前提，而且知识的不断积累和丰富也会丰富人们的创新资源。创造性知识凝聚着人类多年实践和思维的精华。创新能力的发展离不开个人主观的努力，只有主观努力，才能把学到的知识和技能运用到实践中，促进创新创造的发展。但是，在保持知识信息更新的同时，创新能力主体还应考虑合理的知识结构，常常注意调整自己的知识结构，塑造有利于创新能力的自我知识结构。因此，学习知识就要注意培养具有特色的知识结构。合理的知识结构才有利于创新能力的形成和发挥。

（二）创新能力

培根说"知识就是力量"，这代表一个创新的时代。但仅有知识并不会产生创新能力，知识要与素质、能力相结合才会在创新中发挥作用。同时，一个人创新能力的发挥，还应具备敏锐的感知能力、协同能力、捕捉意外信息的能力，这些能力需要平时在学习中通过自我培养和强化训练获得。比如，敏锐的感知能力，一个人要想具有创新能力，必须具备敏锐的感知能力、发现问题的能力、观察思考的能力，应强化自己的发现意识，提高动态观察、迂回观察、变换视角和实验观察的技巧，看别人未看之处，想别人未想之法，增强自己的感知敏锐性。比如，把握机会的能力，促成创新能力的发展，要时时创造创新

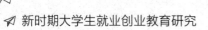

能力。目标状态和目前状态有一定的差距，要成功地实现由目前状态向目标状态的转变，就需要感受这种差距和这种社会需要，需要坚持不懈地进行科技探索，需要捕捉机遇的能力。比如，协同能力，是将各种能力相互联系组织在一起，各种能力协同作用产生更大效用的能力。协同能力是创新能力产生的基础。创新能力灵感的出现是随机的，它是由现象和创新客体之间没有意识到的信息作用而产生的潜意识，具有不可随机性和不可或缺性。但是，人的思维中的协同能力可以唤起这种潜意识，灵感可能随机出现，创新能力就会随机而至。

（三）创新能力主体特征

智力因素和非智力因素共同作用，是主体创新能力产生的动力和源泉。创造能力主体不但要有创新的兴趣和热情，还要对自己的创新性思维进行自我激励。

三、大学生创新能力素质要求

（一）创造性处理问题的能力

创造性处理问题的能力就是以科学的理论、辩证的方式处理较难问题的能力。提升创造性解决问题的能力，主要通过以下方式进行。其一为被训练者提供有效和系统的训练，可以使被训练者学会创造技能，提高自己创造性解决问题的能力，提高创新能力的总体水平。由此可知，教学可以将人们训练成有创新能力的人，受教育者已有的天赋能够通过培训来提高。其二是有创新能力的人是在吸收借鉴前人观点的基础上，辩证地否定过时的观点、批判地继承前人的优秀的成果，创新创造发明的结果。其三是任何人都具有创新能力。创新能力既有普遍性，又有"可教性"。我们每个人的生活和工作中，都必须面对问题、处理问题，在解决问题时都不同程度地蕴含着创新机理和创新成果。生活和工作中存在问题是必然的，每个人都承担着解决问题的任务。每个人都在从事创新性工作，因而，每个人都具有不同的创新能力。

（二）敢于质疑的精神

所谓质疑，就是要有大胆的怀疑精神，敢于提出不同的观点、见解。大胆的质疑是创新的前提。激发学生的创新意识。敢于质疑才能勇于突破传统的教育，在无限的时间和空间中自由翱翔。创新是不以常规进行思维探索的，常常会遇到很多困难，甚至失败。如果没有冒险和不畏失败的精神，创新思维就会泯灭。创新者要有勇于探索，不怕挫折，取得成功的信心和决心。

（三）科学精神

科学精神不仅要具有科学知识，更重要的是要有科学的视野来解读自然和社会，要站在科学知识的高度，探究神秘的领域和迎接未知领域的挑战。科学精神表现为求真的精神，是获取客观真理的知识，也即追求真理。自然界是实实在在存在的，是真实的。探索的对象是可知的，爱因斯坦说，世界的本质是可以探知的和有序的，这就是哲学上的可知论。科学已经渗透到人类生活的方方面面，特别是经济、政治、文化及法律等领域。科学的奉献精神使人类不断地从文明走向文明。

第五节　大学生创新能力培养机制构成

一、储藏知识与收集知识

广博的基础知识是创新思想的根基和源泉。丰富的知识有利于提出创造性的思想方法，有利于正确地分析问题，有利于创造性问题的解决和创造性方案的实施。只有掌握更多的学识，才可以更好地了解大千宇宙，更好地符合千变万化的自然界并改变自然界。

二、开发创造潜力

每个人都有创新能力，但这种创新能力的培养，要经过教育、训练和创新实践活动才可能被激发出来。充分发挥自己的聪明才智，发挥自己的创造潜能，努力实践，树立创新信念，积累知识经验，培育能力，一个人的创造潜能就会得以应有的发挥。

三、培养想象力

想象力是以知识、技能为根基的记忆、感知，是创造形象或再造形象的思维能力。想象力是人发挥主观能动性的表现。想象力是创新的源泉，创新是有经验的人思想自由驰骋的结果。想象的形式有联想、幻想和臆想。想象是大胆的推测、形象化的比喻、粗陋的模型和神奇的直觉。它具有模糊性、可变性、创造性、超前性等特点。培养想象力，要努力学习知识，提高自己的文学艺术修养，勤于观察、善于思考，培养多方面的爱好。

四、培养联想力

联想可以分为相似联想、接近联想、对比联想和关系联想。培养联想力最有效的方法就是积极主动地学习新知识、运用新知识，参与创新实践活动，不断地发现问题、提出问题和解决问题，提高创新思维能力，创新能力就能逐渐培养并不断提高。

五、加强思维能力锻炼

创新能力中的灵感来自于平日知识的积累和顿悟，即来自于逻辑与非逻辑思维的相互作用的结果。创新能力是由知识结构、创新思维、实践行为及个人素质四个维度构成。逻辑思维与非逻辑思维、创造潜力、知识管理与知识储备、学习行为、想象力、实践活动、联想力及职业理想等因素都会对大学生的创新能力产生影响。

第六节　大学生创新能力形成因素

一、以创新创业教育为依托

培养大学生创新能力，不仅需要提升自身的创新能力素质，充分发挥自己的主观能动性，而且需要学校强化创新创业教育。

创新是以人的能力为基础的，创新能力的充分发挥和运用也以创新主体能力的发挥和发展为前提。培养自主学习能力，积极地进行知识的积累和扩大，把学到的知识积极地、富有创造性地转化成社会所需要的物质和精神能量。随着知识素质的提高，能力素质也会相应地提高，人的创新能力也会自然而然地提高。通过各种实践方法，真实模拟创业情境，模拟创业，以此培养和锻炼大学生的创新创业能力。

当前，国内的高等教育对创新创业能力的培养重视不够，没有跟上国际、国内形势的变化及大学生就业的切实需求。创新教育要转变教育观点，强化新的教育理念，充分发挥学生的主体作用，促进学生的主动发展。

现阶段国内的高等教育仍以知识理论的传授和学生的被动学习为主，以学生的学术科研为主，忽视了大学生的动手能力、冒险精神，缺乏敢闯、敢干的开拓精神。高校应根据不断变化的新形势，以市场为导向、以社会的需求为导向，及时调整学校的人才培养目标。

创新创业教育实质上是一种素质教育。创新创业教育内含创新教育和创业教育，它的核心是创业教育，主要以培养大学生的创业能力、创新精神、创业意识为主要培养模式。高等教育应转变教育观点，重视创新型和开创型人才的培养，注重培养大学生的创新创业能力、创业意识、创新思维能力和创业基本技能。完善创新创业能力教育，改变目前传统的教师讲、学生听的填鸭式教育方法。强化大学生创新创业能力的通识知识。只有具备了一定的基础知识和技能以及相应的专业知识，才可能对知识、技能进行新的建构，从而能创造性地解决问题。

大学生创新能力的产生要充分发挥主观能动性，不仅在于主动地把知识反作用于客体，而且在于创新思维的独立性。构筑实践平台，培养大学生创新创业能力。创新来源于实践，是通过实践实现的。高校应根据创业中创新能力的产生机理，配置相应的基础设施、服务体系，加强创新创业教育。如建立创新创业实验室、创业实践基地及创业孵化园，利用校企合作锻炼创新实践能力，利用孵化园把自己拥有的知识转变成价值创造者的创业者，利用创业实践基地培养自己的动手动脑能力，利用创业服务体系，了解更多的创业信息，为创新创业做好准备。

二、建立保障公共机制

创新创业能力教育政策是政府为激励和帮助教育系统对大学生进行创新创业能力观念和技能的培养，使大学生能够获得企业家思维和创新创业能力而制定的一套规范和措施。创业创造技能教育政策的制定是通过教育提高大学生的创新创业能力，使大学生能够充分利用自己的知识来创办企业。创业投资政策是政府为大学生创业者能够得到创业资本制定的一套优惠政策。

资本是创业的根本，启动资金是创业成功的主要因素。政府制定的投资政策激励各种资金投入到大学生创业中，拓宽了大学生获取创业资金的渠道，大学生创新创业能力的物质基础得到保障。相关资金政策还包括为大学生创业提供资金帮助、优惠政策及商业支持政策等。

大学生创新创业能力的培养不仅需要高层政策法规的支持，也需要基层组织的实际操作，更需要各方的协调一致共同努力。创新创业能力培养的环境政策，是大学生创新创业能力活动顺利进行的主要保障。政府制定的创新创业能力环境政策，助力大学生形成正确的创新创业能力理想，培养社会创新创业能力的文化氛围，创建尊重创新创业能力的气氛，尊重创新创业人才，崇拜创新创业精神，构建培养大学生创业中创新能力的动机和意识。

近年来，为了助力大学生的创新创业能力的培养，我国出台了一系列政策支持大学生创新创业。如开展创新创业教育、推进创新创业实训、建立多元化的融资渠道和完善服务体系等。通过举办创业沙龙、创业分析会和报告会等帮助大学生更好地运用好政策。

对大学生的创新创业需要进行分类指导，如需要在创新精神上进行潜移默化的培训，需要进行创业能力的指导，需要通过一对一辅导使其参加实践课等。在政策上资助大学生创新创业资金，为大学生能顺利创业，政府、社会、银行应配合，设立专项的大学生创业基金，还可以创建灵活的筹资渠道，对大学创业资金提供援助，政府、企业和学校可以提供资金担保并承担利息等。

三、搭建创新创业文化平台

创新创业文化是以创新创业教育而形成的文化系统，主要体现创新创业者在谋求经济利益、创造社会价值、促进生产力发展过程中所拥有的思想意识、价值观点、文化氛围及心理动机等，引导创新创业者的思维方式和行为方式。

创新创业文化是关于社会文化的体系，其不仅指文化，还与经济、社会、文化相联系，特别是与经济利益相关，具有可知性。创新创业文化具有创新、探险、开拓、进取的激情和锐气，倡导文化创新、管理创新、制度创新和技术创新，善于沟通学习交流，具有团结协作的精神，敢于面对挫折和失败，把智能经济时代的创新精神和创业精神交融起来，用知识创新来创造创业的价值，实现经济利益的跨越式发展腾飞。

创新创业文化是系统性的社会工程，是经济与文化相互交融的产物，立足于深层的社会环境的沃土，厚植于商业生态体系的土壤。在创新创业经济中挖掘文化的价值观，在文化价值观中带动创意经济的发展。创新创业文化由创新创业价值观、创新创业组织制度、创新创业成功标识三个主要层次组成，他们相互依存、相互贯通又相互斗争、相互排斥，构成系统的统一体。创新创业价值观是创新创业文化的深层次文化，只有拥有了理想、价值、信念，才能有创新创业的动机，在共同创新创业价值观的引导下，才能有共同的凝聚力创新创业团队，才能迸发出创新的强大能量。创新创业组织制度是创新创业文化的保证，通过协调人与人之间、人与物之间的关系，贯彻创新创业文化的价值观，使创新创业能够顺利开展。创新创业标识文化是文化价值观和组织制度文化的外显，又受价值观和组织制度的制约，在创新创业实践中，往往从创业实际工作开始，相互推进。

创新创业精神既是一种实践行为，也是一种思考方式。创业的本质是创新，是创业者以创新的方式，有效地利用资源，为市场带来新的经济价值的过程。创新创业精神是创新创业者在实现个人价值和社会价值的过程中表现出来的炽热的创新创业理想和积极的创新创业信念。创新创业精神是企业家的创新精神，是企业家做大做强的灵魂支柱，也是推动经济发展的主导因素。

创新创业理想是创新创业精神的动力因素，是大学生价值观和世界观的主要体现。大学生只有把创业理想与国家的需要和人民的福祉联系起来，才能担负起实现中华民族伟大复兴的历史使命，才能推动经济发展和创新型国家建设。因此，高校要对大学生进行创新创业理想教育，使他们以积极健康的心态融入社会，在实践中坚持自己的创新创业之路，在创新创业中实现自己的人生价值。

四、提供物质资源平台保障

物质资源平台构建是大学生创新创业能力培养的物质要素，影响大学生创新创业能力活动的技术实施过程。任何事情的发展都要有其成长发展的空间，制定良好的发展规划和有利的环境，是大学生创新创业能力活动顺利开展的沃土。

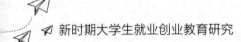

物质资源平台包括孵化平台、实践平台及基金平台等。孵化器主要通过为新创企业提供物质基础和基础设施，为新创企业提供服务帮助，利用创业园为大学生运用知识、提高创新能力和积攒创业经验提供了依托环境。实践平台是利用实践基地提供培养技能，是与社会、市场沟通的平台，鼓励大学生在校期间经过创新创业培训，毕业后自主创办企业。基金平台为大学生提供风险资金帮助、创业实践指导老师、创业需要的市场要素，使大学生在市场规律的运作下创业项目有序推进，减少创业风险，提高创业成功率。大学生在创新创业实践平台上，构想创业的方式与路径、分享成功者的经验。创业园提供创业资本基金、场地、小额贷款、创业相关服务，以及孵化企业的环境。在创新创业实践场地和资金上的帮助，为大学生创业创造良好的环境，创业团队也在锻炼中共同成长。

校内外产学研基地是另一个大学生创新创业实践平台，为大学生提供更真实的创业环境，以企业家带动大学生开展创新创业实践活动，有创业经验的创业者或创业经理指导大学生进行创业模拟和市场化运营，学习市场营销、社会交际、成本核算和生产管理等。产学研基地为大学生创造成长空间，提供生产和销售项目，放手让大学生独立经营、开辟市场、寻找创业灵感。教师科研平台有很强的创新性、前沿性和专业性。大学生参与导师的科研课题，增强自己的专业素质，培养了自己的创新精神。导师指导学生进行课题立项，帮助大学生参加科技创新活动，在学校设立的专项资金支持下开展科技活动。创新创业社团是不同年级大学生进行交流沟通的平台。大学生通过社团平台长期交流而形成的共同理想信念和价值观，为以后的创业奠定了思想基础。

高校服务和管理平台是大学生创新创业能力实践活动平台，能够充分发挥培育创新创业人才的作用。学校提供一些管理岗位，大学生在管理中锻炼了自己的能力、提高了创新创业能力、丰富了创新创业能力知识。参与学校后勤服务，是大学生以自己的劳动、创新思维、技术等参与到学校的后勤服务中，与学校后勤成立利益共同体，共同打造校内市场，锻炼了自己的创新创业实践活动能力。

大学生服务实体也是一种创新创业实践平台，通过对学生自主经营、自负盈亏、自主投资等服务形式，培养大学生的创业创造技能。融资平台帮助大学生得到创新创业锻炼的机会，为大学生创新创业提供资金赞助。

第七节　大学生创新能力培养机制构建

一、构建宏观创新创业能力培养机制

一个国家的创新能力机制是这个国家的创新能力培养机制的整体发展状况和聚焦程度的反映，也是营造创新能力机制战略的重要着手点。构成宏观创新能力机制的要素主要是带有战略性与全局性规划和方法，如提高政府工作效率、加强创新能力立法、培育以人为本的权力结构及调动领导者的创造性等。

（一）提高政府工作效率

构建起责任型的政府模式，各负其责，完善服务型政府需要转变政府职能和推动社会管理体制的改革，培育和发展服务机构和中介组织，使政府逐渐转变成服务型政府，提高政府的工作效率。

（二）加强创新能力立法

加强创新能力方面的立法，有利于保护创新能力者的利益，有利于创新活动的顺利开展，有利于提高创新者的积极性，对于提高创新能力具有重要意义。为了保护创新者的利益，必须构建创新保障体系，制定有利于创新活动的政策，创造有利于创新活动的法律环境，促进创新成果的产生，为创新主体营造一个健康、公平、有序的法律环境。

（三）培育以人为本的权力结构

重视以人为本，就是充分发挥人民群众的历史主人翁地位，坚持人民群众是剧中人，又是剧作人，人民群众是历史的创造者。2022 年 8 月，中国迈入创新型国家行列，创新的主体是党、国家和人民。党的职责是领导创新，国家的职责是为创新提供平台，人民的职责是参与创新，为了调动创新者的积极性，需要培育以人为本的权力结构。确立和构建以人为本的权力结构，是实践中落实人的创新能力的政治前提。不仅可以实现人的主体地位和主体利益，更可以

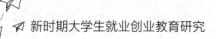

发挥人的创造性，能为人的创新能力的发挥提供更好的环境。

（四）充分发挥领导者的创造积极性

提高创新能力的途径，就是确立创新能力主体的主人翁地位。只有充分尊重人的主体地位，才能调动主体人的积极性，才会激发人的创造能力。全社会构建以人为本的理念，充分发挥人民的积极性、创造性，创新能力才能竞相迸发。为此，要树立"领创执政"的理念，领导者以身作则，学创新、敢创新、领创新，才能形成创新蔚然成风的良好局面。

二、构建中间创新创业能力培养机制

构建中间的创新能力培养机制是营造创新能力机制的基础，因为中间机制与创新能力实践活动直接相关。构建中间机制的关键要从企业创新的共性与个性需要出发，主要包括政府和企业的科技投入、开展创意经济和发展文化创意产业、构建机制和平台建设及增加对创业者的资助力度等。

（一）政府对科技投入的效率

政府对科技的投入，要充分发挥政府的导向作用，政府的政策要有利于科技的创新发展和投入，同时，要有政策保障，保证科技发展的高效率。

（二）拓展创意经济和发展文化创意产业

创意经济是集约型经济的代名词，是利用知识、技术、经验及管理等创造性发展经济的创意经济。发展创意经济是我国经济发展的必然选择。发展创意经济，发展文化产业是首要任务。文化产业处于产业链的上端，有持续的产业回报。文化产业最重要的还是创意二字。

（三）构建机制和平台建设

大多数孵化器以提供低端服务为主，主要来源依靠低端服务收费和政府的资助，但缺乏高附加值的高端增值服务能力，因此，孵化器的创新发展思路值得借鉴。

（四）增加对创产者的资助力度

创新能力的培养，主要依靠的创新主体是人。创产者是创新型人才和创新型主体，创产者创新能力的培养，需要对创产者进行必要的资金资助，维护创产者的权益，促进创产者再创造。例如，在高校、研究所建立创新鼓励机制，设立专门的创新基金，为创产者提供有利于发挥的创造性条件。

三、构建微观创新创业能力培养机制

微观创新能力培养机制主要是通过知识管理促进知识创新构建创新创业能力。当今人类社会已经迈进了人与自然和谐、持续发展的智能经济时代。知识社会的生产手段不再是以机器为中心，而是以人的知识与人工智能为中心。知识的产生、知识的创造、知识的开发、知识的应用及知识的发展等是知识创新的源泉。知识创新的主要形式是灌输知识愿景、沟通交流、管理知识、创设情境和传播学识。知识创新之精髓深深地植根于对超越众多对立双方的"综合"管理的过程之中。在知识经济成为社会发展的主要经济形态的时代，知识作为一种生产要素，构成经济发展的持续动力和战略资源。

（一）知识管理

知识管理的目的是提高个人、组织和企业的创新能力，终极目的是提高价值创新能力。学习知识、积累知识、占有知识、分享知识、利用知识和开发知识资源是提高创新能力的前提。知识的生产、传播、分享、储存、使用和创新是知识管理的主要形式。

1. 形成知识

知识的产生主要以实践和学习的方式习得，直接经验知识和间接经验知识是知识的两个主要形态。直接经验知识是参加社会实践和生产实践得到的知识，实践是知识的来源。间接经验知识可以从书本上学习得到，它具有基础化、专业化、精细化的优点。强化专业知识以外的人文素质教育和通识教育，获取更多的间接知识。

2. 传递知识

知识传播以沟通交流、参加会议及采用局域网等形式传播知识。知识传播的核心是知识分享。知识分享是将个人的经验、想法、灵感、顿悟或思想火花，通过交流学习、参加会议和知识网络等交流平台，分享给全体成员。在知识分享的过程中，经过学习、交流、分享和增添等，原有知识的数量和质量进一步得到提高和创新，整体的知识水平提高，知识资源丰富了，知识的流动性增强，知识的附加值提高，知识转化为高效的生产力，企业取得更高的经济效益，竞争能力和生存发展能力得以增强，发展前景更好。

3. 知识的积累和转移

知识积累是借助于互联网平台，收集相关知识使之成为被随时调用的知识系统。知识转移是知识提供者把知识通过一定的途径转移或流动到接收知识方，被知识接收方吸收，知识对知识接收方有一定的指导作用。知识转移有时是以潜移默化的方式进行，通过会议、活动、谈话、交流及沟通，在不经意间，知识会从一个个体转移到另一个个体。知识转移的目的是在知识创造之后，创造知识的人使用知识、创新知识，将知识转移给团队成员，为团队更好地完成下一次的团队目标服务。

4. 创造知识和应用知识

知识的创新和使用是在知识的管理中实现的，因为知识的使用在企业就是产品的研发实现过程，知识创新是在知识应用中实现的。知识管理以知识的生产、知识的储存、知识的交流、知识的使用和知识的创新对知识进行管理的，并实现知识经济的最大化。对隐性知识的管理，通过与知识所有者的交流获得知识，或者与有知识经验的师傅学习，潜移默化地学到知识经验。隐性知识中的经验、想法、顿悟和灵感等就是通过这种方式进行传播和应用的；对显性知识的管理，主要是通过对知识进行整合、优化和加工等形式，把知识转变成易于沟通或传播的形式，有利于知识在组织中传播和应用。同时也可以通过对知识的再利用，使知识创造价值，并创造出新的知识。

（二）知识处理

知识管理重要的是对知识转变和处理知识的管理。显性知识与隐性知识的相互转变是知识转变的主要形式，隐性知识是以知识共享主体共同分享其他主体隐性知识的过程，隐性知识向显性知识的转化，这是一种把积累的知识经验通过教学或其他形式传递出去的过程。显性知识是以优化知识而创新知识的形式，显性知识向隐性知识转化，是一种把综合化、外化、社会化获得的知识内化为个人隐性知识的过程，有体会方式、愿景方式、同化方式和自发方式等获取知识方式。知识循环是以优化、整合、提炼知识，创造新的、额外的知识而循环知识的过程。

1. 知识管理的价值性

知识管理是利用知识和开发知识，把知识的生产过程和管理过程联系起来，进行以知识资源与产品、服务相结合的产品创新、服务创新、组织创造的行动。但学习知识、积累知识、占有知识、分享知识、利用知识和开发知识资源是提高创新能力的前提。企业的发展主要是充分利用企业的知识资源进行创新，创造更大的价值。

2. 知识管理的导向性

知识管理的导向性依靠知识管理水平，决定企业知识创新的方向和水平。知识化经济时代，客观上催生了企业的生存能力、发展能力、适应性能力和创新能力的产生。知识管理能够提供企业适应经济发展所需要的导向作用。

3. 知识管理的能动发展性

知识管理在知识创新、科技进步、社会发展中的作用越来越突出。知识管理的能动发展性体现在知识创新性能推动生产力的发展，促进经济社会的发展。知识经济时代，知识管理涉及社会生活的各个领域，从个人、组织、机构和国家，逐渐摆脱传统资源的束缚，重新获得竞争力，具有强大的竞争力和远大的发展前途。

知识管理是产生知识、储存知识、应用知识、创新知识，以知识资源提高企业竞争力的经营管理模式。知识管理以整合、优化企业中的信息技术、社会调研信息及企业中的经营策略，创造更加合理的机制，为企业的发展服务。

（三）知识创新

智能经济时代，知识生产力成为知识创新和知识管理的核心。知识管理中的知识创新指依托知识创造新知识。知识创新以前人的知识和个体在社会实践中的信息为加工原料，运用归纳、演绎、抽象和综合等方法创造知识。知识管理是对知识生产要素的优化管理，促进知识生产力的发展，提高企业的创新能力。知识经济时代，知识管理与科技创新在很多领域、特别是高科技领域，呈

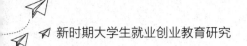

现出一体化发展的趋势。技能创造是知识能力和技术能力协同作用结果，是运用基础知识、市场知识和特有知识，实现技术的创新过程。知识管理中的知识创新是要培育和营造一种适宜并有利于知识管理的组织文化，使得企业能够灵敏而有效地进行知识发掘与分析、知识交流与分享、知识运用与创新。知识管理是将知识融入产品或服务及其制造或管理的过程。

（四）知识创新方式

灌输知识的方式重视从单向制定营销策略向创新整体知识愿景方向的转化。其具体做法是设法对发展愿景进行反复而充分的交流，直到员工愿意为愿景努力工作，这是灌输知识愿景的目的。知识愿景是企业的核心精神所在，企业要想在竞争的环境中求生存求发展必须对知识进行创新，为未来的竞争确立方向。但知识愿景常常需要与发展战略联系在一起，知识愿景赋予发展战略灵魂。好的知识愿景将激励企业探索某些领域的知识，并为企业的未来发展持续提供知识。

（五）知识创新路径

创新就是利用知识生产要素，提高技术创新和知识创新的水平，促进知识创新和技术创新，促进生产力的发展。知识转化促进知识创新，包括以下几种方式。

1. 内化方式

内化方式是将显性知识向隐性知识转化的过程，这是一种把综合化、外化、社会化获得的知识内化为个人隐性知识的过程。阅读、聆听等学习方式及实践、观察和体验等社会化方式，可以丰富和积累成员的知识。

2. 综合化方式

综合化方式是将显性知识向显性知识转化的过程，这种知识创新的方式主要通过会议、网络、电话、文件等交流知识，并对已有的知识进行综合、分类、排列、增减，这种方式可以产生新的知识。

3. 外化方式

外化方式是将隐性知识向显性知识转化的过程，这是一种把积累的知识经验通过教学或其他形式传递出去的过程，即将个人的观念、思想、想法转化为

可以表述的知识，经过编码得以实现创新的方式。

4. 社会化方式

社会化方式是隐性知识间的转化过程，这是一种知识共享主体共同分享其他主体隐性知识的过程，有学徒方式、权威方式、感觉方式和伙伴方式等获得知识的方式。

5. 知识创造促进知识创新

促进知识创造的路径主要有三个方面：其一是目标愿景，是创造知识的推动因素，以培育奉献精神为目标，奉献精神是人类创造知识活动的基础；其二是自我激励，目的是提高知识创新的可能性，充分发挥自主性个人的独创性，有利于知识创新；其三是创造性，培育知识创新能力。

6. 分享知识创造知识

知识共享主要从四个视角对知识资源进行管理：一是培育知识共享的文化环境，促进知识创新；二是创建知识共享的网络环境，利用知识共享的网络环境，可以随时随地学习，确保知识不落后；三是鼓励非正式的知识共享，定期和不定期的内部会议、实践小组等，进行交流和沟通，共同努力，相互启发，促进知识共享；四是重视知识资源的积累和提高，知识的质量和数量不断提高，原始知识得以进一步扩大，自然而然地，新知识在知识共享的过程中得以获得。

第七章
构建创业教育内部支持体系

第一节　内部支持体系的内涵

一、支持体系

支持或支撑在《柯林斯词典》中，被定义为：一种可以通过承受或给予或加强力量等方式来帮助、辅助事务发展的行为及过程，而支持体系则被定义为所有物质与精神支持的集合系统。

"支持"在心理学、社会学理论中被定义为：来自他人的一般性或特定的支持性行为，这种行为可以提高该受体的社会适应性，使其免受不利环境的伤害，支持区分为情感导向的支持、社会资源整合及信息网络平台构建的支持、社会认可性及自尊满足性支持、物质性支持等。此外，对支持体系中的被支持者而言，其对支持者提供的资源具有选择性，因此，支持体系也被认为是一个充斥着各种以被支持者的需求为导向建立起来的"资源池"，被支持者通过提取资源池中的资源来获得成长。

总的来说，支撑体系是为受支持者提供各类所需资源的网络，帮助受支持者成长，具备资源流动性、降低不确定性等特征。

二、创业教育内部支持体系

本书所指的创业教育内部支持体系，是从学校内部影响创业教育实施效果的要素（重要的子体系）入手，运用整体性、系统性的思维模式，以改善创业教育的实际效果、提升学生的创业素养及能力为目标，全面整合、协调校内创业教育各要素（重要的子体系），从而构建保障创业教育有效开展的内部支持体系，最终实现创业教育的重重落地。

高校开展创业教育需要五个要素，即人才培养体系、创业教育组织、师资培养体系、文化环境及孵化服务在内的核心教育体系作为基础，进而搭建校内创业教育支持体系，通过该内部支持体系中五要素间的相互配合，实现对创业教育的体系化支持，帮助高校创业教育实现制度化，提高创业教育的实效性，避免创业教育流于形式、支离破碎。

三、创业教育内部支持体系五要素

在高校组织开展创业教育活动，实施创业教育行为的过程中，对创业教育最终的实际效果产生直接影响的核心要素主要有五个，而这五个要素构成了本书所研究的"创业教育内部支持体系"。

实现创业教育的关键，不在于学生有无创造潜力，而在于高等教育是否具有创造性，在于高校的教师、科研与管理人员是否有创造性思维，能否为学生的创造活动提供精神土壤，这就需要完善创业教育的培养体系。学校创业教育人才培养体系包括四个方面：目标体系、内容体系、课程体系与方法体系。其中创业教育目标体系是人才培养体系构建的蓝本和引航灯，而创业教育课程体系则是人才培养体系的基石，本书对人才培养体系的分析和构建将围绕目标体系和课程体系为中心进行。

高校创业教育组织是拥有共同的教育目标、一定的组织结构、明确的内部规范，通过对开展创业教育活动的具体执行部门和相关职能部门进行统筹管理，以实现创业教育目标、培养创业教育人才的组织。

创业师资是执行教学任务、实现教育目标的群体，师资队伍的建设直接关系到创业教育的实际效果。创业师资主要包括理论专家、技术专家、政府人员、企业家、孵化管理者和风险投资人等，而创业师资队伍的建设就是通过对教师资源的管理及组织，实现创业教育效果最大化的过程。

创业项目的孵化是创业教育实践学习阶段的核心内容，是对理论教育的升华和运用。在整个创业教育支持体系中，孵化服务可以被看作是一个商业支持过程，它通过为创业者提供免费的创业场地、融资渠道、优惠政策、技术服务及信息网络平台等，来降低初创企业在创业初期的失败率，尽量帮助大学生规避初创企业的风险，帮助其更快、更好地实现与社会的对接。

文化是群体的内在价值观及校内行为的表现，是集体性思维模式的展现。创业文化是指与社会创业有关的意识形态、文化氛围，其中包括人们在追求财富、创造价值、促进生产力发展的过程中所形成的思想观念、价值体系和心理意识，主导着人们的思维方式和行为方式。营造良好的创业文化氛围，可以有效地提升资源分配的效率和合理性，可以促使企业持续成长，可以激发群体敢于冒险、勇于创新、包容失败的精神。

第二节　构建完善的创业人才培养目标体系

一、高校创业人才培养目标

高校创业人才培养目标就是要使大学生形成创业意识、创业能力和心理品质等创业基本素质，明确这一目标，可以保证高校创业人才培养始终朝着既定目标发展。按照培养目的的不同，可以将创业人才培养目标分为共性目标和个性目标。

第一，培养创业意识。积极引导学生转变就业观念，增强创新意识和创新精神，使学生意识到自主创业是社会进步、自身生存及自我价值实现的需要，是更高层面上的就业，此外还应加强对学校迎战风险、知识更新、资源整合、战略策划和信息资源开发等意识的培养。

第二，健全创业心理品质。主要从六个方面健全学生的创业心理品质。一是确立诚信理念，诚信是做人的第一品质，无诚信不能创造财富；二是积极的处事态度，正确的行为方式，严谨的工作作风；三是坚定的成功理念；四是强烈的社会责任感，积极的竞争意识、竞争精神；五是坚韧不拔的毅力，做事果断坚决，适应性强；六是能够承受压力、挫折、善于控制自己的情绪。

第三，丰富创业综合知识。创业知识涉及面广泛，包括工商、管理、金融、财税、法律和公关等相关知识。还应加强对创业方法的指导，教会学生设计创业方案，掌握创业所需的一般方法等。

第四，提高创业能力。创业能力是创业者必须具备的基本素质。一般包括专业能力、经营管理能力和综合能力。专业能力是创业基础，包括专业基本能力和专业创新能力。经营管理能力是创业的关键，包括分析判断、决策、管理和理财的能力。社会综合能力是创业的保证，主要包括公关、适应力、团队协作力以及企业家的素质等。

针对不同年级的大学生来说，创业教育目标的培养内容各有侧重点。对于大学一年级的创业教育主要目标是培养学生的创业意识。使他们端正创业态度，树立正确的价值观，进而明确创业的目的和意义。二年级的主要目标是进行创业知识储备和创业心理训练。鼓励学生学习并熟练掌握专业知识技能，为创业打下坚实的基础。三年级的主要目标是培养学生掌握有效的创业方法。四年级的主要目标是锻炼学生的创业能力。

二、完善创业人才培养目标体系

实践证明，最能直接影响校内支持体系运行方向、运行效能、运行质量的因素，来自创业教育培养体系的内部，即创业人才培养的"目标定位"。

许多学校或组织都在创业教育人才培养目标选择与定位时存在着不同程度的问题，如果将类似问题加以归总不难发现，它们不仅存在于教育教学中，还存在于创业教育人才培养的全过程。因为，关于创业人才培养的目标定位，虽然本身并不直接体现为校内支持体系，但作为这一体系的灵魂必然间接地体现在一切与此相关的要素之中。从某种意义上讲，一所学校、一个组织对于创业人才培养目标定位的考虑，也是对其价值判断选择、制度的顶层设计以及运作能力的考验。

鉴于人才培养目标定位问题如此至关重要，因此，任何一所高校在全面思考高校学校创业教育校内支持体系建设时，都有必要优先讨论人才培养的目标定位问题，真正实现纲举目张。

同时，在思考人才培养的目标定位时，应当坚持如下原则。

第一，同一性与差异性相结合的原则。既然创业教育是相关要素协同作用的结果，那么，就必然要求各相关要素务必在同一目标引领下有机运行，也只有这样，才能真正做到齐心协力，校内支持体系的运行才能最有效。与此同时，由于培养对象存在着个体的差异性，这种差异性不仅体现在能力、性格上，还体现在不同的心理诉求中，这就势必要求学校在人才培养过程中应当坚持因材施教，在总体目标的引领下，兼顾学校的个体需求。

第二，短期目标与长远目标相结合。教育是有规律的，人的成长、人才的培育同样是有规律的。高校的创业教育应当充分体现终身教育的价值取向，全面关心学生的发展性需求，着眼于学生的未来。当然，千里之行，始于足下，创业教育还应当积极引导学生脚踏实地，立足当下。只有将短期目标与长远目标相结合，才能真正引导学生处理好"当下"与"未来"的相互关系，才能确保校内支持体系的有效运行。

第三节　构建创业教育课程体系及服务体系

一、改革创业教育课程体系

在创业教育的持续推进中一直存在着一个难点问题，这就是创业教育课程体系的改革与建设问题。高校教育体系的核心是课程，人才培养目标的实现也离不开课程。但目前的问题是，一方面创业课程与其他专业课程难以真正融合，教师的教学组织往往存在"两张皮"的现象；另一方面创业课程也未能得到应有的重视，大多只是列为通识课程、基础性课程。此外，在组织开展创业实践课程时，多数情况下只是少数"精英者"参与。这样，严格意义上的创业课程最终只能是面向少数人的教育，大多数学生接受的只能是浮于表层的"创业理论教育"。鉴于这些问题的存在，高校应当紧紧围绕创业教育人才培养的目标定位，明确创业人才的核心能力需求，以培养学生的创业意识、提升学生的创业能力为目的，积极进行创业课程体系及课程教育活动的改革。

第一，将创业教育的课程全面纳入各专业人才培养方案中去，这是创业教育与专业教育融合的前提。只有将创业教育的课程内容有机融入专业教育过程之中，才能使学生在本专业学习中，持续强化创业意识，提升学生的创业兴趣。

第二，以培养复合型人才为目标，努力实现专业教育与创业教育的联动。创新创业教育本身培养的就是一种复合型人才，将专业教育与创业教育有机融合，有利于复合型人才的培养。因此，两者的融合应当贯穿人才培养的全过程，课程的改革也应当渗入理论教学与实践教学的各个领域，包括基础课程、拓展课程、活动课程和实践课程等。

第三，基于创业教育也是一种普适教育的理想预期，学校应当在创业课程体系建设中，充分满足多元化的需求，增强学生自主学习的选择性，既保证多数学生对于创业教育的基本需求，又能够让部分学生接受更具挑战性、实战性的创业教育内容，强化实战能力，提升创业力。

第四，高度重视创业教育活动课程、实践课程的建设。当然，受师资条件所限，这也成为创业教育课程体系建设中尤其困难之处。内容丰富且有针对性的活动课程、以真实项目为基础的实践课程，最能帮助学生强化对创业知识、技能的理解。

第五，将创业意识与能力纳入人才培养质量的评价体系中去，可以更有效地促进创业教育与专业教育的有机融合，引导各教学单位及广大教师对创业课程或创业教学内容的高度重视，进一步提升创业教育的教学质量。

二、推进创业教育服务体系建设

从宏观上讲，创业教育的服务体系应当覆盖创业人才培养的全过程、全领域，包括创业教育、政策保障、资金帮助和孵化服务等。从微观上讲，创业教育的服务体系则主要表现为创业教育进入实践层面后的创业孵化服务。

以微观层面推进高校创业教育服务体系的建设应当从以下几个方面入手。

第一，高校举办的创业孵化器，应当充分发挥高校办学的优势，坚定不移地走校企合作的路子，积极吸引更多的企业管理者或企业专家，参与孵化器的管理及对学生创业活动的指导。

第二，学校应当努力打通学习（研究）成果—孵化器—企业—市场的通道，引导并帮助更多的学生参与产品或技术的开发与转化，帮助学生解决这一过程中遇到的专业性难题，助推学生的创业活动。

第三，应当建立科学规范的评价机制，通过聘请第三方（企业或社会机构）专家，共同组织对学生在孵化器上的创业活动进行阶段性的评价，不仅可以发现并解决存在的问题、面临的困难，同时也是入住或退出孵化器的一种有效的资源管理措施。

第四，积极组建创业教育的培训机构，可以由学校自行组建，也可以通过与社会相关机构或企业共同组建，整合各方面的培训资源，为学生的创业活动提供最及时的、全方位的服务，帮助学生提升创业能力。

第四节　构建高校学生创业心理扶持体系

结合高校大学生的创业心理素质的现状及高校目前创业心理扶持工作中呈现的问题，研究从创业课程建设、创业心理咨询机构建设、校园创业文化建设及微载体互动平台建设四个维度开展高校大学生创业心理扶持体系的具体构建。

创业心理教育课程将有针对性地向高校大学生普及创业心理知识及进行创业心理素质训练，在一定程度上能提升学生在创业活动中的自我效能感，该部分建设主要从师资的培养、教育对象的选择以及课程开设模式三个方面进行。

创业心理咨询机构建设将有助于学校及时发现并解决学生因创业问题而引发的心理冲突，有利于提升学生的心理健康水平。相关建设主要包括专业创业心理咨询及朋辈创业心理咨询，通过这两方面工作的结合全方位解决学生在创业前、创业中以及创业后内心产生的不同程度的心理冲突。

微载体互动平台建设在提升高校大学生创业心理健康水平的同时，也能培养及激发学生的创业意识，该平台将保障学生能够在线上随时随地了解有关创业知识及创业心理相关的资讯，遇到一般创业心理问题也能以匿名的方式在线上进行心理咨询，同时通过该平台也能够定期进行创业经验交流，具体建设围绕师资培养、内容建设、线上与线下教育方式结合三方面开展。

一、创业心理教育课程建设

创业心理教育课程是高校大学生创业心理扶持体系建构的基础，学习创业心理教育课程可以让学生获得较丰富的创业相关知识，是学生开展创业的前提，为学生成功创业提供有效的保障。学校通过创业心理教育课程提升学生的耐挫力，使学生能够正确看待并面对创业过程中的挫折，对创业过程中可能产生的艰辛和困难有正确的认知，了解并认识创业过程中存在的风险，以保障创业的成功概率。学生通过掌握有关创业心理相关的理论知识，有利于学生在心理层面更深入地了解大学生创业过程中可能存在的心理冲突，也有利于学生在创业过程中进行自我心理教育，并发挥学生的自主性。创业心理教育课程包括课堂教学与实践活动课程，而理论与实践课程的建设皆与师资培养、教育对象的选择和课程开设模式等方面密不可分。

　　雄厚的师资是开设高质量创业心理教育课程的关键，其课程分为学科课程及活动课程。学生通过学习学科课程掌握相关理论知识，在活动课程中体验、实践及升华理论知识，二者不可分割。教师需要在已有的教学观基础上适当融入"创业观"，这要求教师解放思想、创新实践，点燃大学生的创业激情、树立正确的创业意识及端正的创业态度，在培养学生创业能力的基础上，有机融入爱国主义、集体主义及心理健康教育，帮助学生不断地提升创业心理素质。

　　目前，对于全国高校而言，创业教育只是进入起步阶段，需要不断地探索和创新。并且严重缺乏专职教师，需要不断地招聘和培养。高校可以通过培养现有的教师队伍，使其成为专业的教师，同时聘用专业的兼职和全职教师。学校可以通过鼓励现有教师团队积极参加 KAB 师资培训、YBC 师资培训、SIYB 师资培训，以及 DMC 创业指导师培训，争取在培训阶段取得相关的资格证书。可以聘用一些具有创业实战经验或者优秀企业家来担任主讲教师，同时兼职教师队伍也可以引入经济管理专家、政府部门官员及工程技术专业等人才，以案例分析、专题讲座、模拟实战和创业论坛等多种形式向学生呈现创业相关知识，让学生对创业有更深入了解，这样一旦学生开始创业便会更有自信，有助于提高创业的创业绩效，有利于增强自我效能感。

　　教育对象的选择是保障创业心理教育课程建设和实施效果的关键。参加创业心理教育课程的学生除了需要以一定程度的兴趣为基础，还需对创业具备基本的了解及适合参与创业的人格特质，该特质表现为敢于创新和冒险、积极主动、沉着冷静、独立果断等。基于不同的高校在创业教育课程建设方面存在不同程度的差异，选择的对象可以采取以"心理测评为主，自我评估为辅"或以"自我评估为主，心理测评为辅"的方式进行选择。自我评估与心理测评的结合既体现了学生的自主性，也体现了授课对象选择的科学性，精准地选择创业心理教育课程的授课对象，为创业心理教育课程的授课质量及高效性提供了保障。

　　"自我评估为主，心理测评为辅"的选择模式更适用于创业教育课程已经建设得比较成熟的院校。创业教育课程主要涉及创业相关的基本理论知识，学习该课程后可以对"大学生创业"形成一定的了解，并形成自己的"大学生创业"认知与情感。学生结合自身对"创业"的兴趣，进行自我评估，对于自我评估表现积极的学生，学校可以进一步结合心理测评软件对这部分学生的人格特质进行测试，测试量表可以选用 16PF 测试量表，通过内向和外向性格、自我控制程度及环境适应性三个维度来测评其人格特质是否符合创业人格特质的需要，从而最终确定该课程的授课对象。

"心理测评为主，自我评估为辅"的选择方式则更适用于创业教育课程建设还不成熟的院校。因为学生接触的创业知识相关课程少，平时生活中可能极少了解大学生创业相关的信息，因此对大学生创业还欠缺较理性的认识。这种情况需要学校首先采取心理测评的方式缩小授课对象的范围，然后再在这个范围内让学生以对创业的了解和兴趣为基础进行自主评估选择，从而筛选出更适宜参与创业心理教育课程学习的学生。

创业心理教育课程旨在通过创业心理知识的普及及活动课程的体验加深，提升学生在创业过程中的耐挫力，形成正确的创业认知，同时提高学生的创业心理素质。创业心理教育课程的开设模式包括创业心理教育课程的目的、性质、开设时间等，是创业心理教育课程能够顺利开展的落脚点。

结合国内外已有的相关研究成果、学生的创业心理素质现状及高校的课程开设情况，创业心理教育课程适合以选修课的形式呈现给学生。国外院校更多的是将创业心理部分融入创业教育课程体系中，赛义德等的研究表明，创业教育课程作为选修课能显著提高学生的创业倾向，但是作为必修课时效果并不显著。结合学生的创业动机现状，虽然部分学生为了创造财富或者实现自我价值有创业的动机，但仍有不少学生在衣食无忧的生活状态下还未萌发创业的想法。人的需求在人对客观事物的情感中起中介作用，对于有创业激情和需求的大学生而言，通过课程教育能对大学生创业产生正面、积极的情感体验；而对于缺乏创业激情和需求的大学生，则会产生消极、反感、负面的情感体验。因此，以学生自身的需求为出发点，采取选修课的形式呈现，不但有利于体现学生的自主性，也有利于为学校减少不必要的资源浪费，同时对该课程的质量也有一定的保障作用。

根据调查结果显示，已调查的高校 3 个年级中，大三年级的创业心理素质水平表现最高，大二年级学生的创业心理素质水平最低。出现该调查结果的原因可能与其中两所院校在大二时开设 SYB 或者创业教育课程有关，该类课程内容虽然不是专门针对学生的创业心理，但是其内容中也有部分章节及内容涉及学生创业心理知识，在掌握这些基础知识的基础上，学生对于大学生创业活动的自我效能感也能得到提升，显然创业心理素质也能得到相应提升。大部分高校学生因为自身储备知识薄弱，经过一年专业课的学习之后开始产生力不从心，甚至出现倦怠感，从而降低自我效能感。进入大二开始出现思想松懈、情绪情感体验消极，而大学生创业需要自身有充足的自信迎接任何高强度的挑战。因此，大二的学生容易出现低创业心理素质。所以，创业心理教育课程可以考虑从大二开始开设，一方面学习学科理论知识，另一方面参与活动课程进行实践，以此来提高大二学生的创业心理素质。

二、创业心理咨询体系建设

在国家高度提倡和重视大学生创业的背景下，高校大学生因自身的学历不足等因素成为大学生创业的主力军。在创业教育体系不断探索、创新及完善的过程中，创业心理咨询体系也在不断发展与完善。创业心理咨询体系的建设包括专业的创业心理咨询建设以及朋辈心理咨询建设。专业的创业心理咨询主要指由专业的心理咨询教师对学生由创业问题所引发的心理冲突进行心理咨询。朋辈创业心理咨询主要由年龄相仿的学生或朋友对因创业问题产生心理冲突的学生给予安慰、心理疏导，以及提供相应的帮助与支持。将专业的创业心理咨询与朋辈心理咨询紧密配合，能有效地将创业心理扶持体系渗透到学生生活的方方面面。

目前，几乎所有高校都建设了大学生心理健康咨询中心，并由专业的心理咨询老师负责解决学生在校期间成长中所遇到的心理冲突，让大学生以更健康、更乐观的心态面对大学的生活与学习。随着高校大学生创业的逐渐升温，加之国家政策的鼓励，参与创业的学生人数逐渐增多，而该类学生在真正面对创业这一实际问题时，也会受多方面因素的影响而产生心理冲突，甚至会影响到学生的学习与生活。目前，虽然不少学生已经有创业的想法或者已经参与到创业的活动中，可是在从计划到实施创业的过程中，不少学生也面临着非常大的压力。例如，在学习时间有限的情况下，专业学习与创业之间如何平衡更合适；自己很想通过创业来实现自己的价值，但是又担心创业失败；创业过程中失败了，学习也受到了影响，该如何继续学习或者面对家人及老师等一系列问题引发的心理冲突，如不及时疏导可能严重影响学生的学习与生活。

创业心理类问题严格讲也属于大学生心理健康咨询的范畴，但鉴于该类心理冲突是由"大学生创业"这样一种典型而具体的事情所引发的，结合高校大学生积极的创业现状，该类院校有必要对中心的心理咨询教师团队进行拓展培养，如鼓励心理教师进行创业学、SIYB 等课程的学习，也可邀请有创业经验的企业家、教师及相关人员就大学生创业问题展开深入交流，让高校心理咨询团队对大学生创业的现状与进展有更深入和更详细的认识。当学生遇到这类心理冲突时，教师能够结合自己对大学生创业情况的了解，更好地在心理咨询过程中与来访者共情，真正走入学生内心深处，用专业的技术及方法解决该类心理冲突。

以上对策是结合目前高校创业人数比例较小的情况下可考虑的方式，鉴于创业教育以及大学生创业是未来教育改革发展的必然趋势，随着大学生创业队伍的蓬勃发展，创业人数不断增多的情况下，学校也可以考虑在大学生心理健康中心成立专门的创业心理咨询工作团队来帮助这部分学生解决一般心理冲突并进行危机干预工作。

朋辈心理辅导于 20 世纪 60 年代起源于美国，我国为缓解高校心理咨询的压力于 20 世纪 80 年代中期开始积极探索其理论及应用。朋辈主要指年纪相仿的朋友或同辈，朋辈心理辅导是指经过一定短期训练的非专业人员，对周围需要帮助的大学生给予的心理咨询与辅导。由于现实大学生活中，不少学生愿意将自己的心事及困扰向周边的同龄人诉说，使得"朋辈"的辅导与安慰效果在某种程度上优于教师与家长的辅导。因此，朋辈创业心理辅导是专业创业心理咨询的重要辅助与补充，朋辈创业心理辅导是创业心理咨询体系的一个重要但又非专业的分支。朋辈创业心理辅导的建设包括辅导队伍的规划、选拔、培训等。

朋辈创业心理辅导更贴合学生的心理需求及生活，可采取宿舍、班级、系部三级建设方案。即每个班级安排 2 名宿舍创业心理辅导员，男生宿舍 1 名，女生宿舍 1 名；每个班级安排 1 名创业心理辅导员；每个系部安排 1 名创业心理辅导员。

工作流程主要是当一级创业心理辅导员发现周边有因创业问题而困扰的

朋友及同学时及时帮助该部分同学进行简单心理疏导并向上一级心理辅导员汇报，最后由系部创业心理辅导员汇总相关信息送达学院心理健康咨询中心。对于已经出现严重心理问题并且朋辈心理辅导无法达到理想效果的情况，系部创业心理辅导员应及时向心理健康咨询中心专业的心理咨询老师反映，并劝导该学生进行专业的创业心理咨询，帮助其早日恢复健康的心理状态。

优秀的朋辈创业心理辅导员的选拔是高效朋辈创业心理辅导建设的前提。优秀的朋辈创业心理辅导员应具备心理健康、人格健全、热情耐心、工作认真负责、诚实可信、宽容接纳、合群及热爱心理健康教育工作等特点。因此，学校可以设立大学生心理健康中心，主要职责是推广和宣传创业心理相关知识，招募工作人员的过程中要详细地介绍朋辈创业心理辅导员的主要工作职责、工作方式及培训计划等。选拔第一步应采取自愿报名或同学推荐两种方式进行，对于积极报名的同学给予鼓励与支持。第二步采取淘汰制确定人员名单，结合学生在培训过程中的表现、基础心理咨询知识以及创业心理相关知识的考核。

朋辈创业心理辅导员的培养是朋辈创业心理辅导建设的核心。相关的培养方式及培训课程主要由大学生心理健康咨询中心的专业心理咨询教师承担。培训内容主要包括心理健康咨询、创业心理相关等基础知识。培训考核除了相关基本理论知识外，还包括考核个人的综合素质等，以确保择优录取，为后续工作打下良好基础。

三、微载体互动平台建设

微载体互动平台建设是创业心理扶持体系建设的必然趋势，是对课堂教学的补充。国务院在发布《关于积极推进"互联网＋"行动的指导意见》（国发〔2015〕40号）中强调，互联网与各领域融合发展具有无限潜力，并具有不可阻挡的趋势。在大众创新、万众创业的时代氛围下，加快推进"互联网＋"与创业心理教育的融合，既符合时代发展的需求，贴近学生的生活习惯，更有利于拓展创业心理教育平台。载体主要是指能承载物质或者传递能量的物质，本书所指微载体主要是指将微信、微博等新媒体视为载体，微载体必须具备的条件是能承载创业心理健康教育的主客体通过这一载体发生互动，该载体必须能被创业心理教育的主体运用及控制。高校可以创建学校的公开微博及微信公众号进行创业心理健康的宣传与指导，学校相关人员可以通过运用微载体发布并快速更新与创业心理健康或创业知识相关的实时内容，引发学生的兴趣，也可以通过微载体的社交功能进行单个学生或团体学生的疑惑进行辅导工作，但这样的工作方式对相关工作人员也有一定的要求。因此，微载体互动平台建设包括师资培养、微载体互动平台的内容建设、线上和线下教育方式的有机结合等。

虽然微载体为创业心理健康教育拓宽了渠道，但是微时代也对教师的素质提出了新的要求。以往研究发现，不少教师在使用新媒体技术上仍有待加强，如打字慢、新媒体功能使用不全等。其实除了微信、微博这些软件使用技术需要提升之外，网络教育技巧、网络学生咨询技巧和网络团体辅导技巧等综合技能更应引起重视。运用微载体进行咨询或者辅导时需要运用网络环境下交流与咨询的技巧，若在此过程中仍然采用"说教式"的方法进行咨询或辅导，并没有利用微载体平台的优势，也并没有让学生全身心地投入，容易让学生反感，反而效果不佳。由此可知，微载体交流与咨询的技巧对于相关咨询教师同样重要，定期开展相关培训能有效地提高教师的微载体咨询技能。相比于传统教学，学生通过微载体进行交流的主要优势在于既能体现双方的平等性及也能体现学生的自主性。

虽然现阶段我国大学生创业心理教育相关教材极少，但教师在教学的过程中也可以发挥网络平台的优势，收集大学生创业政策及相关新闻等内容作为课程延伸。网络信息的即时性、内容的丰富性当然更能吸引学生，这样的内容更能激发学生对于创业的兴趣，满足其精神需求，所以充实微载体创业心理健康相关内容显得十分关键。内容本身须符合创业心理健康教育的目标，内容需要有一定的方向性；所选择内容应尽量能引导学生思考，并有兴趣在论坛发起讨论，或者留言等；相关内容应及时更新，保证内容的多样性，吸引更多的大学生参与其中；所选内容也可以是链接本校或者其他高校做得比较好的心理健康网站或大学生创业网站，促进各种新媒体的融合，利用微载体平台实现一定程度上的资源共享，在内容上满足学生的需求。

在高校大学生创业队伍日益壮大的背景下，采取线上与线下结合的方式为学生解决因创业问题产生的心理冲突是非常必要的。学生运用微载体公共平台可以用匿名的方式寻求帮助，能有效弥补部分学生不愿展示自己内心真实想法的不足，同时这种新颖的方式也能让学生在讨论问题、咨询问题的过程中不受时间与空间的限制，更多地体现了学生的自主性。线上有专门的教育工作者将学生的留言、评论或者自我表露中有异常情况的问题进行分类。例如，可以考虑分为如下几类：创业前期的心理冲突、创业过程中产生的心理冲突以及创业失败产生的心理危机等。教师利用微载体的社交功能对有相关问题的学生有针对性地进行个别或者团体辅导，甚至对因创业失败而产生心理危机的学生采取线上和线下结合的方式进行及时干预。线下创业心理教育教师可加大宣传校园微载体的公共平台，尽可能多地吸引学生主动添加关注，但不可强制学生关注，主要以引导为主。日常教学中教师对于班级中需要进行个别教育或辅导的同学，可以多鼓励其在微平台上进行咨询，这样的方式既有利于学生毫不遮掩地进行自我表露，也有助于专业教师能有效地针对不同问题开展具体工作并解除学生的疑虑。

第五节　强化创业教师师资队伍建设

一、改善建设条件

在国家大力推动建设新型教师队伍的大背景下，高校要把握发展机会，积极利用有利条件，激励教师通过学习走访兄弟学校、参加科研活动等方式提升自身能力，提升教育教学水平。各大学校要引进"访问工程师"进修制度并科学执行该项管理制度，将专业教师派到企业进行实践，提升教师的实操技能。可以实行导师制办法，让企业技工与学校老师结对子，配合学习。老师在校外获取知识并将所学带回学校，这样有利于教学质量以及学校整体教学水平的提升。

许多高校积极地引进了专业型人才，如工程师、高级技工和名师等进课堂，为学生授课，这样能推动学生实践能力的提高。但需要注意的是，工程师、高级技工、名师走入学校，主要是通过讲座的方式对学生进行知识讲解，这种知识传授方式时期较短、缺乏稳定性，授课效果未知。学校可以聘请他们为兼职教授，这样授课具有固定性，讲解的内容更全面具体，学习效果更好。年轻教师可以作为助理教师辅助授课，这样理论与实际才不会脱节，这种参与进课堂的方式能更好地发现、解决问题，获得的心得体会更真切、实用。

高校教师的来源渠道多种多样，不同来源的教师各具特点。我们可以开展丰富多样的校本教学研究，营造良好的校园环境，使教师在较好的教学氛围里不断提升能力。学校的教研氛围也十分重要，要鼓励青年教师向经验丰富的教师学习，跟班学习听课，高效地掌握各种授课技能，积极向能力强的教师学习其教学方法、操作技能、课堂组织方式等，全方面提升青年教师能力。要合理进行教学安排，可以将实操能力强的老师与理论教学能力强的老师进行搭配授课，让他们取长补短、互相学习、一起进步，向"双师型"迈进。

二、建立建设制度

实践证明，高校对于"双师型"教师的专业要求是较高的，此类教师来源渠道多种多样，对他们的管理工作也更复杂一些。有的院校对于双师型教师的管理存在一些问题，具体表现在专业培训和职业发展方面有所欠缺，对相关教师的教学、科研成果不能有效量化，也不能有效地对他们实行奖励并激励他们提升技能。

双师型教师没有一个明确的职业发展规划，没有一套明确的衡量标准去量定教育教学成果，缺乏有效的激励机制。针对这些问题，可以对他们采用分层分类的管理方式，并创建素质模型。要引进一套合理科学的聘任制度，在分配方式上也要注意调节，提高双师型教师的待遇，鼓励教师认真履行自身职责。

要建立一套科学的教师职称评定考核方法，保证公平、合理。高校教师的专技职务评审与普通大学的一致，都是关注对教师科研能力的考察。值得注意的是，高校的双师型教师除了需要具备一定科研能力，更重要的是要有实践成果、科研产出。这种对高校教师在科研和实践能力两方面的评审考核，大大加重了双师型教师的负担，他们很容易精力分散。所以，要建立独立的考核办法进行教师职称评定，在相同情况下，要将具备"双师素质"的老师纳入优先范畴，最先对其进行职称申报。

双师型教师的职业发展不容忽视。人们就业时，除了"薪水"外，"职业道德的拓展性"已成为教师择业的关键考虑因素。双师型教师已经具备了一定的知识技能，自身能力也不错，相较于一般员工而言他们在职业发展方面的需求更多。部分教师有着丰富的专业实践经历和扎实的专业理论基础，科研开发能力较强。学校要看到双师型教师的这些优势并积极利用这些优势，鼓励老师走向社会、走进企业参与科研项目、进行科研服务,这样有助于教师得到锻炼、提升实践能力。

考核与评价在教学活动中的作用至关重要,要建立、完善一套对教学活动起到调节、控制等作用的考核与评价制度。创业教师需要一个良好的舆论导向和氛围,学校需要满足教师的教研氛围需求,为每一个创业教师提供良好的校园环境,激励他们不断创新、实践。此外,学校要建立一个督导制度,通过实行教育教学工作责任机制对教师的教学工作进行监督,推动教学工作的改进、提升。还可以建立形式多样的评教方式,通过学生、学院和专家等的评价全方位地点评教师的创业教学工作。还要注意建立一套鼓励机制,对表现优秀的教师给予鼓励。

三、校企合作是"双师型"教师队伍建设的重要途径

产学合作是校企合作的基本内涵,要注重工学结合,实施校企合作可以通过工学结合来实现。学校和企业进行合作,可以建立一个校内外实训基地,帮助"工学结合"的开展,实训基地旨在提升学生在实践、创新创业等方面的能力,突出了职业教育的特点。工学结合的方式大有裨益,教师的科研能力和教学水平相长,理论与实践联系紧密,教师各方面的能力也得到了锻炼,无论是职业素养还是创新水平都大大提升了。专业教师脱产到合作企业学习或挂职是加强"双师"教师队伍建设的具体措施之一,创业教师的能力培养要注重在实践中进行,通过有效地开展实践工作,使教师具备创业意识和创业能力。在这一过程中,可以通过"校企合作"的方式,让教师在企业中进行锻炼,使教师的理论知识与实践活动紧密地结合,使创业相关教学内容更加实用。

因此,研究创新创业视角下的高校校企合作模式及运行机制、开发适应学校和企业合作的具有较强可操作性的人才培养方案和课程体系、建立与校企合作人才培养模式相配套的创业人才培养机制已成为当务之急。

以江西机电学院为例,在开展创新创业教育的过程中,他们充分发挥高校与企业联系紧密的优势,通过资源交换与互补,以产品成果优先选择权为条件,换取企业支持给予实践场地、共建创业工程、提供创新创业环境。

绝大多数高校教师来源于各大高校,他们长期处于重视理论的学校教学环境中,没有足够的一线实践工作经验,对企业具体的生产、科研情况不了解。

青年教师无法通过直接深入生产一线获取足够多的教学理念,这是他们的一大不足。应该想办法创造条件,让青年教师去企业顶岗实习,积极参与企业的生产、管理等各个环节,去不断地适应、学习。这种方式能让青年教师更快地适应高校教育的特点,让教师明确高校教育的目的是培养一批与社会相适应的创新就业人才。青年教师直接参与进一线的工作,不仅能够学习到企业的生产管理经验、技术改造、设备安装及员工培训等内容,还能了解到现代企业对于人才的需求是什么。

青年教师把从企业获得的知识和经验带回学校传授给学生,让学生明白企业对于人才在技能和知识等方面的要求,督促学生扎实学习本领,掌握企业生产经营的理念,提升专业实践技术。学生素养得到有效提高,学校教学水平也稳步提升。高校学院应该关注市场和企业对于人才的需求,不断创新师资培训模式,在对开展学生创新创业教育是否取得成效的评价,也就不应该是政府或学校说了算,而应该加入企业的考核标准和考评过程,在培养人才上有计划地选派专业带头人和骨干教师赴企业和行业一线挂职锻炼,实现需求信息共享。

综上所述,全面贯彻党的教育方针,把提高质量作为重点,以服务为宗旨,以就业为导向,走产学研结合的道路,努力打造一支具有现代教育理念、师德高尚、专兼结合、结构合理、教学水平高和实践能力强的适应中国高校教育特色的"双师型"师资队伍是高校发展的必要条件。

第八章
大学生创新创业实践

第一节　创新创业实践活动

一、创客与创客运动

"创客"一词来自英语"Maker"的巧妙中译，原意是"制造者"，早期被认为是自己动手（DIY）爱好者的称号，即创客最早生长于欧美广泛普及的DIY文化。DIY文化在最基础的层面表现为不依赖专业工匠，自己利用适当工具与材料进行修缮工作，这一文化后来慢慢演变成发挥个人创意的一种风潮。在车库文化、黑客文化、反主流文化运动基础上形成的硅谷创新文化成为今天创客运动的文化基因，持续影响着今天的创客，他们倡导的是一种创造文化而非消费文化。

创客是那些愿意动手实现自己想法的人，"动手实现"和"自己的想法"是创客概念的两大核心。创造的欲望深植于人类本性之中，比如孩子们利用积木、乐高做出一些通常没有意义的东西后仍会感觉到巨大的成就感。创客的兴趣主要集中在以工程化为导向的主题上，例如，电子、机械、机器人及3D打印等，也包括相关工具的熟练使用，如计算机数控机床（CNC）、激光切割机等，还包括传统的金属加工、木工及艺术创作，例如，铸造、手工艺品等。他们善于挖掘新技术、鼓励创新与原型化。他们不单有想法，还有成型的作品，是"知行合一"的忠实实践者。

随着信息技术、开源软件运动与新型生产工具的发展，创客可以利用互联网、3D 打印机和各种桌面加工设备将各种创意变为实际产品。多数创客对新奇的科技创意和产品感兴趣，喜欢玩科技。如果忽略理想主义的东西和世俗化的运作，追逐兴趣，创造好玩的事物是人们在创客运动中体验到的核心价值。

关于什么是创客运动，目前在业界并没有一个明确的定义。《创客：新工业革命》作者安德森指出了"创客运动"具有三个变革性的共同点：第一，人们使用数字桌面工具设计新产品并制作出模型样品（"数字 DIY"）；第二，在开源社区中分享设计成果、进行合作已经成为一种文化规范；第三，如果愿意，任何人都可以通过通用设计文件标准将设计传给商业制造服务商，以任何数量规模制造所设计的产品，也可以使用桌面工具自行制造。

从 2011 年开始，创客运动开始进入中国，上海新车间、北京创客空间和深圳柴火创客空间等相继成立，英特尔等科技公司也陆续举办创客嘉年华和各类创客大赛等活动。创客已经从遥不可及的概念成了一种为人关注的理念。发明创造不应只存在于拥有昂贵设备的研究所或大学实验室，也不应只由少数专业科研人员所负责，任何人在任何地方均有机会完成，这正是创客的理念，也是创客运动的魅力所在。在未来，创客们可能不光要以自己的兴趣和追求而行动，还需要更好地同商业模式对接，以更好地实现发明创造的价值。

创客运动正在助推新一轮工业革命，而其影响的也不仅仅是制造业，而且在教育、建筑、艺术和服装等领域都将产生深刻的影响。我国的产业并不缺乏创意，真正缺失的是创意落地的产业化和工程化能力。而创客运动则有望成为一块重要拼图，改变国内工程化、系统化创新能力缺失的现状。创客们能够运用成熟工具把创意变成现实，这种组合创新的精髓对于推动国内的综合创新能力，带动新工业革命的进程无疑将大有裨益。

创客教育是创客文化与教育的结合，基于学生兴趣，以项目学习的方式，使用数字化工具，倡导造物，鼓励分享，培养跨学科解决问题能力、团队协作能力和创新能力的一种素质教育。从理念上，创客教育以信息技术的融合为基础，传承了体验教育、项目教学、创新教育和 DIY 等教育理念，为重构和优化创新人才培养体系提供了可能的"操作系统"。尤其是这种教育强调的创客精神：分享、开源、自主、非功利，更是对如今商业化、功利化社会所产生影响的一种纠正。

创客教育从目标上，定位于重塑全人教育的成功教育，侧重培养学习者的创客素养，即以完成创意作品或创新产品的开发任务为驱动，培养学习者综合运用知识技能解决实际问题的能力，并最终发展学生的创新意识、创新思维及创新能力。从内容上，创客教育强调了开源硬件和相应软件的综合运用，并结合动手实践，产生各种有创意的、有实际功能价值的原创作品。

与创客教育相关的，在美国出现了 STEM 教育，并在世界范围产生影响。什么是 STEM 教育呢？STEM 是科学（Science）、技术（Technology）、工程（Engineering）、数学（Mathematics）四门学科英文首字母的缩写。从字面上理解，它是科学、技术、工程和数学的一个整合。科学是包含不同学科的，生物、化学、物理及地理等也属于科学范围之内。除了用到科学之外，它还会用到很多技术方面的知识，然后通过工程解决问题的方法，来完成一门课程。同时，除了通过工程来表现，也会通过其他艺术形式来表现。不管是工程还是科学类的一些问题的解决，本身是离不开数学的。

如今有很多新名词与 STEM 都有或多或少的关系，比如基于项目的学习（PBL），还有探究式学习（Inquiry）。实际上，在欧洲和加拿大，他们很多时候并不把这种实践科学活动直接叫作 STEM 活动，还是沿用以前这种探究来命名，只是这种探究和 STEM 很接近，探究的并不是已知结果的问题，而是很多未知结果的、接近真实情况的问题。翻转课堂也和 STEM 理论有结合的地方，STEM 是强调在课堂上减少讲授式的教学，增多实践的学习，那么翻转课堂就是把讲授放到课下，然后课上会有更多互动式的活动和一些实践类的活动。

DIY 概念也与 STEM 相关，DIY 表示自己来制作一个东西，在国外一直都比较流行，3D 打印技术实际上应该算是该技术的一种手段，因为它可以直接把一些创意转化成 3D 打印模型。3D 打印是载体，是不是 STEM，还要看它的背后承载的是什么？这些只是一些手段，而不是最终要获得的东西。

STEM 最终是培养人的创造力的，首先，创造力必须是一个综合的能力，能够从一个全新的视角看待问题，或者重新界定问题。这个能力并不是每个人都有的，特别是现在学生接受学校教育的时间越长，创造力反而降低。STEM 教育不仅是一个科学方面的教育，而且同时加入了技术的成分。其次，创造力是分析能力，要了解有哪些解决问题的基本步骤。最后，创造力是实践能力，是你能不能把想法变成现实。比如，缝制沙包这个简单实践活动，A 老师：第一步，教学生怎样裁剪布料；第二步，教怎样用针线来缝合；第三步，怎样收针；最后，怎样封口，填充沙子。按照他的做法，学生一步步来做沙包，他们可以完成吗？当然可以，而且很可能做成每个人都统一的小沙包。而 B 老师同样是教一节做沙包的课，他会怎样来做？第一步，他会问学生，这个沙包是干什么用的？要丢，那么要保证它丢得远，而且打到人的时候不能很疼。你要实现这些功能，需要哪些材料？你想做成一个什么样的结构？第二步，让学生想一想，用哪些材料做沙包比较合适；第三步，就是怎样做这个沙包；做完之后还有第四步，一定要丢一丢来检测一下，这是一个检测和反馈的过程。两个老师教的学生应该都能做出沙包，但不同的老师用不同的理念来指导，产生的效果可能会不同，A 老师的学生，这次做的是沙包，那下次让他再做风筝，那他可能又要从头开始做了，学生可能觉得风筝和沙包没有任何的关系。但是想一想，如果是 B 老师的学生来做这个风筝，他还可以用上述四个步骤来对应完成：做风筝是干什么用的？可能需要什么材料？怎么做？做完之后是不是要放飞一下检测？这些是技术的思想，是可以迁移到长大以后设计一艘轮船、一艘潜艇、一辆汽车，它不仅是制作，中间包含一些技术素养和工程素养，这就是一种 STEM 教育。

二、开源硬件与创客实践

20 世纪 90 年代后，创客运动与互联网的发展，特别是开源软件与开源硬件的出现及同步发展。1991 年，Linux 操作系统诞生，它是一套免费使用和自由传播的类 Unix 操作系统，是一个基于 POSIX 和 Unix 的多用户、多任务、支持多线程和多 CPU 的操作系统。更重要的，它是一款免费的操作系统，用户可以通过网络或其他途径免费获得，并可以任意修改其源代码，这是其他的操作系统所做不到的。正是由于这一点，来自全世界的无数程序员参与了 Linux 的修改、编写工作，程序员可以根据自己的兴趣和灵感对其进行改变，这让 Linux 吸收了无数程序员的精华，不断壮大。手机用的安卓系统也是开源软件之一，它实际上就是基于 Linux 内核。

开源硬件指与自由及开放原始码软件相同方式设计的计算机和电子硬件。

开源硬件开始考虑对软件以外的领域开源，是开源文化的一部分。相对于以 Linux 为代表的开源软件阵营，开源硬件也是开源思想的继承者。这些硬件的开发者将硬件的全部资料都对外公开，包括电路图、固件、软件、元件列表、器件列表及印刷版图。这些资料允许任何人使用，比开源软件的开放度更高的地方在于作者允许将这些资料及硬件用于任何商业开发。开源硬件联盟（OSHWA）给出的定义是："开源硬件（OSHW）是指有形的造物：机器、设备或者其他物理东西的术语——其设计向公众发布，任何人可以制造、修改、分发并使用那些造物。"如电路图、材料清单和电路板布局数据，通常使用开源软件来驱动硬件。

通过一个概念可以更容易理解开源硬件，那就是"开源软件"，它产生在开源硬件之前，安卓就是开源软件之一。开源硬件和开源软件类似，就是在之前硬件的基础之上进行二次创意。在复制成本上，开源软件的成本也许是零，但是开源硬件不一样，其复制成本较高。开源硬件延伸着开源软件代码的开源资源，包括软件、电路原理图、材料清单及设计图等都使用开源许可协议，自由使用分享，完全以开源的方式去授权。以往的 DIY 在分享的时候没有清楚的授权，开源硬件把软件惯用的 GPL，CC 等协议规范带到硬件分享领域。

实际上，在最早的时候硬件都是开源的，包括打印机、电脑（甚至苹果电脑），他们的整个设计原理图是公开的。在 20 世纪六七十年代的时候，很多公司在思考"为什么要开放自己的资源"。于是，在那一时期很多公司都选择闭源。这种情况再加上很多的贸易壁垒、技术壁垒和专利版权等，就出现了不同公司之间的互相起诉，类似于三星和苹果那样。这种做法在一定程度上有利于创新，但是会阻碍小公司创新者或者个体创新的发展。

在这个曾经"开源过"的前提下，很多人就在思考硬件是不是可以重新走上开源这条道路。之后一批爱好者，也就是创客，致力于开源的研究。开源得以发展，出现了开源的 3D 打印机，拖拉机等农场机器。

开源硬件在创客教育中都有哪些优势呢？从图 8-1、图 8-2 这两个电路板设计中，首先看到了开源硬件的优势是设计的便利性。如果以封闭的硬件进行设计，需要设计并制作出复杂的电路板，这个过程费时费力。相反，在开源硬件中，为了让人们能够自由开放地进行使用、复制、研究和改动，它设计了诸

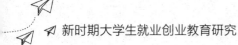
多开放的接口，满足不同用户的开发需求。

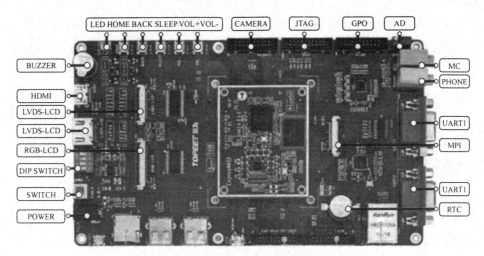

图 8-1　设计了诸多开放接口的开源硬件

图 8-2　一种开源硬件

此外，开源硬件的设计便利性还体现在它很容易与其他创客工具融合。在下列作品中，可以看到它的结构是由单片或者纸模所结合而成的，它能够与很多东西结合见图 8-3～图 8-6）。开源硬件是核心技术，3D 打印、激光雕刻和单片堆积这些都是美化外壳。开源硬件多种多样，不同传感器的组合加上编程的设计，每个人都能够创造万物，这也正是创客教育的魅力所在。

图 8-3　用开源硬件开发的创意作品

图 8-4　汽车模型

图 8-5　多轮车模型

图 8-6   四脚行走器模型

三、Arduino 的诞生及其影响

Arduino 的诞生可谓开源硬件发展史上的一个重大里程碑。

Arduino 在意大利是男性的用名，音译为"阿尔杜伊诺"，意思为"强壮的朋友"。如今在通常意义上说，Arduino 一词不只是代表一种电路板，严格讲是一种开源的电子平台，该平台最初主要是基于 AVR 单片机的微控制器和相应的开发软件。

Arduino 包括一个硬件平台——Arduino Board 和一个开发工具（编程软件）——Arduino IDE。两者都是开放的，使用者既可以获得 Arduino 开发板的电路图，也可以获得 Arduino IDE 的源代码。除了购买 Arduino 电路板外，不需要支付额外的费用。Arduino Board 基于简单的微控制器，如 ATMEGA 328，提供了基本的接口和 USB 转串口模块。使用者只需要用一根 USB 连接线就可以连接电脑和 Arduino Board，完成编程和调试，而不需要专门的下载器。Arduino 使用一种简单的专用编程语言，使用者不必掌握汇编语言和 C 语言等复杂技术就可以进行开发。IDE 可免费下载，并获得开放源代码，跨平台，极为便利。

创客实践为什么都选择 Arduino 呢？世界上有不少微处理器和对应的硬件平台，比如 AVR 系列或 51 系列的单片机开发板、Parallax Basic Stamp、BX-24、Phidgets 及麻省理工学院的 Handyboard。至于为何选择 Arduino，主要有以下原因。

第一，价格低廉。这也是 Arduino 诞生的主要原因和目标之一。首先，从硬件上看，一块最新版的 Arduino Board 的价格（约 70 元）仍然远低于一块 AVR 或 51 开发板（100～200 元），并且不需要额外购买价格几十元的下载线。其次，开发软件也是免费的。Arduino Board 直接用于产品开发，小巧精简，而普通的 AVR 开发板往往过于臃肿，不适合直接用于产品中，只是作为学习之用。

第二，跨平台。开发软件是免费的让玩家减少很多麻烦，同时，软件的跨平台性也十分卓越，在各大主流平台上都能运行，简单、清晰的编程方式让玩家方便操作。Arduino IDE 能够在主流平台上运行，包括 Microsoft Windows，Linux，Mac OS X（占据了 PC 的 99%以上）。而普通的 AVR 开发工具如 ICC，AVR Studio，只适用 Windows 版本。对于很多程序员来说，Linux 是他们的最爱，而设计师往往钟情于 Mac OS X。跨平台的 Arduino IDE 解决了这样的矛盾，开发人员可以各自保持自己的使用习惯。当然，也有专业人员认为这适用于非专业人士，比如学生和一些文艺范的创客，专业人员更喜欢用 C 语言，而 Arduino IDE 的编程风格会破坏编程习惯，因此不建议使用。

第三，简单、清晰的编程方式。电子产品的开发者并不都是电气工程师和程序员，他们甚至包括画家和建筑师（想为自己的家设计能自动开合的百叶窗）。Arduino 并没有使用复杂的汇编语言，或者难懂的 C 语言，而是创造了另一种简单、清晰的编程语言。经过简单的学习，便能够开始出色的设计。

第四，开放的软件和硬件。让你有机会了解它，并加以改变，让你的开发与众不同。让你有机会制造无限量的复制品或者创造"进化版"。Arduino 的神奇之处在于可以让你的计算机拥有感应世界和控制世界的能力，不再局限于鼠标、键盘和屏幕等设备。它同时也能作为独立的核心，作为机器人、智能车、无人机等设备的控制器。它还可以用于开发交互式对象，利用各种开关或传感器的输入，控制各种灯光、电机和其他物理输出设备。只需要一根 USB 连接线、几根杜邦线、电阻及 LED 灯，就可以制作出绚丽的霓虹。

近几年，随着 Arduino 的硬软件功能的不断提高，周边配套模块的不断完善，其应用日趋成熟，应用领域也日趋扩大，从环境监测、智能家居再到 3D 打印等都能看到它的身影，特别是在机器人和自动化领域，因为它的存在而生辉增色不少。Arduino 因其程序语言简单易懂、开发资料丰富，受到众多创客的追捧。你想制作有趣的机器人吗？你想让机器人沿着指定的路线行走吗？你想让机器人帮助你清扫庭院吗？你想让机器人载着你逛街吗？爱 DIY，爱机器人，就一起来动手证明一下你自己吧！

四、设计思维的实践运用

提到设计思维，自然要提到斯坦福大学哈索·普拉特纳设计学院（D.School）。作为世界领先的设计学院之一，D.School 的大名是每一个喜欢设计的人都有所耳闻的。2004 年，斯坦福大学的机械工程系教授大卫·凯利（David Kelley）创立了 D.School，相比于其他设计学院特别的地方有三点。第一，它在硅谷，与硅谷各种传奇故事有着千丝万缕的联系。第二，与斯坦福的商学院关系密切。D.School 的同事称："斯坦福商学院的同僚在和别的商学院的人吹牛的时候都会说，你们做的事情我们都会做，而我们还有 D.School，我们会设计思维。"第三，有一套通俗易懂的理论基础作为行为准则，也就是设计思维理论与方法。

作为一种思维方式，设计思维不是凭空而来的，而是从传统的设计方法论里面演变出来的。一般最简单的产品设计思路主要有四步：发现需求、头脑风暴、打造原型、测试。而设计思维强调设身处地去体验客户需求，所以它就多了一步，并重新定义了传统步骤：第一步，同理心——洞察感受；第二步，下定义——发掘洞见；第三步，萌发创意——头脑风暴法；第四步，做模型——打造原型；第五步，测试——体验测试，如图 8-7 所示。

图 8-7　设计思维的过程

按照这个过程，设计思维可以被定义为，它是以同理心透过深度观察（实体与研究）来挖掘使用者的潜在需求，着重以人为本，整合可运用的科学技术以及商业计划的一种创新方法。其理念是：以人为本、解决问题、协调创新、迭代试错、视觉呈现、不批评、快速呈现模型。

　　除了在具体步骤上的创新，设计思维所强调的另一点是视觉思维。早在1973 年，罗伯特·马金（Robert Mc Kim）的《视觉思维的经验》就讲了视觉化在设计过程中的重要性，设计思维第三个区别于传统设计思维的是它关注社会问题。学习和落实设计思维的人在做每一个项目的时候都要考虑做出来的东西所产生的社会影响，在解决社会问题和商业运营之间取一个平衡，这一点贯穿于整个设计思维过程。

　　例如，D.School 最引以为傲的产品——"襁褓保温箱"，是斯坦福的学生上完一系列设计思维课程并在工作坊学习之后的一个结果。在发展中国家的贫困地区，很多早产儿在生下来的那几天因为没有条件在医院里得到照顾来保持体温而夭折，而早产儿夭折的案例里，有 98%是这个原因。D.School 的学子就这个问题开发了"襁褓保温箱"，帮助了许多发展中国家的家庭。

　　简而言之，设计思维＝传统设计思维方式＋视觉化思考＋社会化思考。

　　设计思维的价值不只局限在创意产业，或负责产品设计的工作者。事实上，用设计思维来解决需要多方考虑的抽象问题时，往往能发挥强大的功效，例如，提升顾客对旅馆的体验感受，鼓励银行客户存更多钱，或为公益广告铺陈感动人心的叙述。设计思维的应用范围不断扩大，以解决各样的议题与关怀，从如何在发展中国家递送干净的饮水，到如何提升机场维安和微额融资的效率等。全球顶尖的设计咨询公司 IDEO 的首席执行官蒂姆·布朗 2008 年在《哈佛商业评论》发表文章中说："像设计师一样思考，不只能改变开发产品、服务与流程的做法，甚至能改变构思策略的方式。"IDEO 在早期致力于产品设计开发。无论何种产品，总是由了解终端用户开始，专注聆听他们的个人体验和故事，悉心观察他们的行为，从而揭示隐藏的需求和渴望，并以此为灵感踏上设计之旅。IDEO 发现，这样的方式同样可运用于产品之外领域的创新，无论是服务、界面、体验、空间还是企业转型。无论是何种创新，都是来自三个方面的最佳结合点：用户的需求性、商业的延续性及科技的可行性。IDEO 作为现今全球最大的设计咨询机构之一，将设计思维的核心思想，贯彻落实到了 IDEO 的工作当中并成功商业化。

　　谷歌公司也提出了自己的产品设计方法——设计冲刺，这是一种包含六个阶段的产品设计方法，用于解决关键业务问题。它源于 IDEO 和斯坦福大学

D.School 的设计思维，后经由谷歌于 2009 年 3 月成立的风险投资基金（Google Ventures）改善，且于其内部实践并广受欢迎。

设计冲刺的流程（过程）共包含六个阶段。第一步，理解：理解要为用户解决的问题；第二步，定义：明确产品策略；第三步，发散：探索实现方案；第四步，决定：确定设计方案；第五步，原型：构建产品原型；第六步，验证：验证产品原型。

设计的存在是为了满足需求，其源头是洞察潜在需求，设计产出是有形和无形的解决方案。设计思维所追求的思维过程是从 0 到 1，或者从问号到收益，也即从问题到价值产出。任何设计在本质上都为了解决问题，传统商业思维也是从问题出发思考，但其解决问题的方式是直线的，即问题—找答案—逐一评估—选择最佳答案。以往常用的波士顿矩阵，鱼骨图、SWOT 分析等都是基于这种思维模式，强化理性逻辑和左脑思维，而设计思维是主观的、经验的、以人为本的。

五、精益创业助推创业实践

创业，实质是一种在充满不确定性的情况下进行产品或服务创新活动。新创企业还不知道他们的产品应该是什么样的，他们的顾客在哪里。计划和预测只能基于长期、稳定的运营历史和相对静止的环境。而这些条件新创企业都不具备。

精益创业代表了一种小步起步，不断形成创新、不断迭代、不断深化创业的新理念、新方法和新实践。它源于"精益生产"的理念，提倡创业企业进行"验证性学习"，即先向市场推出极简的原型产品，然后在不断地试验和学习中，以极小的成本和有效的方式验证产品是否符合用户需求，进而灵活调整方向。如果产品不符合市场需求，那么最好能"快速地失败、廉价地失败"，而不要"昂贵地失败"；如果产品被用户认可，创业者也应该不断学习和创新，挖掘用户需求，迭代优化产品。这一模式不仅针对传统创业者，对于全球大企业内部的新创业务也同样适用。

精益创业要经历如下过程：想法—开发—测量—认知—新的想法。这个过程是一种反馈循环。根据这一模式，精益创业的第一步是把想法变为产品，这时开发的是精简的原型，投入较小的资金和精力创造出体现核心价值的产品。

当极简功能的产品得到用户认可后，创业者需要把控局势，在不断的反馈和循环中测试产品，快速做出调整和改变，迭代优化产品，挖掘用户需求，达到爆发式增长。新创企业必须在消耗完启动资金之前，以最小的成本、在最短时间里找到有价值的认知。

"精益创业"的理念极大影响了美国新创企业的创业模式，并在全球范围内具有很大的影响力，它缔造了脸书、推特等强大的科技公司；未来，它将不断影响、渗透、改变创业者，促使他们缔造的企业更加人性化、更加智能化、更加成功。属于这一代创业者的传奇才刚刚开始，苹果、谷歌、脸书的颠覆者一定会在精益创业模式下诞生。学习"精益创业"理念已经成为一项全球运动。创业者们在各地建立成员小组，探讨和运用精益创业的思维。现在，全世界一百多个城市中都有组织起来的精益创业实践社团。精益创业的理念也受到越来越多中国创业者的青睐，创新工场董事长兼首席执行官李开复多次在微博和论坛中推荐"精益创业"的理念，有人甚至认为，精益创业的理念将推动人类创造下一轮工业革命。

2004 年，一群创业者刚刚成立了一家新公司，希望通过一项称为"虚拟人像"的新技术改变人们的交流方式。他们设想的蓝图是：人们以虚拟形象和朋友交流，在互联网上聚会。虚拟形象既让他们紧密相连，又能保证安全和匿名状态。更妙的是，因为要装点这些化身所处的数字虚拟生活场景，使用者们会自己去设计服装、家具和各种配件，并相互购买。要实现这个设想，工作难度很大，要创建一个虚拟世界，由用户生成内容，建立网上商务引擎、微支付系统，以及必不可少的能在每台个人电脑上运行的三维虚拟人像技术。对于这一创业计划，创业者们决心改变创业方式，按他们自己的话说，就是"要犯新的错误"。

原本应该花几年时间来完善技术，他们却在早期就开发了一个最小化的可行产品，这个产品漏洞百出，并且存在稳定性问题，随时会让电脑系统崩溃。在远未做好准备之前，他们就把它推向受众，而且还是收费的。抓住了最初一批顾客后，他们不断修改产品，每天推出十几个新版本，这已远远高于传统标准。在早期，创业者有了一些顾客，于是有了可以经常交流和听取反馈意见的机会。但实际上，创业者并没有按顾客的建议去做，仅把这些视为其产品和整体愿景的信息来源之一。事实上更应该说，创业者是在顾客那里进行试验，而不是迎合他们的奇思怪想。传统的商业观念认为这种方式是行不通的，但实际上却是可行的，事实上，几位创业者开创的这种方式，已经为全球创业企业家的新动向奠定了基础。因为它建立在过去很多管理和产品开发的理念之上，包括精益制造、设计思维、客户开发和敏捷开发。它代表了一种不断形成创新的新方法，这家创业公司就是 IMVU 公司，最后取得了巨大的成功，IMVU 的顾客创造了 6 000 多万个虚拟人像。IMVU 的虚拟产品目录，几年前看上去还是风险重重，如今拥有了 600 多万件产品，每天还要新增 7 000 个，而且几乎全部是顾客自己创建的。该公司的首席执行官埃里克·莱斯后来还出版了《精益创业——新创企业的成长思维》。

该书提出了精益创业的五项原则，并认为，新创企业之所以会失败，正是没有遵守这五项原则。五项原则如下。

第一，创业者无处不在。你不一定非要在传统行业里折腾才算是创业。创业企业中工作的任何人，都算得上是创业者。所谓的新创企业就是在充满不确定性的情况下，以开发新产品和新服务为目的而设立的个人机构。这意味着创业者无处不在，而且精益创业的方法可以运用到各行各业，任何规模的公司，甚至是庞大的企业中。

第二，创业即管理。新创企业不仅代表了一种产品的问世，更是一种机构制度，所以它需要某种新的管理方式，特别是要能应对极端不稳定的情况。事实上，"创业企业家"应该是一个在所有现代企业中使用的头衔，因为企业未来的增长需要依靠创新。

第三，经证实的认知。新创企业的存在不仅仅是为了制造产品、赚取金钱、服务顾客，它们的存在更是为了学习了解如何建立一种可持续的业务。创业者们可以通过频繁的试验检测其愿景的各个方面，确定认知是可以得到验证的。

第四，开发—测量—认知。新创企业的基本活动是把点子转化为产品，衡量顾客的反馈，然后认识到是应该改弦更张还是坚守不移。所有成功的新创企业的流程步骤都应该以加速这个反馈循环为宗旨。

第五，创新核算。为了提高创业成果，并让创业者们担负起相应责任，需要关注那些乏味的细枝末节：如何衡量进度，如何确定阶段性目标，以及如何优先分配工作。这需要为新创企业设计一套新的核算制度，让每个人都肩负职责。

为便于应用精益创业，人们设计了精益创业画布，这是早期的最佳创业工具，能够帮助创业者找到市场的切入点、明确价值定位、发现核心竞争优势、定义盈利模式、寻找与客户的接触渠道、形成战略目标和行动计划。

精益创业画布包括十个部分：客户洞察（客户细分、种子用户）；痛点/需求挖掘（需求/问题/机会）；产品/方案设计（解决方案/产品、替代方案/竞争对手）；独特价值定位（战略价值定位）；稀缺竞争优势；客户接触渠道（传播点、渠道）；盈利模式/收入来源；成本结构；战略目标；行动计划（战略举措）。精益创业画布，是早期创业者需要关注的关键点，也是只需要关注的节点。这让创业者可以更聚焦，使得创业建立在一个扎实的基础之上，提高创业成功的概率，如图 8-8 所示。精益创业画布，是早期创业者的高效行动指针和作战图，已经在硅谷被众多创业公司使用。

精益创业画布

客户细分 Customer Segment & Target	需求/问题/机会- Demands/Proble ms/Opportunities	解决方案/产品 Solution/Product	战略价值定位 Stategie Value Proposition	竞争优势 Competitive Advantage	战略目标 Key Metrics
种子用户 Initial Users		替代方案/竞争对手 Alternative/ Competitor	传播点 Impressive Concept	渠道 Channel & Sell	战略举措 Strategic Action
成本结构 Cost Structure			收入来源 Revenue Stream		

图 8-8　精益创业画布

第二节　创新创业实践之一——竞赛

一、大学生学科竞赛

古希腊学者普罗塔戈（Plutarch）曾言："学生的头脑不是用来填充知识的容器，而是一支需要被点燃的火把。"学科竞赛就是点燃火把的"火种"，是激活学生学习的有效手段。苹果公司创始人乔布斯曾形象地比喻说："仙童半导体公司就像个成熟了的蒲公英，你一吹它，创业精神的种子就随风四处飘扬了。"学科竞赛已经成为高校大学生创新创业实践的重要手段。大学生竞赛是高校第二课堂的重要组成部分，与第二课堂其他教学手段如实习、实验及社团活动等相比，竞赛需要学生具备知识综合运用能力、实践能力及一定的心理素质，是全面锻炼学生能力的有效途径。因此，各高校都针对大学生竞赛出台了一系列激励措施，以发展分、保研及奖学金等多种手段鼓励学生参与竞赛。对于参赛学生而言，要树立正确的竞赛观念，拿奖拿分不是参加竞赛的目的，在竞赛准备、参加的全过程中所学的知识、锻炼的能力、经历的磨炼及收获的友谊，这才是对人生弥足珍贵的东西。

1989 年，由共青团中央、中国科学技术协会（以下简称"中国科协"）、教育部、中华全国学生联合会（以下简称"全国学联"）组织的"挑战杯"中国大学生课外学术科技作品竞赛拉开了高校学科竞赛的序幕。自首届竞赛举办以来，"挑战杯"竞赛始终坚持"崇尚科学、追求真知、勤奋学习、锐意创新、迎接挑战"的宗旨，在促进青年创新人才成长、深化高校素质教育、推动经济社会发展等方面发挥了积极作用，在广大高校乃至社会上都产生了广泛而良好的影响。"挑战杯"竞赛也在不断创新，如今在中国共有两个并列项目，一个是"挑战杯"全国大学生课外学术科技作品竞赛（大挑）；另一个则是"挑战杯"中国大学生创业计划竞赛（小挑）。这两个项目的全国竞赛交叉轮流开展，每个项目每两年举办一届。"挑战杯"系列竞赛被誉为中国大学生科技创新创业的"奥林匹克"盛会，是目前国内大学生最关注最热门的全国性竞赛，也是全国最具代表性、权威性、示范性、导向性的大学生竞赛。

1991—2006 年，学科竞赛开始进入缓慢的发展期，陆陆续续有全国性大赛出现，但总体而言数量不多，据不完全统计，共产生全国性学科竞赛 34 项，不少竞赛至今仍呈现旺盛的生命力，如全国大学生电子设计竞赛（1994 年）、全国大学生数学建模竞赛（1992 年）、"挑战杯"中国大学生创业计划大赛（1999 年）、全国大学生机械创新设计大赛（2004 年）、全国大学生结构设计竞赛（2005 年）、"飞思卡尔"杯全国大学生智能汽车竞赛（2006 年）等。

2006—2010 年，新增全国性学科竞赛数量达到 85 项，包括全国三维数字化创新设计大赛（2007 年）、全国大学生先进图形技能与创新大赛（2008 年）、全国大学生节能减排社会实践与科技竞赛（2008 年）、全国大学生工程训练综合能力竞赛（2009 年）、全国大学生机器人大赛（亚太赛，2009 年）、全国计算机仿真大赛（2010 年）等。

2010 年之后，特别是 2015 年在双创教育的浪潮中，更多的与创新、创业有关的全国学科竞赛如雨后春笋般发展起来，例如，中美青年创客大赛、粤港澳大湾区创新创业赛等。iCAN 国际创新创业大赛（iCAN 大赛），是由原美新杯中国 MEMS 传感器应用大赛发展而来，是由 iCAN 国际联盟、教育部创新方法教学指导委员会和全球华人微纳米分子系统学会联合主办的面向大学生创新创业的年度创新竞赛。iCAN 大赛始于 2007 年，秉承"自信、坚持、梦想"的精神，倡导创新创业服务社会、改善人类生活，引导和激励青年勇于创新，发现和培养一批有作为、有潜力的优秀青年创新创业人才，促进和加强科技创新、文化创意等领域的产学研结合，推动相关产业的发展，搭建国际创新创业的交流平台。

2013 年 11 月 8 日，习近平总书记向 2013 年全球创业周中国站活动组委会专门致贺信，特别强调了青年学生在创新创业中的重要作用，并指出全社会都应当重视和支持青年创新创业。党的十八届三中全会对"健全促进就业创业体制机制"做出了专门部署，指出了明确方向。为贯彻落实习近平总书记系列重要讲话和党中央有关指示精神，适应大学生创业发展的形势需要，在原有"挑战杯"中国大学生创业计划竞赛的基础上，共青团中央、教育部、人力资源和社会保障部、中国科协、全国学联决定，自 2014 年起共同组织开展"创青春"全国大学生创业大赛，每两年举办一次。该赛事比原来的挑战杯创业大赛有了更丰富的内容，但一些学校仍表述为"创青春"（原挑战杯）全国大学生创业大赛。

事实上，"创青春"全国大学生创业大赛下设 3 项主体赛事：第×届"挑战杯"大学生创业计划竞赛、创业实践挑战赛和公益创业赛。其中，第一项创业计划竞赛仍保留和延续原挑战杯大学生创业计划竞赛的届数，该赛事面向高等学校在校学生，以商业计划书评审、现场答辩等作为参赛项目的主要评价内容。创业实践挑战赛面向高等学校在校学生或毕业未满 5 年的高校毕业生，且已投入实际创业 3 个月以上，以经营状况、发展前景等作为参赛项目的主要评价内容。公益创业赛面向高等学校在校学生，以创办非营利性质社会组织的计划和实践等作为参赛项目的主要评价内容。

以全国大学生机械创新设计大赛为例，竞赛的主承办单位是：全国大学生机械创新设计大赛组委会、教育部高等学校机械基础课程教学指导委员会、全国机械原理教学研究会、全国机械设计教学研究会、金工研究会和北京中教仪人工智能有限公司等。竞赛目的：引导高等学校在教学中注重培养大学生的创新设计意识、综合设计能力与团队协作精神；加强学生动手能力的培养和工程实践的训练，提高学生针对实际需求通过创新思维，进行机械设计和工艺制作等实际工作的能力；吸引、鼓励广大学生踊跃参加课外科技活动，为优秀人才脱颖而出创造条件。竞赛时间：每两年举办一次。命题方式：大赛属于固定主题范围命题的比赛，即每届比赛宣布一个大概的主题方向范围，所有参加比赛的作品必须与本届大赛的主题和内容相符。

全国大学生机械创新设计大赛于 2007 年、2008 年和 2010 年三次获批为教育部和财政部联合资助的大学生竞赛项目，即传统意义上的教育部比赛。大赛参赛作品必须以机械设计为主，提倡采用先进理论和先进技术，如机电一体化技术等。大赛主题的确定一般是与国家的大方针、大政策相呼应。比如，2016年度比赛主题为"服务社会——高效、便利、个性化"；内容为"钱币的分类、清点、整理机械装置；不同材质、形状和尺寸商品的包装机械装置；商品载运及助力机械装置"。这一届大赛的主题紧密契合了当时"大众创业、万众创新"号召提出的形势，具有较强的针对性和实用性。

二、"互联网+"大学生创新创业大赛

中国"互联网+"大学生创新创业大赛，是 2014 年 9 月在夏季达沃斯论坛上由时任国务院总理李克强亲自提议举办的。2015 年《政府工作报告》明确提出，要将"大众创业、万众创新"打造成中国经济发展的"双引擎"之一。为进一步营造良好的社会氛围，在更大范围、更高层次、更大程度上推进"双创"，国务院决定从 2015 年起设立"全国大众创业万众创新活动周"，并创办中国"互联网+"大学生创新创业大赛。

为推动大学生双创实践的开展，2015 年，首届中国"互联网+"大学生创新创业大赛正式设立，大赛以"'互联网+'成就梦想，创新创业开辟未来"为主题，由教育部与有关部委和吉林省人民政府共同主办。大赛旨在深化高等教育综合改革，激发大学生的创造力，培养造就"大众创业、万众创新"的生力军；推动赛事成果转化，促进"互联网+"新业态形成，服务经济体质增效升级；以创新引领创业、创业带动就业，推动高校毕业生更高质量创业就业。

几届大赛均采用校级初赛、省级复赛、全国总决赛三级赛制。在校级初赛、省级复赛基础上，按照组委会配额择优遴选项目进入全国决赛。

2015 年，第一届中国"互联网＋"大学生创新创业大赛全国总决赛在吉林大学举办。全国共产生 300 个团队入围全国总决赛，其中创意组 100 个团队，实践组 200 个团队。最终产生金奖 34 名，银奖 82 名。

2016 年，第二届中国"互联网＋"大学生创新创业大赛总决赛在华中科技大学举办。大赛主题为"拥抱'互联网＋'时代，共筑创新创业梦想"。大赛自 2016 年 3 月启动以来，吸引了全国 2 110 所高校参与，占全国普通高校总数的 81%，报名项目数近 12 万个，参与学生超过 55 万人，分别是首届大赛的 3.3 倍、2.7 倍。

2017 年，第三届中国"互联网＋"大学生创新创业大赛总决赛在西安电子科技大学举办。这届大赛的主题是"搏击互联网＋新时代，壮大创新创业生力军"。这届大赛共产生 43 项金奖。

2018 年，第四届中国"互联网＋"大学生创新创业大赛决赛在厦门大学举行，有 261 万名大学生、63 万个团队参加大赛主体赛事。这次大赛增设了"青年红色筑梦之旅"赛道，同时增加奖项。主赛道进入全国总决赛现场比赛的项目数量从上届的 120 个增加到 150 个，金奖从 30 个增加到 50 个，银奖从 90 个增加到 100 个。这届大赛还同期举办"青年红色筑梦之旅"活动、"21 世纪海上丝绸之路"系列活动、"大学生创客秀"、改革开放 40 周年优秀企业家对话大学生创业者活动和大赛优秀项目对接巡展五项活动。

2019 年，第五届中国"互联网＋"大学生创新创业大赛决赛在浙江大学举办。大赛以"敢为人先放飞青春梦，勇立潮头建功新时代"为主题，设立了"高教、职教、国际、萌芽（中学生）"四大板块。高教主赛道评选出 60 个金奖项目（含 5 个港澳台金奖项目）；"青年红色筑梦之旅"赛道、职教赛道和国际赛道各评选出 15 个金奖项目；萌芽板块通过现场展评，评选出 20 个创新潜力奖。通过高教主赛道三强争夺赛和国际赛道六进一争夺赛，产生冠军争夺赛的四强项目，决出本届大赛的冠亚季军。

2020 年，第六届中国"互联网＋"大学生创新创业大赛决赛在华南理工大学举办，以"我敢闯、我会创"为主题，共有来自国内外 117 个国家和地区、4 186 所学校的 147 万个项目、631 万人报名参赛，呈现出"人数多、名校多、类型多、实效多、亮点多、岗位多"等特点。为克服疫情影响，大赛采用线上线下相结合的方式，并运用一系列新技术、新方式，打造了一场真正意义上的"互联网+"大赛。

2021 年，第七届中国"互联网+"大学生创新创业大赛决赛在南昌大学举办。大赛以"我敢闯，我会创"为主题，引导青年学生在赛中学、在赛中悟，扎根基层创新创业。

三、大学生创新创业训练计划

教育部于 2007 年启动"国创计划"，大学生创新创业训练计划应运而生。大学生创新创业训练计划项目（以下简称"大创项目"）成为教育部 2007 年开始实施的创新创业实践活动，项目分创新训练、创业训练、创业实践三类，强调通过实践与研究过程，培养创新思维，提升创新创业能力。

其中，创新训练项目是本科生个人或团队，在导师指导下，自主完成创新性研究项目设计、研究条件准备和项目实施、研究报告撰写和成果（学术）交流等工作。创业训练项目是本科生团队，在导师指导下，团队中每个学生在项目实施过程中扮演一个或多个具体的角色，通过编制商业计划书、开展可行性研究、模拟企业运行、参加企业实践和撰写创业报告等工作。创业实践项目是学生团队，在学校导师和企业导师共同指导下，采用前期创新训练项目（或创新性实验）的成果，提出一项具有市场前景的创新性产品或者服务，以此为基础开展创业实践活动。

该计划实施以来，在激发学生的创新思维和创新意识中发挥了重大作用，已经发展成为高校培养大学生创新创业能力的重要载体，成为大学生创新创业教育的重要环节。2017 年 11 月 18 日，由教育部主办、大连海事大学承办的"国创计划十周年"庆典暨第十届全国大学生创新创业年会在大连海事大学举行。"国创计划"自 2007 年正式实施至今，有近千所高校参与，覆盖全国 31 个省（区、市），超过 18 万个国家级项目获得资助，投入财政资金超过 30 亿元，参与学生近 70 万人次，学生专业覆盖理、工、农、医、文和法等 13 个学科门类。自 2008 年开始，为加强参与高校和学生之间的经验交流，教育部每年主办一届创新创业年会，累计参与师生数达 7 000 多人，参与项目（论文）数达 2 600 多项。

四、创新方法大赛

教育部创新方法教学指导分委员会于 2016、2017、2019 年举办了三届全国创新方法大赛，前两届大赛作为国创项目年会的一部分，与国创年会一起举办。2019 年，教育部创新方法指导分委员会开始独立举办第三届全国大学生创新方法应用大赛。大赛要求学生提交的参赛项目必须来自企业或与企业共同构思，解决企业的实际问题，合作企业要出具书面材料证明选题来自企业。大赛要求学生提交的参赛项目必须有最终的成果，而不是简单的创意，需要有样品或可实施的具体技术方案。参赛项目分"技术创新类"和"非技术创新类"，学生在教师指导下选择其中一种项目类型进行研究和成果申报。"非技术创新类"参赛项目致力于商业模式创新、管理创新、制度创新等创新理念和方法。"技术创新类"参赛项目是解决企业的实际技术和工程问题，也包括基础性的研发项目成果，成果必须真正利用创新方法产生。以团队为单位报名参赛，鼓励企业导师参与，鼓励本硕博跨层次组队，鼓励跨学科组队。每个团队的参赛本科生 3～5 人。系统报名各校团队数不限，最终每校推荐参赛项目不超过三项。

全国"TRIZ 杯"大学生创新方法大赛是一项运用 TRIZ 创新方法进行创新创业的全国竞赛活动，前两届是省赛。2010 年，由黑龙江省科技厅、黑龙江省教育厅和团省委联合举办了黑龙江首届 TRIZ 杯大学生创新方法大赛。成功举办两届后，经向科技部资源配置与管理司、中国 21 世纪日程管理中心和创新方法研究会等部门申请后，大赛升级为国家级大赛，2012 年，首届全国 TRIZ 杯大学生创新方法大赛成功举办。2018 年 5 月第六届全国"TRIZ 杯"大学生创新方法大赛在哈尔滨工程大学举行。这次比赛以"创新引领未来，创业成就梦想"为主题，由国家创新方法研究会、黑龙江省科技厅、黑龙江省教育厅、黑龙江省科协及黑龙江省知识产权局联合主办，黑龙江省科学技术情报研究院、黑龙江省生产力促进中心、省创新方法推广应用联盟和省技术创新方法研究会及哈尔滨工程大学联合承办。大赛旨在深入贯彻落实国家"大众创业，万众创新"工作，提升大学生创新创业综合能力。自 2018 年 2 月正式启动以来，大赛组委会共收到来自全国 23 个省、自治区、直辖市 95 所高校，1 400 个作品，申请专利 430 项。本届大赛共分发明制作、工艺改进、创新设计、生活创意、创业和教师组推广及应用六大类，经过全国机械、电气、农林、材料和金融等领域 37 位知名专家的初评，共有 409 项作品进入决赛，共 35 个团队获一等奖，99 个团队获二等奖，275 个团队获三等奖。哈尔滨工程大学的"基于 triz 理论的多效能搜救艇""水质监测无人机系统"、吉林大学的"基于 triz 的通用测量轨道车辆车体基准点的方法"等 6 个作品分获大赛 4 个特等奖；南京农业大学的"喷瓶改良——倒着也能喷水"等 6 项作品获得生活创意类一等奖。

2019 年，全国"TRIZ 杯"大学生创新方法大赛将纳入全国的创新方法大赛之中。

为贯彻落实《国务院关于强化实施创新驱动发展战略进一步推进"大众创业，万众创新"深入发展的意见》（国发〔2017〕37 号），充分发挥创新方法在推动创新创业方面的重要作用，展示交流创新方法重要成果和实践，培育创新方法团队，中国科协、科技部 2019 年举办首届中国创新方法大赛。这届大赛的主题为"创新创业，方法先行"。作为中国创新创业大赛的专业赛事，通过中国科协和科技部共同搭建的全国性创新方法大赛平台，实现更大范围、更深层次的推广应用创新方法，助力创新创业。

第三节　创新创业实践之二——公益项目

一、"青年红色筑梦之旅"活动

2017 年，第三届中国"互联网 +"大学生创新创业大赛增加了一项极其有意义的创新创业与思想政治教育结合的活动——"青年红色筑梦之旅"活动，这项与大学生创新创业大赛同期举办的实践活动，由教育部组织，西安电子科技大学承办实施。参加大赛的两批实践团分赴延安，通过大学生创新创业项目对接革命老区经济社会发展需求，助力精准扶贫脱贫。实践团围绕"青春之歌""红色记忆"和"筑梦踏实"三个主题，通过寻访梁家河、走访"八一"敬老院、参观革命旧址、聆听专题辅导、开展青年乡村创客沙龙、举办乡村创客高峰论坛，学习和感受当地的精神财富，实地了解老红军、下乡知青们伟大而艰辛的青春"创业"史，为创业青年提供了一次继承延安精神、涵养创业精神、坚定文化自信的思想政治教育机会。

2017 年 4 月 21 日至 24 日，第三届中国"互联网+"大学生创新创业大赛"青年红色筑梦之旅"首批实践团奔赴革命圣地延安，40 余名来自西安电子科技大学、清华大学、北京科技大学、大连理工大学等高校的大赛获奖项目、四强项目团队成员和部分乡村创客代表参加了首批实践活动。2017 年 7 月 14 日至 17 日，近 100 支来自全国各高校的参赛队伍及"互联网+"行业创新创业青年领军人物在革命圣地延安会师，参加了这次实践活动。

在南泥湾，来自全国 36 个高校的 150 名实践队员重走长征路，实地感受了红军长征所经历的艰难困苦。不仅如此，考察实践中，17 个参赛项目与延安当地 19 个政府部门、学校、合作社、企业以及农户签订了 43 项落地合作协议，预计帮助建档贫困户不少于 200 户。10 余个项目还与延安当地中小学、各区县青年驿站签订长期支教帮扶和电商服务培训协议，以实际行动助力精准扶贫工程。

2017 年 7 月活动期间，由西安电子科技大学创业团队"小满良仓"负责人张旺发起，联合其他创业团队一起给习近平总书记汇报"青年红色筑梦之旅"实践活动感受，表示要像青年时代的习近平那样，立下为祖国、为人民奉献自己的信念和志向，把自己创新创业梦融入伟大中国梦，用青春和理想谱写信仰和奋斗之歌。

8 月 15 日，习近平总书记给参加第三届中国"互联网+"大学生创新创业大赛"青年红色筑梦之旅"的大学生回信。回信全文如下。

第三届中国"互联网+"大学生创新创业大赛"青年红色筑梦之旅"的同学们：

来信收悉。得知全国 150 万大学生参加本届大赛，其中上百支大学生创新创业团队参加了走进延安、服务革命老区的"青年红色筑梦之旅"活动，帮助老区人民脱贫致富奔小康，既取得了积极成效，又受到了思想洗礼，我感到十分高兴。

延安是革命圣地，你们奔赴延安，追寻革命前辈伟大而艰辛的历史足迹，学习延安精神，坚定理想信念，锤炼意志品质，把激昂的青春梦融入伟大的中国梦，体现了当代中国青年奋发有为的精神风貌。

实现全面建成小康社会奋斗目标，实现社会主义现代化，实现中华民族伟大复兴，需要一批又一批德才兼备的有为人才为之奋斗。艰难困苦，玉汝于成。

今天，我们比历史上任何时期都更接近实现中华民族伟大复兴的光辉目标。祖国的青年一代有理想、有追求、有担当，实现中华民族伟大复兴就有源源不断的青春力量。希望你们扎根中国大地了解国情民情，在创新创业中增长智慧才干，在艰苦奋斗中锤炼意志品质，在亿万人民为实现中国梦而进行的伟大奋斗中实现人生价值，用青春书写无愧于时代、无愧于历史的华彩篇章。

习近平

2017 年 8 月 15 日

总书记回信在大学生中引发热烈反响。他们表示，一定要向老一辈革命家学习，扎根中国大地了解国情民情，脚踏实地，不忘初心，勇往直前。作为团队给习近平总书记写信的发起人之一，西安电子科技大学 2010 级校友、"小满良仓"项目团队负责人张旺难掩兴奋，他说："参观了梁家河，让我们深受教育、备受鼓舞，更坚定了我们青年'创客'创新创业的梦想！我们要将延安精神融入自己的创业实践，用知识、技能服务老区人民，让'互联网+电商'助力老区发展，以实际行动和实际成果为实现中国梦作出自己的贡献！"

收到习近平总书记的同信，同学们更加感受到肩上担子的分量。青年学子表示，要像习近平总书记青年时代那样，立下为祖国、为人民奉献自己的信念和志向，用知识和本领帮助老乡脱贫致富，用创业项目助推农村经济发展。此次"青年红色筑梦之旅"实践活动，17 个参赛项目与 19 个延安当地政府部门、学校、合作社、企业以及农户签订了 43 项落地合作协议，50 余个项目达成落地意向。

在 2018 年第四届"互联网+"大赛上，大赛组委会重新设计了比赛的赛道（比赛类别），除主赛道和国际赛道外，还设了"青年红色筑梦之旅"赛道，设金奖 10 个、银奖 30 个、铜奖 160 个，设"乡村振兴奖""精准扶贫奖"等单项奖若干项。

在大学生中开展"青年红色筑梦之旅"活动具有如下特点和教育意义。

第一，大学生"青年红色筑梦之旅"活动从根本上说是大学生的公益创业活动，它以青年为主体，造就一支敢闯会创的队伍；以红色为主题，上了一堂全国最大的高校思政课；以筑梦为主旨，将青春梦融入伟大的中国梦，激发大学生创新精神、增强大学生创业能力、服务大学生成长成才事业。每一次的活动对接，都能促成一批参赛项目与当地的政府部门、学校、合作社、企业及农户签订落地合作协议，实现大学生创业项目落地。这些创业项目具有一定的公益性，将大学生科研产品转化成公益服务，并与创新、创意、创业有机结合，通过整合各界资源推动创新解决社会问题，承担社会责任。

第二，大学生"青年红色筑梦之旅"参赛项目多是从社会问题出发，以社会价值为导向，着力解决农业发展中存在的各类问题。当前党中央、国务院高度重视"互联网＋农业"和农村一、二、三产业融合发展，而农业在发展中也确实存在着大量的问题需要通过技术手段去解决。"青年红色筑梦之旅"大学生创业项目就是从质量兴农、绿色兴农、科技兴农、电商兴农和教育兴农等多个领域带动农业社会问题的解决和完善。

第三，大学生"青年红色筑梦之旅"参赛项目确实为解决社会问题做出了一定的贡献。活动参与项目要求大学生能够从云计算、大数据和人工智能等技术方面进行对接解决农业发展各领域的现实问题，以科研智力培育农业新产品、新服务，推动农业的转型升级，带动农产品的保量增量、保质增质和保值增值，助力精准扶贫和乡村振兴，解决了农业发展过程中存在的农产品保鲜、农业饲料高效率利用等领域的问题。

第四，大学生"青年红色筑梦之旅"参赛项目以"互联网＋农业＋公益"的创新型运营模式，吸引政府、单位、企业和其他社会资金的投入，并致力于整合贫困地区的自然资源和公益资源，将资源转化成产品并最后升级成物质积累，力求实现创业项目效益和社会效益，完成创业项目的赢利，实现自我造血功能，保证持续发展和运营，在精准扶贫和乡村振兴为深远目标的奋斗中弘扬社会正能量。

由此可见，大学生"青年红色筑梦之旅"活动和竞赛是典型的大学生公益创业实践活动，是青年大学生群体基于社会责任感、使命感，主动谋求公共利益的满足与维护，动员社会资源，解决或改善农业发展问题的典型体现。

由同济大学参加，临沂大学负责的"青年红色筑梦"实践项目"'第一书记'助手"，经过不断实践打磨，已经成为一项有影响的创业项目。该项目理念是引导青年学子结合专业知识，以创新创业项目的形式，为第一书记帮扶工作提供志愿服务，促进农业农村新旧动能转换，为乡村振兴战略做贡献。在助力帮扶工作中，向第一书记学习，践行跟党走为人民服务的初心，提升农村新旧动能转换能力，丰富"青山绿水"的幸福奋斗形式，将新时代大学生的智力与农民群众的智慧相融合，谱写沂蒙精神与时代发展的新篇章。临沂大学一直将沂蒙精神融入育人过程，连续 6 年承办山东省"第一书记"培训任务，以"为沂蒙服务"为己任，具有"师生走沂蒙"传统的临沂大学的专业设置、课题研究具有浓重的为地方经济发展服务的色彩。团队策划了临沂农副产品品牌及品牌营销溢价；沂蒙义工组织做过农村贫困户土特产品信息平台咨询服务；乡村社会实践中体验到了农民对土地深情的眷爱，对党无比的热爱；农村考察中体验到了帮扶村第一书记脱贫攻坚任务的紧迫；创立了"挂枝树鸡""挂职黍稷""第一蔬寄""第一书急"等帮扶品牌。

该项目在第四届中国"互联网＋"大学生创新创业大赛山东省决赛中获得"青年红色筑梦之旅"赛道金奖，并被推荐参加全国的总决赛。

二、公益创业实践

近年来公益事业愈发受到重视，各种公益组织不断涌现，"公益创业"逐渐进入大众的视野。所谓的公益创业，就是社会组织、企业及非营利组织等在经营过程中，将社会价值与经济价值创造性地融合，在保证组织不偏离公益性的同时，借助一些商业手段来实现公益组织的"造血"功能，让组织拥有更多资源和能力从事公益服务。

公益创业的最初实践是乡村银行的创建项目。1972 年，留学美国并获经济学博士学位的穆罕默德·尤努斯回孟加拉国后，任教于吉大港大学经济系。他面对无法用经济学理论向学生解释的贫穷现实，决定重新做一名学生，抛弃理论教科书，以村民为老师，去研究揭示每天都在穷苦人现实生活中出现的经济学问题。一天，尤努斯教授在学校附近的乔布拉村，看到一个农妇在制作竹凳。他问：做一个能赚多少钱？农妇回答：资金是高利贷者的，加工一个竹凳只能赚 0.5 塔卡（1 塔卡约 0.078 元人民币），收入极其微薄。他又问：如果你自己有钱，加工一个竹凳能赚多少钱？农妇说可以赚 3～5 塔卡，这等于为高利贷者加工收入的 6～10 倍。第二天，他组织学生调查，发现这种情况很普遍，村里还有 42 个同样的人，他们共借了 865 塔卡，合 11 美元。这使他震惊、恼怒，这 42 户人家的苦，难道就差这 11 美元吗？于是，他拿出 11 美元，让学生借给那 42 个人，让她们还给放贷人，等产品出售后再还自己的钱，讲好不要利息。结果农妇们很守信用，实现了诺言。

此事使尤努斯教授很有感触。他找到地方银行的管理者说明情况，请他们向贫穷农妇放贷。在寻求贷款的过程中，他发现了这个世界上银行的基本逻辑——你越有钱，越能贷到更多的款。反之，如果你没有钱，你就贷不到款。后来，尤努斯教授以自己的名义从银行借出钱，组织自己的学生先后在吉大港近郊及孟加拉国的东、西、南、北、中五个地区农村，把钱再借给穷人。结果，穷人用这些为数不多的借款，精打细算，精心经营，普遍增加了收入，而且按要求还了借款，并能够归还高于商业银行的利息。于是，一套专门针对穷人贷款的方法和创办"乡村银行"的设想产生了。

尤努斯教授经过多方奔走游说和 8 年的艰苦努力，到 1983 年，他创办的专为穷人贷款的"乡村银行"（也称格莱珉银行）终于得到政府批准。尤努斯教授认为：贷款是人们摆脱贫困的方法之一。"乡村银行"为那些想做些事的穷人们提供少许的种子式资金，去实现自我雇佣。

孟加拉国"乡村银行"模式，创造了资金回收率 100%的奇迹，是国际上公认的最成功的信贷扶贫模式之一。它以其扶贫面广、扶贫效果显著，且银行自身按市场机制运作，持续发展，显示出极强的生命力。全球有 59 个国家正在复制这种模式，其中既有发达国家，又有发展中国家。2006 年，尤努斯获得诺贝尔和平奖，自此，全球范围掀起一场公益创业热潮。

公益创业按照字面理解，一是公益，二是创业，即从事包含创业在内的公益活动。公益创业首先得具备进行服务社会和创造价值的要义，此外还需要具备一个非常重要的内容，即创造有生命力的事业，延续的行动让世界变得更加友善和温暖。从公益活动的视角看，公益创业强调解决社会问题，服务社会和创造价值。公益创业在发现新问题、寻找新视点、创造新事业的逻辑发展中，站在群众的角度，以社会同理心，发现并努力改变社会痛点，形成广泛显著的社会积极效应，涉及环境保护、人民福利和扶贫开发等多个领域，创造价值被整个社会共享。从创业的角度看，公益创业是创造有生命力的新事业，能实现"自我造血"和长久发展。公益创业项目要完成"自我造血"，重点核心就是要形成一个创业闭环，这个闭环的过程包括：找到创业切入矛盾点时的创业起步—开发与推广—产品上市—客户的个性化体验—大众共享成果，此过程不仅完成了创业产品的营销，产生收益，还带来巨大的社会价值，让社会大众共享到公益创业的成果，整个闭环的过程实现了项目的可持续、可自我生存与发展。

公益创业可以总结为五个要素。第一，公益心，即带着服务社会和奉献价值的初心去践行使命。第二，机会和创新，即找准公益创业事业的切入点，这个切入点很有可能就是当前人民群众想要解决的社会问题或者存在的社会矛盾。第三，团队和创新。在解决社会问题上没有足够的创新，社会问题的解决效能就会降低。公益创业从起步到开发、推广再到产品上市的过程中，离不开团队的合作和协助，必须保持同一初心，动机纯粹，才能开拓创新，突破困难，完成盈利。第四，商业模式。公益创业的模式是一个"自我造血"的闭环，有着强大的生命力，并能够一直延续。第五，目标与评估。公益创业的成果是能被社会所共享，能通过自己的努力改变社会的痛点，创造积极的社会价值。

我国正处于从工业社会向信息社会转型的重要关头，公益的作用、价值和地位日益突出，对于体系化公益理论的需要也愈加迫切。公益是悲天悯人的情怀，是人人都可为、都应为的善举。内心驱使善举是必须的，原始的，美好的，但如果能够上升为理性的思考，告诉我们是什么、为什么，那公益会更有效率，惠及更多的人。《公益原理》一书提出，公益是一种商业、暴利之外的资源配置模式。人类的资源模型目前有三种，分别可称为暴利模型、商业模型、公益模型。暴利模型的核心是权力，权力的定义是公众对满足社会需求者的授权，它以交易、慈善进行次级调节；商业模型的核心是利润，利润的定义是市场对满足社会需求者的奖励，它以税收、慈善进行次级调节；公益模型的核心是共识，公益行为的定义是公众达成社会需求共识并直接满足的行为。

三种经济模型（理想管理模式下）按照暴利、商业、公益的排序，依次效率降低、公平提升。因此，随着生产力水平的提升，人类社会规则中，优胜劣汰的意愿被尊重个体的意愿逐渐替代，人类社会从"丛林法则"逐渐过渡到"菜园法则"，不仅人类自身，包括身边的自然生态，也被人类当作自己菜园中的资源而纳入"可持续"范畴。当公益模型逐渐占据社会 GDP 比例的第一位时，社会就进入了公益经济时代。

2006 年湖南大学率先创建了中国第一个以"公益创业"命名的社团——滴水恩公益创业协会；2009 年前后，伴随首届中国大学生公益创业论坛、团中央"青年恒好"公益创业行动、"英国大使馆文化教育处社会企业家技能项目"及"清华大学公益创业实践赛"等系列活动比赛在国内的开展，公益创业在中国开始逐步发展。如今在公益圈、创业圈，人们逐渐意识到公益创业对社会和谐发展与推进社会治理能力提升的重要性，与之相关的"社会创新""影响力投资"及"公益创投"等领域的理论研究与实践也得到快速的发展。一个以"公益创业"为核心，为实践孵化、教育培训、传播推广及投资等为配套的生态系统初步形成。

三、社会创业实践

公益创业有时候也被表述为社会创业，两者常常在一起使用，有时也被分开独立使用，两者实质是一类创业活动。"社会创业"由阿苏迦基金会（Ashoka）的创始人德雷顿在 20 世纪 80 年代提出，之后狄兹又在《社会企业家的含义》一文中对该词进行了最早的定义。社会创业成为 20 世纪 90 年代以来在全球范围内兴起的一种新的创业形式，这一创业形式在公共服务领域被发现，并逐渐超越民间非营利组织的范畴，成长为一种不同于商业创业和非营利组织创业的模式，被认为是一种解决社会问题的社会创新模式。

社会创业是指组织或个人（团队）在社会使命的驱动下，借助市场力量解决社会问题或满足某种社会需求，追求社会价值和经济价值的双重价值目标，保持组织的可持续发展，最终实现社会问题朝着人们希望的目标改变。社会创业和商业创业具有不同的价值主张，商业创业的价值主张是提供产品或服务，满足消费者的需求，创造经济价值。而社会创业的价值主张是从解决社会问题和满足社会需求出发，创造产品或服务，创造经济价值、社会价值和环境价值，重点是社会价值。格雷戈里·迪斯认为，社会创业包含两部分内容：一是利用变革的新方法解决社会问题并且为全社会创造效益；二是引用商业经营模式产生经济效益，但是经营所得不是为个人谋取利益。斯坦福大学商学院创业研究中心认为，社会创业主要是采用创新方法解决社会焦点问题，采用传统的商业手段来创造社会价值（而不是个人价值），即运用商业手段，实现社会目的。也就是说，社会创业的特征在于：一是以"解决社会问题"为导向，二是具有显著的社会目的和使命，三是问题解决方式的创新性。社会创业的价值在于促进公民道德建设、构建主动型福利机制、弥补公共服务供给不足、推动社会经济发展、创造就业机会、促进和谐社会构建。

与社会创业相对应的是社会企业和社会企业家。《如何改变世界》的作者戴维·伯恩斯坦这样定义社会企业家："为理想驱动、有创造力，质疑现状、开拓新机遇、拒绝放弃，构建一个理想世界的人。"社会企业家是用商业的眼光来看待社会问题，用商业的规则去解决问题，他的目的不仅是为了盈利。社会企业家善于发现社会问题，并能够提供新服务、新产品和新方法来解决社会问题。同时他们具有企业家精神，能够通过实现商业利润以及整合资源来维持组织的可持续发展。同时，社会企业家多为社会公益组织的发起者和经营者，例如，为印度流浪儿童创设 24 小时救援热线的杰鲁，为南非艾滋病人建立看护网络的霍萨，为巴西贫苦牧民架设太阳能发电系统的罗萨。

为确保产品或服务的有效提供，社会创业也需要各类创业资本，例如，场所、设施、资金和人员等。与商业创业不同的，社会关系、合作伙伴网络、志愿者和社会支持等社会资本是社会创业的核心资本。社会资本不同于物质资本和金融资本，它不会由于使用而减少，而是通过不断地消费和使用增加其价值。社会资本具有资源杠杆功能，社会创业者或机构通过构建广泛的伙伴网络关系，能够为创业带来实体资本和财务资本。社会创业的成功与否不是取决于其物质资本和金融资本的多少，而是取决于社会资本的多少。社会企业家在初创期时常常面临着资金、资源和个人能力等方面的需求，帮助这些社会企业家顺利解决这些问题，平稳渡过初创期的机构，目前在国内也开始涌现。他们通常为社会企业家提供技能培训、资金支持、项目孵化及一切可能的后续支持。国内比较有名的相关机构有友成企业家扶贫基金会、创思和心苗亚洲等。

社会创业还常常与社会创新结合在一起使用。与商业创业不同，社会创业所面对的社会问题在一定程度上具有紧迫性、棘手性和社会危害性等特点，因此，社会创业在解决问题时需要具有比一般商业创业更强的创新性，这就是一种社会创新。这种创新性既包括问题解决方式的创新性，也体现在解决问题的组织的创新性。社会创业从根本上说要创造新的价值（主要是社会价值）而不是简单的复制已经存在的组织或模式，因此，社会创业者或组织需要进行创新和变革。发现新问题，开发新项目，组建新组织，引入新资源，最大限度地弥补"政府失效"和"市场失灵"，有效地解决各种社会问题。创新性还体现在组织的跨界合作和商业模式的创新。

一般而言，商业投资的关注点，总是按照技术创新、模式创新、社会创新的次序循环前进，每一轮技术创新后，会在接下来的一个技术应用周期内，依次引发商业创新、社会创新。互联网领域已经处于商业创新到社会创新的阶段，并最终进入社会创新为主的时代，直到下一次革命性的技术创新到来。近年来，国内最敏锐的商人开始看到社会创新已经成为投资热点，这与公益人看到的殊途同归。比如，很多投资者一直在不遗余力地推动社会企业投资，中国扶贫基金会旗下的扶贫贷款公司被称为中国的"格莱珉银行"。

　　而从商业角度看，这一类项目具有以下三个特点：回报周期长、回报利润低、盈利模式不清晰。所以，社会企业面对的真正挑战，来自盈利模式与投资信心。

　　不严格讲，中国最成功的社会企业，毫无疑问就是淘宝网，它从免费的赔钱的公众服务平台，到充满想象力的首富孵化器。可是，如果考量淘宝网的盈利模式，会发现淘宝网的社会价值及其带来的新的投资机会，其价值远远大于其自身的盈利规模。但不要忘了，淘宝网的投资人是杨致远和孙正义，甚至直到今天，很多国内的资本依然无法理解并认可淘宝网的商业模式。事实上，这恰好是技术革命引发的商业革命的真实写照，淘宝网本身的社会价值及其带来的新的投资机会，恰好是其社会创新的价值所在，无数城市贫民因此得到就业机会。此外，去中介化带来的消费、物流、生产模式的变迁，以及交易信息带来的社会金融去中心的社会决策变迁，绝不是目前能够全部被社会与历史所感知的。社会需求摆在那里，社会创业大有作为。

参考文献

[1] 蒋家胜，范华亮. 成功就业［M］. 天津：天津科学技术出版社，2019.

[2] 孙宁. 大学生就业心理问题及对策研究［J］. 现代商贸工业，2022，43（07）：78-80.

[3] 王清春，孙景福，王国辉. 大学生就业指导实用教程［M］. 成都：电子科技大学出版社，2019.

[4] 周文霞，李硕钰，冯悦. 大学生就业的研究现状及大学生就业困境［J］. 中国大学生就业，2022（07）：3-8.

[5] 陈惟杉. 大学生就业"攻坚"［J］. 中国新闻周刊，2022（14）：12-23.

[6] 刘苗苗，杨思琪，林凡诗，等. 大学生就业新风向［J］. 瞭望，2022（19）：34-39.

[7] 张鹏. 做好思政教育促进大学生就业［J］. 新教育时代电子杂志（教师版），2022（29）：68-70.

[8] 周雅顺，何昊宸. 大学生就业与创新创业［M］. 重庆：重庆大学出版社，2019.

[9] 杜学森. 职业发展与就业指导［M］. 北京：北京理工大学出版社，2019.

[10] 龚美，林栋华. 大学生就业现状及应对分析［J］. 畅谈，2022（07）：100-102.

[11] 魏安民. 大学生就业指导［M］. 成都：电子科技大学出版社，2019.

[12] 许文博，佟桦，李海瑞. 当代大学生就业现状与应对分析［J］. 中文科技期刊数据库（全文版）教育科学，2022（08）：97-99.

[13] 周斌. 大学生就业与产业结构关系的分析［J］. 赢未来，2022（15）：88-90.

[14] 文军，孟超，杨晓艳. 大学生就业指导实务［M］. 成都：电子科技大学出版社，2020.

［15］张俊英. 浅谈大学生就业存在的问题和建议［J］. 中文科技期刊数据库（全文版）经济管理，2022（02）：221-224.

［16］任伟. 大学生就业指导与职业规划分析［J］. 中国科技期刊数据库 科研，2022（06）：15-18.

［17］史丹丹. 大学生就业教育的研究分析［J］. 现代农村科技，2021（09）：73-74.

［18］李卫科. 新生代大学生就业问题思考［J］. 管理学家，2022（24）：90-92.

［19］霍妮娜. 大学生就业现状及影响因素研究［J］. 现代商贸工业，2022（20）：245-246.

［20］杨仕元，岳龙华，高蓉. 大学生就业压力及影响因素分析［J］. 中国大学生就业，2022（14）：55-64.